本书出版过程中得到北京工业大学学生资助中心支持
和高校思想政治工作专项资金资助

教育救助法制研究

张　超 / 著

中国法制出版社
CHINA LEGAL PUBLISHING HOUSE

推荐序

张超博士在其多年研究成果基础上修订完成的《教育救助法制研究》即将在中国法制出版社出版，邀我作序。在研究过程中，我们进行了多次交流探讨，我对相关研究内容较为了解，现就该书的出版谈几点体会。

一、专项社会救助法学研究系社会救助法研究逐步深入的体现和社会所需

济贫自古有之，不论中外，其通过邻里互助、宗教施舍与民间慈善延续千年，转入近现代社会，随着生存权理念逐步树立，各国社会救助立法逐步展开及社会救助权利逐步生成。新中国成立后，面对一穷二白的社会现实，党和政府立即展开相应的社会救济工作，通过大量的社会政策落实相关的社会救济措施。1999年，我国颁布实施《城市居民最低生活保障条例》，俗称"低保"的社会救助立法出台并迅速扩展至全社会，"低保"成为汉语的一个新生词汇，实质乃中国特色的社会救助。"低保"制度实施多年来，由城市拓展至农村，与国家实施的扶贫开发有机结合，为中国社会摆脱贫困、进入小康，作出了历史性贡献。在庆祝中国共产党成立100周年大会上，习近平总书记庄严宣告，在中华大地上全面建成了小康社会。广大扶贫工作者、广大社会救助工作者应当感到骄傲和自豪。数千年来困扰中国人的吃饭、穿衣等基本难题已经得到解决。

在"低保"制度实施过程中，低收入或无收入家庭所面对的绝不仅仅是吃饭穿衣问题，孩子上学的费用问题、住房问题、大病医疗问题皆是困扰其生活的重大难题。因此，在"低保"之外展开相应的专项社会救助，是社会救助体系完善的需要，更是低收入或无收入人群生存的需要。

希望工程是由团中央、中国青少年发展基金会于1989年发起的以救助贫困地区失学少年儿童为目的的一项公益事业。其宗旨是建设希望小学，资助贫困地区失学儿童重返校园，改善农村办学条件。援建，改变了一大批失学儿童的命运，改善了贫困地区的办学条件，唤起了全社会的重教意识，促进了基础教育的发展，弘扬了扶贫济困、助人为乐的优良传统，推动了社会主义精神文明建设。某种程度上，这一工程系获得政府支持或授权展开的专项社会救助之社会工程。“希望工程”在于希望，教育是民族复兴之希望。教育扶贫远不止失学儿童之救助，中学生、大学生、研究生一样需要社会救助，特殊教育也需要社会救助。

二、通过专项社会救助制度的建立，完善我国社会救助法制

20世纪末，《社会救助法》① 即列入国家立法规划，但该法至今没有颁布实施。在该法起草过程中，我国社会救助实践已经遇到了“低保”实施过程中的难题——住房、医疗、教育等方面的需求是否应当予以救助？答案是肯定的。社会实践中，相关部门和有关地方早已开展了住房、医疗、教育等方面的专项社会救助，但是，目前的《城市居民最低生活保障条例》并无专项社会救助的规定和内容，为此，社会救助立法重新启动，甚至为了应急，国务院出台了《社会救助暂行办法》这一行政法规，其中规定了有关专项社会救助的内容。《社会救助暂行办法》虽然规定了专项社会救助的内容，但存在明显的制约和短板：其一，是其过渡性，“暂行”意味着不能长期，是短时间的因应；其二，是其立法层次有限，是一个“办法”而不是法，它不能再制定“实施办法”，有关住房、医疗、教育等专项社会救助制度的实施必须有可以作为法律依据的实施办法，《社会救助暂行办法》规定的内容仍然粗糙，难以作为实践需要的、可以适用的法律依据。因此，《社会救助法》的制定不仅必要，而且急需。只有《社会救助法》及其配套实施的法规和规章一体颁行，民政、财政、教育等部门才能形成合力，才能依法行政，才能将财政资金、社会捐赠和慈善经费合聚而成社会救助基金，相关社会救助的实施才能成为有章可循的社会救助给付，相关的实体规定和程序才能展开。更为关键的是，只有法律的制定和颁布，程序正义才能实现，当事人才能通过法律规定救济自己缺失的社会救助权利。期待我国的专项社会救助能够逐步制度化、规范化和法制化，实现专项社会救助领域的依法治国。

---

① 本书在提到法律文件名称时，为简洁方便，省略“中华人民共和国”。

三、本书是我国社会救助法制领域第一本有关专项社会救助的法学研究著述

我对社会救助法并未专门研究，社会救助法只是社会保障法中的一个分支。早年我在北京大学攻读在职博士研究生期间，同门同学吴文彦选择了有关社会救助法律制度研究的博士选题，并最终完成了博士论文，我至今仍保留着她的毕业论文，转眼间她将退休了，偶尔翻阅其博士论文，觉得还是写得不错。在中国政法大学执教期间，另一篇有关社会救助法领域的博士论文出版，李昌麒教授弟子曹明睿博士的《社会救助法律制度研究》于2005年在厦门大学出版社出版，也是偶尔翻阅，觉得写得同样有内容和深度。2005年中国政法大学第一次开设社会保障法选修课，上述成果对于教学的帮助是非常有价值的。

社会救助分日常生活之社会救助和专项救助，类似医疗、教育、住房等领域的社会救助属于专项救助。《教育救助法制研究》系第一部有关专项社会救助法律制度研究领域的专著，填补了我国社会保障法领域研究的一项空白，系今后学术研究、教育救助立法、教育救助社会实践重要的参考文献。本专著结构合理，逻辑清晰，内容全面，在正题之前，以绪论展开，介绍了研究的背景、意义、概念和性质，以及国内外研究的现状、研究方法，之后正题中，将教育救助法制的理论基础、教育救助法制的现状与问题、教育救助法律主体、教育救助给付与标准、教育救助程序、教育救助法律责任、教育救助权利救济、未来立法构想等进行了深入的分析和研究，内容非常饱满，是一部有血有肉的专著。

文章千古事，得失寸心知！著书立说颇为不易，任何领域的探索和分析没有足够的投入，不可能接近事物应然的规律。教育救助问题非常复杂，法治形成更待时日。我国是一个发展中大国，各地发展水平和阶段存在明显的差异，要保障家庭贫困的学子完成学业、成就自身，造福国家和社会，是一项功在当代、利及千秋的事业，教育救助法制之建构无疑具有相应的社会正义价值和时代紧迫性。作为教育工作者的张超博士具有使命感和责任感，攻读在职博士研究生期间，选择了社会保障法方向，锚定了教育救助法制之选题，进行了细致的文献梳理和深入的探索研究，形成的学术成果，学界概览

其成果便可知其中辛苦所在。我们从小接受的教育便是，共产党人怕就怕认真二字，这是党员教育的金科，亦是社会成员坚守职业精神之玉律。凡事都从认真、负责、严谨做起，自然会得到相应的预期。张超博士的这部著作显然是一部下了功夫的著作。当然，这是第一部有关专项社会救助领域的著作，文献资料与热门话题相比要少得多，因此，开拓者必然需要付出更多的辛苦与努力。期待更多的成果，诸如住房、医疗等领域之社会救助亦有相应的学术成果。更期待理论研究的成果能够运用于社会实践，在我国今后的社会救助立法过程中，本著作能够起到理论导引的作用。是为序！

郑尚元

2022 年 4 月

于清华大学法律图书馆（廖凯原楼）

目 录

CONTENTS

第一章
绪 论

一、研究背景及意义

（一）研究背景

美国社会学家默顿曾说："由于观察到一个不期而遇、异乎寻常而有关全局的事实，需要发展崭新的理论或扩展现存的理论。"① 由于笔者在高校工作的缘故，身边有同事负责教育救助具体工作，在工作交流过程中有同事曾抱怨，有学生也反映，回老家的乡镇、街道去"盖个章"太难，费尽周折也可能无功而返。2019 年，教育部发出通知，取消了《高等学校学生及家庭情况调查表》，明确规定将"取消高校学生申请资助时需由家庭所在地乡、镇或街道民政部门对学生家庭经济情况予以证明的环节，改为申请人书面承诺"②。本以为，同事会因为这一政策的出台拍手叫好。然而，一段时间后，同事却说，取消原有的家庭经济困难证明材料，改为申请人进行书面承诺，意味着要建立新的家庭经济条件的证明机制，而目前根本没有更为科学和客观的证明机制，现在很多学生都申请，明明家里不困难，也要浑水摸鱼。笔者观察到的现象是"异乎寻常"的，为何会出现"改也不是、不改也不是"的矛盾？这一矛盾触动了笔者的好奇心，刺激笔者想去寻找解释，从观察现象中找出理论问题，分析其结构，引出推论，使这一矛盾的事实"讲得通"，

① ［美］赖特·米尔斯，塔尔考特·帕森斯．社会学与社会组织［M］．何维凌，黄晓京，译．杭州：浙江人民出版社，1986：62-63.

② 教育部官网．教育部关于取消一批证明事项的通知［EB/OL］．（2019-04-02）［2019-09-25］．http：//www.moe.gov.cn/srcsite/A02/s7049/201904/t20190423_379235.html.

以理论研究的方法来回应社会关切。

人类潜能的开发以及自由的相应拓展才是解决贫困问题的重要途径，也是经济增长的重要目标。有些学者误以为，“经济学就是研究通货膨胀、失业、商业周期和其他神秘莫测的宏观经济现象的，它们与法律制度所关注的日常事务无关。事实上，经济学领域比这要宽泛得多。”① 因此，经济学关心的问题不应仅仅是商品或市场，而且应该包括行为或能力。阿马蒂亚·森认为在经济发展中有两个重要因素：一是基本能力、生活质量及不被剥夺的重要性；二是伴随着教育水平的提高、健康状况的改善、基本自由促进的经济增长才可以提高人们的生活质量。在他看来人类发展是这样一个过程，即伴随着人们权利和自由的拓展使人们享有他们所期望的生活，进而使他们的生活质量和能力得以提高。如果以能力和自由为衡量标准，发展的目标是“人类可行能力”的扩展，即给人们以自由去做他们认为有价值的事情，具有本质重要性的是人们所过的生活而不是他们所消费的物品。一方面，能力标志了一个人能够做什么或不能做什么；另一方面，能力体现的就是一个人过某类生活或实现合理目标的自由，一个人的能力越大，他选择过某种生活的自由度也就越大。② 教育救助的目的就是在追求消除贫困基础上，进一步提升人的可行能力，促进人的自由而全面的发展。

“既存在社会财富极大充裕又能公正地分配社会财富是人类几千年一直孜孜以求的梦想与目标。”③ 社会救助恰恰是社会保障体系中具有基础意义的制度，是弥补市场分配失衡问题的制度安排，是维护整个社会底线公正的基石，而教育救助作为社会救助的一个重要方面是维护人的尊严、促进人的全面发展的前提基础。没有健全的教育救助制度整个社会保障体系就存在严重的漏洞隐患，公民的法定权利就难以充分实现，自由发展就难以得到有效保障，因此，构建与时代发展相适应的教育救助制度十分必要。2014 年颁布施

① ［美］理查德·A. 波斯纳. 法律的经济分析［M］. 蒋兆康，译. 北京：中国大百科全书出版社，1997：3.

② 王艳萍. 阿马蒂亚·森的“能力方法”在发展经济学中的应用［J］. 经济理论与经济管理，2006（04）：27-32.

③ 熊春泉，聂佳龙. 法律经济学［M］. 北京：中国政法大学出版社，2017：120.

行的《社会救助暂行办法》正式确立了我国社会救助体系的框架和制度结构，教育救助是社会救助项目的重要种类之一。2020 年①，国家脱贫攻坚任务全面完成，完成了消除绝对贫困的艰巨任务，这在实现中华民族伟大复兴的历史进程中具有里程碑意义。然而社会救助作为一项基础性社会保障制度，其使命与任务并未戛然而止，而是作为一项长期性、系统性制度安排进入新的阶段，构建并完善新时代社会救助制度体系迫在眉睫。在建设人力资源强国，全面建设社会主义现代化国家，推进社会主义法治化进程的道路上，建立健全新时代教育救助法制显得越发重要。

1. 规范层面：教育救助法制发展迟滞

在社会救助领域的制度定型问题，在教育救助领域同样存在。郑功成认为，“要真正筑牢社会救助这个底线，制度必须要走向定型。”② 改革开放以来，国家在制度建设方面实行的是渐进式改革，不断突破原有的制度架构，代之以新的内容，在改革的过程中虽然避免了政策巨变带来的震荡，但也缺乏自上而下的顶层设计，一些制度正在走向定型，正在走向成熟，但仍在不断变化，还需要不断调整，社会救助尚未完成由制度化到法制化的升华。③很早之前就有学者呼吁：“制定一部体系完备、内容和谐、规范适当、具有可操作性而又兼顾现实与长远的法律，为社会救助制度提供高位阶的法律依据，对当前社会救助制度建设中急需解决的若干突出问题进行规范，为社会主义和谐社会建设创造必要的法律环境，成为完善中国社会保障战略、建设中国特色社会主义法律体系的重要任务。”④ 近年来，社会各界对社会救助法治化的呼声越来越强烈，期待通过立法提升社会救助的基础性法律地位，构

---

① 人力资源和社会保障部．习近平：我们如期完成了新时代脱贫攻坚目标任务［EB/OL］．(2020-12-07)［2022-11-10］．http：//www.mohrss.gov.cn/jgdw/zyjszlm/202012/t20201211_404203.html.

② 在 2016 年召开的“华人社会救助研讨会”上中国社会保障学会会长郑功成在主旨演讲中重点论述了社会救助制度定型的问题。参见林闽钢．社会救助理论与政策比较［M］．北京：人民出版社，2017：1-9.

③ 林闽钢．社会救助理论与政策比较［M］．北京：人民出版社，2017：2.

④ 杨思斌．中国社会救助立法研究［M］．北京：中国工人出版社，2009：1.

建完善的社会救助法律体系，把社会救助工作真正纳入法治化轨道。[①] 2020年8月，中共中央办公厅、国务院办公厅印发了《关于改革完善社会救助制度的意见》，明确提出要完善法规制度，加快推进社会救助立法，强调要“健全教育救助制度”。[②] 不可否认，随着国家法治建设步伐的加快，社会救助法制体系日臻完善，然而我们更应注意到，《社会救助法》虽酝酿多年，但时至今日仍未出台。在2020年9月公布的《中华人民共和国社会救助法（草案征求意见稿）》中涉及教育救助的内容虽然相较于《社会救助暂行办法》在救助对象范围方面有所扩展，但是在教育救助主体权利义务关系、救助标准、救助程序、权利保障等方面仍较为模糊抽象、亟待完善，在促进人（尤其是“弱者”）的全面发展方面效果有限。

以教育行政规章和规范性文件为主的教育救助政策体系日臻完善，但教育救助法制发展迟缓。教育救助的政策规定较多，而相应的法律规范明显不足。当前教育救助领域最主要的法律规范仅有国务院颁布的行政法规《社会救助暂行办法》，其中有关教育救助的规定缺乏系统性、完整性，且内容过于抽象和含糊；从立法层级上讲，《社会救助暂行办法》仅是行政法规，其法律位阶较低，难以适应现阶段教育救助实践之需要。《教育法》《高等教育法》和《义务教育法》等法律规范对教育救助也仅作出抽象且概括的原则性规定，可操作性不强。除上述法律规范外，在教育救助领域还存在着以

---

① 全国人大常委会高度重视社会救助立法工作，已经将社会救助法列为一类立法项目，并明确社会建设委员会负责联系起草工作。2019年12月25日，国务院关于加强社会保障体系建设助力打好精准脱贫攻坚战推进社会救助工作情况的报告提请十三届全国人大常委会第十五次会议审议。2018年以来，全国社会救助部际联席会议部署开展《社会救助暂行办法》施行情况评估，民政部会同有关部门围绕社会救助政策执行情况、实施效果和社会影响等开展联合调研，总结梳理社会救助实践中存在的突出困难和问题，进一步明确需要通过法律予以规范的事项。民政部会同有关部门部署社会救助综合改革试点，开展社会救助基层创新实践等活动，为社会救助立法提供实践支撑。同时，开展立法专题研究，配合全国人大开展立法调研，积极推进社会救助法起草工作。详见民政部官网．全国人大代表郑功成：尽快制定《社会救助法》把宪法规定的公民权益制度化［EB/OL］．（2018-03-15）［2020-09-22］．http：//mzzt. mca. gov. cn/article/2018lh/dbwyhmz/rddb/201803/20180300895554. shtml. 腾讯网．民政部：正积极推进社会救助法起草工作［EB/OL］．（2019-12-25）［2020-09-22］．https：//baijiahao. baidu. com/s？ id=1653978760826111076&wfr=spider&for=pc.

② 中国政府网．中共中央办公厅 国务院办公厅印发《关于改革完善社会救助制度的意见》［EB/OL］．（2020-08-25）［2020-08-26］．http：//www. gov. cn/zhengce/2020-08/25/content_ 5537371. htm.

国务院2007年出台的《国务院关于建立健全普通本科高校高等职业学校和中等职业学校家庭经济困难学生资助政策体系的意见》（国发〔2007〕13号）为核心形成的教育救助政策体系（包括教育部、财政部等多部门发布的政策），这一政策体系在教育救助实践中实际发挥着规范作用。然而，这种政策体系自身也存在着法律效力不强，某些规定缺乏法律依据，① 一些教育救助规范性文件稳定性弱、修改变化频繁②等问题。教育救助法制发展滞后是造成这些问题的重要原因之一，出现了“政策倒逼法制”的情况。教育救助法制的现状距离依法治国要求还相去甚远，从政策体系向法律体系转变，正是要通过法律制度的结构安排，解决教育救助规范层面存在的问题。

2. 实践层面：教育救助实践中产生了一些问题

教育救助实践中存在着救助不公平、权利保障不到位、救助不规范等问题。在教育部的调查中，目前高校中家庭经济困难的学生占在校学生总数的15%—30%。教育救助实现了救助资金总金额的持续增长，这些救助在很大程度上缓解了贫困大学生的家庭经济压力，同时也为贫困大学生顺利完成学业提供了物质保障。③ 但是，在增加教育救助投入的同时，救助公平问题以

---

① 例如，现行《社会救助暂行办法》《教育法》《高等教育法》等法律法规未规定教育救助需要进行公示，然而《教育部等六部门关于做好家庭经济困难学生认定工作的指导意见》（教财〔2018〕16号）以及根据该意见内容制定的其他教育救助规范性文件却要求对教育救助认定结果进行公示。再如，《社会救助暂行办法》中并未规定学前教育阶段的教育救助，而《财政部 教育部关于建立学前教育资助制度的意见》（财教〔2011〕410号）以及中共中央、国务院发布的《中共中央 国务院关于学前教育深化改革规范发展的若干意见》等规范性文件，规定了学前教育阶段教育救助内容。

② 例如，财政部、教育部、人力资源社会保障部等部门于2019年印发《学生资助资金管理办法》（财科教〔2019〕19号），一些出台时间不久的规范性文件如《财政部 教育部 人力资源社会保障部关于印发〈中等职业学校国家助学金管理办法〉的通知》（财科教〔2016〕35号）、《财政部 教育部 人力资源社会保障部关于印发〈中等职业学校免学费补助资金管理办法〉的通知》（财科教〔2016〕36号）、《财政部 教育部关于印发〈普通高中国家助学金管理办法〉的通知》（财科教〔2016〕37号）等同时废止。而在2021年，相关部门对相关制度文件再次进行了修订，发布了《学生资助资金管理办法》（财教〔2021〕310号）。

③ 2021年，全国累计资助学前教育、义务教育、中等职业教育（含人社部门技工院校）、普通高中教育和普通高等教育学生（幼儿）15251.68万人次（不包括义务教育免除学杂费和免费教科书），累计资助金额2668.29亿元（不包括义务教育免除学杂费和免费教科书）。其中，在高等教育阶段，政府、高校及社会设立的各项普通高等教育学生资助政策共资助全国普通高等教育学生3925.77万人次，资助资金1450.40亿元。参见中国共产党新闻网．2021年中国学生资助发展报告［EB/OL］．（2022-08-28）［2022-10-18］．http：//cpc.people.com.cn/n1/2022/0828/c64387-32513211.html.

及权利保障问题仍然存在。例如，一些应当被救助的学生不能得到救助，而一些达不到救助标准的学生却享受了救助资源。有媒体曾多次报道，有些享受国家资助的学生实际上并不贫困，一些享受救助的学生穿名牌衣服、用高档手机的现象也引发了社会的讨论。对此，教育部负责人表示“学生资助的主要问题是虚报冒领”，还表达了“教育部门本身并不掌握学生家庭状况”的无奈。[①] 再如，在救助过程中产生了侵犯学生权利的问题，中央电视台《新闻 1+1》[②] 节目曾以“伤人的助学金”为题作过相关调查报道，根据该报道，沈阳一所高校在学生申请助学金时，要求其以演讲的形式进行资格认定，在班会上向全班同学介绍自己家庭经济情况，以征得班级同学的认可，最终由本班级同学投票确定家庭经济困难学生人选。据报道，参加过此类助学金申请程序的同学会感觉自己的隐私被曝光，从而影响其之后的行为和生活。又如，一些学校在教育救助过程中不规范，出现了将“助学金”变成“奖学金”或用“助学金”代替“奖学金”的行为。为了从制度上解决实践中出现的问题，2016 年教育部办公厅发布了《教育部办公厅关于进一步加强和规范高校家庭经济困难学生认定工作的通知》（教财厅〔2016〕6 号），要求规范教育救助行为，保障学生权利，促进教育救助公平。2018 年 10 月，教育部等六部门又发布了《教育部等六部门关于做好家庭经济困难学生认定工作的指导意见》，再次强调要做好家庭经济困难学生认定工作，并提出“既要做到认定内容、程序、方法等透明，确保认定公正，也要尊重和保护学生隐私，严禁让学生当众诉苦、互相比困”。相关部门连续下发同类型政策文件，反映出实践中出现的一些问题尚未得到根本性解决。以政策手段回应社会实践问题只能是一种临时性举措，应当尽快完善教育救助法制，以法治方式解决教育救助实践存在的问题。

3. 理论层面：教育救助法制理论研究需要进一步深入

教育救助的法制化是解决当下制度定型问题的关键，教育救助法制完善

---

① 人民网．教育部：学生资助的主要问题是虚报冒领［EB/OL］.（2015-12-09）［2021-02-17］. http：//politics. people. com. cn/n/2015/1209/c70731-27906725. html.

② 央视网．《新闻 1+1》20131017“伤人”的助学金！［EB/OL］．（2013-10-17）［2022-10-11］. http：//tv. cctv. com/2013/10/17/VIDE1382019000284352. shtml.

需要一定理论作为支撑。教育救助法制的研究，主要围绕教育救助法制层面面临的诸多问题及其相关理论进行研究探讨，进而为教育救助法制完善提供理论依据。

从法学学术研究的视角来看，教育救助问题既属于社会保障法学研究的范畴，又是教育法学研究的重要内容。判断一个学术问题研究成熟度如何，可以考察该领域研究书籍和学术论文的积累，以及出现了一定数量的教科书和基本书目。[①] 若以该标准来衡量教育救助学术研究的成熟度，其显然还处于研究的起步阶段，很难引发激烈的学术争鸣，但这并不意味着教育救助问题无关紧要。只有依靠法学思维和方法，解决相关法学理论问题，逐步建立相应的法律规范体系，才能以更为严谨的规范结构来解决实践中的冲突和问题，用一种更高层次的治理方式推动教育救助事业的发展。本研究从社会科学经验研究角度切入实践问题，力求展开系统、融贯的理论分析和思考，提出规范的教育救助法律制度设计思路，为教育救助法制发展提供建设性意见。

上述三个问题并不是虚构出来，或者随意选择出来的。它们是构建完善的教育救助法律制度时所必须回答的，或者说是根本不能回避的问题。当前，我国正在如火如荼地推进社会救助事业发展，教育救助体系也在逐步完善，能否推进教育救助法治化，以及如何进一步完善教育救助法制，是学界应当思考的重大问题。通过法治模式规范教育救助，一方面要将法律价值、法律原则、法律规则和法律方法融入教育救助法制体系之中，另一方面要以法制规范教育救助实践。因此，在教育救助法制的研究中，所要面对的一个重要问题是，基于法治理念构建的法制规范体系，能否通过规范调整实现法律价值，从而保证教育救助的合法与公平。为回答这个问题，本书将回顾教育救助法制发展，对教育救助法制涉及的理论基础、主体、行为、程序、法律责任、权利救济等问题，进行逐一探讨，并对教育救助法制如何更好地回应实践进行系统研究。

---

① 参见［日］菊池馨实．社会保障法制的将来构想［M］．韩君玲，译．北京：商务印书馆，2018：8.

近年来，在高校学生教育救助方面出现了一些新的情况与问题，为教育救助问题的研究提供了丰富的实践材料。“我国教育救助在实践中获得了一定的发展，取得了历史性成就，义务教育阶段的教育救助问题已经得到基本解决。现在，非义务教育阶段的教育救助，特别是高校贫困生教育救助问题开始成为政府和社会关注的热点问题。”① 学前教育、义务教育、高中阶段教育（含中等职业教育）基本上实施免费教育或是收取少量费用，主要问题是如何在实现教育免费化后进一步实现教育福利的扩大，不能提供探讨教育救助问题的空间，也不能反映该领域问题的主要规律与发展趋势。而教育救助问题研究主要是随着高等教育由免费阶段向付费阶段的变化而逐渐产生的，有关高校学生教育救助的丰富实践也为问题研究提供了较为充分的材料。高等教育阶段的教育救助为问题研究提供了较为标准的研究场域②，成为破解教育救助理论问题的突破口。本书将在对教育救助基本理论进行探讨的基础上，重点围绕高等教育阶段教育救助问题进行研究。

（二）研究意义

1. 进一步丰富社会保障法学和法律经济学的理论研究内容

经过数十年的发展，我国社会保障法学取得了有目共睹的进展。但是，在研究内容方面仍存在一些薄弱环节。其中，较为突出的问题表现在社会保障法研究的先天失衡，社会保险法研究充分，体系也相对比较完整，与之相比，社会救助法研究还存在一定的“短板”，一些重要的问题没有在理论层面得以深入探讨和研究，一些重要概念没有厘清。教育救助是一个涉及社会救助、行政给付、教育管理等多个方面内容的复杂问题，在国家启动社会救助立法的背景下，如果能够对教育救助法制问题进行深入的理论探讨，解决教育救助领域一些悬而未决的理论问题，不仅能够丰富和充实社会保障法学

① 邹海贵．社会正义视域中的高校贫困生教育救助探析［J］．高教探索，2009（04）：26-31.

② 场域理论是指人的每个行动均被行动所发生的场域所影响，而场域并非单指物理环境，也包括他人的行为以及与此相连的许多因素。场域理论是社会心理学的主要理论之一，是关于人类行为的一种概念模式，它起源于19世纪中叶的物理学概念。代表观点是德国心理学家考夫卡（Koffka）提出的“行为环境论”，以及美籍德国心理学家勒温提出的“生活空间论”。

的研究内容，而且可以为《社会救助法》的制定提供重要的理论参考。此外，本人还从教育救助资源分配和宏观调控的视角，对教育救助制度安排进行深入、系统的研究。教育救助制度的理论研究还有深入开掘的空间，以法律经济学的理念和优化教育资源配置的视角来论证其作为法律经济学研究的当然对象，并且从社会救助法律制度的深入研究中来丰富法律经济学基础理论的论证体系。

2. 有利于推动社会救助理念的进一步转型

社会救助理念为什么要转型？应该转向何方？这些追问将在研究教育救助过程中都能得到解答。郑功成提出："我不太赞成总是说雪中送炭，因为'雪中送炭'一定不是发展的，社会救助不能只是雪中送炭，社会救助应该是水涨船高，是发展性的。"① 与其说教育救助是对经济困难家庭学生的一种物质帮助，不如说是对他们发展进行的一种支持，从宏观上看，更是国家对本国人力资源发展的一种投资。因此，教育救助法制研究有助于推动社会救助理念由"兜底线、救急难"向"促发展"的转型。法的基础在于社会，社会救助法的生命在于适应社会的需求。在区域性整体贫困得到解决，绝对贫困基本消除，提倡让公民共享改革发展成果，促进社会公平正义与人的全面发展的时代背景下，社会救助的目标已不再是解决"温饱问题"，在社会公平的前提下实现共同发展成为社会救助的重要使命和任务，这恐怕是我国建立社会救助制度以来，面临的最重要历史变化或者说是"百年未有之大变局"。这就需要依法规范教育救助行为，以保证发展与公平兼顾，原有的教育救助理论与理念应当与时俱进，从理念到制度、从体系到方法进行全方位的修正和变革。

3. 有助于提高我国教育救助制度的法治化水平

2020年，《中华人民共和国社会救助法（草案征求意见稿）》公布，我国社会救助立法工作正在稳步推进。但与此同时，我们仍然可以为我国教育救助等专项救助列出一系列问题清单：标准模糊、地区差异、有失公平、立法滞后……诸如此类的问题，产生的原因是多方面的，其中法治化水平较低

① 林闽钢．社会救助理论与政策比较［M］．北京：人民出版社，2017：3.

不能不说是一个关键因素。研究教育救助法制的法理基础、主体权利义务、救助形式、救助标准、救助程序、权利保障、制度框架等问题，有助于促进教育救助的法治化、程序化、规范化。在教育救助实践中，为契合经济与社会发展，满足教育救助需求，频繁地进行政策制度修改之事居多，而立法之事较少。这就更加需要从法治视角对现有理论研究进行适时总结和梳理，并在此基础上，发现和提出新的基于法理念的理论建议，引导教育救助规范体系由“政策型”向“法律型”转型，从而保障教育救助制度创新性、稳定性与合法性的均衡。

二、教育救助的概念及性质界定

（一）教育救助的概念

1. 教育救助的概念

社会保障一般包括社会保险、社会福利、社会救助和社会优抚四个有机组成部分，学术界对社会救助的基本认识具有一定共识性，也就是社会救助是指国家通过立法的方式，对于经济上存在困难，尤其是难以维持其基本生活的公民提供各种形式的援助，以维持其最低生存需要，保障公民生存权利的一种社会保障制度。进一步说，教育救助是社会救助的重要组成部分，是由国家面向贫困学生群体实施的提供生活援助，以帮助贫困学生完成学业的制度。国内许多学者对教育救助的定义林林总总。从总体上看，教育救助的概念大体可分为广义和狭义两个类别。

广义的教育救助，既包括国家对各学习阶段家庭经济困难学生接受教育提供的以经济援助为主的各种扶助，也包括社会组织、单位、个人等其他主体对贫困学生给予的资金或实物资助。任洁琼认为，“教育救助是指国家和社会从物质和资金上对贫困地区和贫困学生所提供在不同学段的援助，以保障适龄人口能够获得受教育的机会”。[①] 吴鹏森认为，教育救助是“指国家和社会对贫困学生从物质上和资金上提供无偿援助的一种社会救助项目，以

① 任洁琼，陈阳．教育救助（上）[J]．社会福利，2002（12）：58-62.

续表

对比项目	教育救助	教育资助
制度目标	保障基本学习生活，无论受助者是否优秀	既有保障基本学习生活的目标，也有奖励表彰的目标
主要形式	助学金、勤工助学、助学贷款、困难补助	奖学金、助学金、勤工助学、助学贷款、困难补助以及其他

（二）教育救助的性质

由于教育救助是社会救助的项目之一，因此，我们可以综合对社会救助性质的既有研究，来探究教育救助的性质问题。吴鹏森等提出社会救助是一种法定的、制度化的基于基本人权的公共行动，这种公共行动属于社会再分配领域。① 公共问题是任何个人在任何时间任何地点都难以解决的问题，所以需要政府等公共组织凝结公共力量予以解决。② 人们已经认识到社会救助不是出于国家或者政府的怜悯和慈悲，而是基于人的基本权利③，因而，社会救助是以政府为主导的多元主体为解决贫困相关问题，以社会再分配为手段，进而维护公共利益而采取的公共行动。有学者指出，“社会救助的性质是行为与活动”④。朱勋克和林莉红等认为社会救助是一种行政行为，具体有三个方面的含义。其一，社会救助是授益行政行为，具体是指社会救助机关依程序授予救助对象合法适当的权益的行为，同时，这种授益行政行为是有限度的，救助内容和救助标准以满足救助对象的基本生活为限。⑤ 其二，社会救助是一种单方行政行为，社会救助就是典型的行政给付行为，二者之间形成公法上的债权债务关系，行政主体单方面的意思表示就能决定该行为成

① 吴鹏森，戴卫东．社会救助新编［M］．上海：复旦大学出版社，2015：4-8.

② 李珍．社会保障理论［M］．北京：中国劳动社会保障出版社，2001：39.

③ 获得国家或政府的救助作为一项权利已经得到广泛认可。1948 年英国通过《国民救助法》，将过去的各种救助纳入一个统一制度，设立了国民救助委员会，并提出了“公共援助”的概念，表明获取社会救助已经成为公民权利，也标志着国家全面承担起对贫困者的社会救助责任。1970 年美国最高法院在“戈德堡诉凯利”案中认定福利救济是一种权利，它对有资格获得者来说是一种法定权利的性质。

④ 俞德鹏．社会救助专项立法研究［M］．北京：中国社会科学出版社，2014：3.

⑤ 朱勋克．社会救助法新论［M］．北京：中国社会出版社，2015：7.

"教育资助"二者之异同[①]，导致在研究过程中出现概念使用的混乱。虽然不同专业背景的专家对这一问题产生了较为普遍的研究兴趣，但是该问题在理论上并没有得到深入透彻的分析。可以说"教育资助"并非法学意义上的概念，而是教育学或者教育管理领域的概念，其主要包括奖学金、助学贷款、助学金、困难补助、学费减免等教育资助行为，同时也包括社会上的其他一些教育资助行为。而"教育救助"属于社会保障法学研究的范畴，归类于社会救助问题。二者从内涵和外延上均有实质区别，从规范法学的视角深入研究"教育救助"问题，对于真正破解理论研究和实践探索中的瓶颈问题具有重要价值。[②] 2016 年 12 月发布的《教育部办公厅关于进一步加强和规范高校家庭经济困难学生认定工作的通知》中也提出"要正确认识国家助学金、国家助学贷款等解困型资助项目对家庭经济困难学生'保基本、兜底线'的功能定位，坚决杜绝将'助学金'变成'奖学金'或用'助学金'代替'奖学金'的行为"。这也是由于实践中概念混淆，导致了将面向家庭经济困难学生群体的具有教育救助性质的"助学金"错误地用于奖励学习成绩优秀的学生的现象。

表 1　教育救助与教育资助的对比[③]

对比项目	教育救助	教育资助
学术范畴	社会保障法学中的概念	教育管理实践中的概念
救助对象	家庭经济困难学生[④]	既包括家庭经济困难学生，也包括普通学生
权利基础	主要是生存权、受教育权	既有生存权、受教育权的内容，又有获得奖励的权利等其他权利

---

① 邓久根．高校特困生教育救助的经济学分析［J］．价格月刊，2007（01）：81-84.

② 邹海贵．社会正义视域中的高校贫困生教育救助探析［J］．高教探索，2009（04）：26-31.

③ 教育救助与教育资助也是一对容易混淆的概念，前者是社会保障法学研究领域的学术概念，后者是教育管理政策中使用的概念；前者面向家庭经济困难学生，后者面向全体学生；前者以保障基本生活条件提供物质帮助为主，后者保障的内容和方式更为广泛。可以说教育资助的内容更为丰富，但其概念也更加模糊。

④ 这里的家庭经济困难学生是广义概念，既包括在学前教育、义务教育、高中阶段教育（含中等职业教育）和普通高等教育（含高职、大专）阶段就学的低保、特困等家庭学生，也包括在不同学段因身心障碍等原因不方便入学接受义务教育的适龄残疾未成年人以及其他困难学生群体。

政及社会力量筹资或捐赠，而狭义的教育救助的经费来源以政府财政为主（见图1）。再次，法律关系不同，广义的教育救助重在强调救助，而不区分救助主体的义务差别，既包括基于法律义务而进行的救助，也包括基于道德义务而进行的救助；而狭义的教育救助重在强调教育救助主体之间的权利义务关系，是基于法定的权利义务关系而进行的救助，其法律性特征更加突出。最后，使用语境不同，广义的教育救助概念更多的是教育学学者和社会学学者使用的术语，与“教育资助”存在混用的情形；而狭义的教育救助由于更多地强调政府与贫困公民之间的权利义务关系，多是法学学者使用的术语。

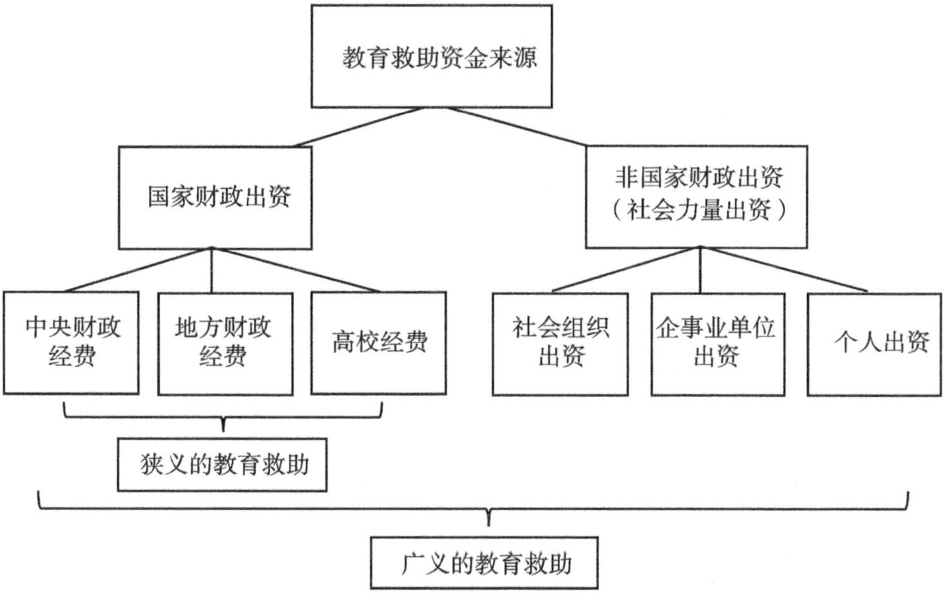

图1　教育救助资金来源示意图

本书主要研究的是社会救助法上的教育救助，因此采用的是狭义的教育救助的概念，即教育救助的责任主体主要是国家，教育救助的对象主要是家庭经济困难学生，其享有获得教育救助的权利，教育救助的方式一般是提供以物质帮助为主的各种援助，教育救助的目标是帮助家庭经济困难学生克服相应学段的教育相关经济困难，顺利完成学业。

2. 教育救助与教育资助

根据目前已有研究来判断，一些学者尚不能正确区分“教育救助”和保障适龄人口平等地享有受教育的机会。与教育扶贫相比较，教育救助侧重于以学生群体为支持对象；与教育资助、学生资助相比较，教育救助倾向于选择性的福利提供，重点关注贫困学生”。[①] 俞德鹏认为，“教育救助制度是指国家、学校、银行以及社会为了保障家庭经济困难学生获得受教育的机会而提供物质救助的制度”。[②] 林莉红等认为，“教育救助也是一种社会救助，既有政府的救助也有社会的参与，社会力量的救助在帮助贫困生就学方面发挥了重要作用”。[③]

狭义的教育救助，是指国家为帮助家庭经济困难学生顺利完成学业，依法通过学费减免、助学金、助学贷款、勤工助学、困难补助等形式实施的扶助，这种概念等同于教育行政救助，强调教育行政给付或物质帮助。有学者指出，“教育救助是国家为保障适龄人口获得接受教育的机会，从物资和资金上对贫困地区和贫困学生提供援助的社会救助制度”[④]。狭义的教育救助的概念也直接或间接体现在相关法律法规的规定之中。《社会救助暂行办法》第 33 条规定：“国家对在义务教育阶段就学的最低生活保障家庭成员、特困供养人员，给予教育救助。对在高中教育（含中等职业教育）、普通高等教育阶段就学的最低生活保障家庭成员、特困供养人员，以及不能入学接受义务教育的残疾儿童，根据实际情况给予适当教育救助。”同时，《中华人民共和国社会救助法（草案征求意见稿）》第 32 条也规定：“国家对不同教育阶段的特困人员、最低生活保障家庭成员、低收入家庭成员，以及不能入学接受义务教育的适龄残疾未成年人，分类实施教育救助……”上述条文明确规定教育救助的主体是国家，体现了教育救助的国家责任原则。

广义的教育救助与狭义的教育救助在很多方面存在差异。首先，给付主体不同，广义的教育救助的给付主体除政府外，还包括各种社会力量，如企事业单位、社会团体、其他组织、公民个人等，狭义的教育救助主体仅限于国家（政府）。其次，经费来源不同，广义的教育救助的经费来源于政府财

---

① 吴鹏森，戴卫东．社会救助新编［M］．上海：复旦大学出版社，2015：242-243.
② 俞德鹏．社会救助专项立法研究［M］．北京：中国社会科学出版社，2014：166.
③ 林莉红，孔繁华．社会救助法研究［M］．北京：法律出版社，2008：289.
④ 朱勋克．社会救助法新论［M］．北京：中国社会出版社，2015：14.

立与否。[①]“给付主体与受领人之间的给付关系多是通过行政行为等单方面形成的，甚至这种关系建立后还要受到行政的广泛干预。”[②] 其三，社会救助是一种以依申请为原则的行为，[③] 即救助机关依申请为救助对象提供生存照顾和服务，依职权给予救助一般只发生在紧迫的情况下。“基于服务型政府的理念，相对人可以向行政主体提出救助的申请，行政主体也可以对符合法定条件的公民主动实施救助，社会救助既可依申请作出也可依职权作出，并不以相对人的申请为必要的程序。不过，在相对人具备申请能力时，应要求其提出申请。因此，绝大多数社会救助行为应依申请而作出。”[④]

回到教育救助的性质问题，基于上述分析，教育救助作为社会救助的专项救助之一，其本质上应当是为保障特定公民（家庭经济困难学生）社会权利，由行政机关或法律法规授权组织实施的一项授益行政行为。我们可以从以下几个方面认识教育救助的性质。

1. 教育救助是以平等保障生存权、受教育权和发展利益为目的的行政行为或授权性行政行为

毋庸置疑，社会救助以“生存照顾”为发端，凭借国家和社会的力量给予特殊群体以生存之所需的援助。“教育权利是所有人类个体—群体普有的一项平等的基本人权，是人类个体—群体的平等的生命权、生存权、发展权、生产权和生活权的平等获得方式、实质内容和现实形态”[⑤]，因此，教育权利的实现也需要得到一定保障。当今时代，教育权利已经成为现代社会公民作为社会主体平等地享有现代社会生存、发展条件的根本保证，这种根本性决定了教育权利应该且必须得到公平的保障和实现。教育救助的这种特性也预设了社会救助在保障人权方面应当具有更为广泛的内涵。正如诺奇克所

---

① 朱勋克．社会救助法新论［M］．北京：中国社会出版社，2015：7.

② 杨建顺．日本行政法通论［M］．北京：中国法制出版社，1998：330.

③ 传统行政法理论以行政行为是否可由行政主体主动实施为标准，将其分为依职权行政行为和依申请行政行为。这种分类方法又与授益行为和侵益行为挂钩，一般而言，依申请行政行为多为授益行为，而依职权行政行为多是侵益行为。

④ 林莉红，孔繁华．社会救助法研究［M］．北京：法律出版社，2008：8.

⑤ 傅松涛，傅林婉．教育权利的社会保障［J］．河北大学学报（哲学社会科学版），2013（04）：11-21.

言，“我们拥有某些基础权利，尽管在我们为什么拥有这些权利这一点上却语焉不详。”① 因具体情况不同，教育救助在某些情况下具有行政行为性质，而在特定情况下具有授权性行政行为的性质。

之所以说教育救助是一种行政行为，是因为教育救助具备了构成一种行政行为的要件。教育救助是“以实现教育公平为目标，由政府充当资助责任主体，其他组织或个人充当辅助资助主体，为经济弱势群体提供经济资助或者可以通过经济方式体现的其他资助，以确保该群体与社会整体相比具有平等的教育机会，并在受教育过程中持续性地拥有实现教育权利的经济能力”②。这里不难看出，政府是社会救助的最主要主体，承担教育救助责任，履行教育救助相关行政义务，行使相应行政权力，在教育救助法律关系之中成为行政法学意义上的行政主体。③ 因此，由行政机关直接实施的教育救助当然是一种行政行为。例如，《西宁市人民政府关于印发西宁市贫困家庭大学生资助实施办法的通知》（宁政〔2016〕63 号）规定，西宁市政府面向“本市城乡居民最低生活保障家庭和建档立卡贫困户中考入普通高等院校接受全日制本科、专科或高等职业教育的学生”实施教育救助，由申请人或申请人家长向户籍所在地乡镇（街道）人民政府（街道办事处）或社会救助、农牧扶贫经办机构提出书面救助申请。再如，《北京市社会救助实施办法》第 25 条规定，户籍所在地乡镇人民政府、街道办事处负责面向“最低生活保障家庭成员、特困人员、低收入家庭成员”发放高等教育新生入学补贴。显然，以上由行政机关在其职权范围内具体实施的教育救助行为是一种行政行为。

在更多的情况下，教育救助是一种授权性行政行为。在实践中，实施教育救助具体行为的主体除了行政机关以外，还包括学校，特别是高等学校。《社会救助暂行办法》第 36 条规定了申请教育救助应当向就读学校提出，学校按照规定程序审核、确认，实施救助。这就引申出一个问题，即学校是教

---

① ［美］夸梅·安东尼·阿皮亚．想透彻——当代哲学导论［M］．姜昊骞，译．北京：新华出版社，2017：7.

② 柯心．高等教育学生资助法律研究［M］．北京：中国法制出版社，2018：30.

③ 葛云松．法人与行政主体理论的再讨论——以公法人概念为重点［J］．中国法学，2007（03）：78.

育救助金形式上的交付者，还是具有给付批准权的被授权行政主体？依据行政主体理论，法律、法规可以授予一些具有公共职能的组织以行政主体的法律地位，使其成为授权性行政主体，因此除国家行政机关之外，还有一些特定组织可以因为授权而成为授权性行政主体。[①] 被授权组织在行使法律、法规所授职权时，享有与行政机关相同的行政主体地位，它们可以自己的名义行使所授职权，并对外承担法律责任。虽然《社会救助暂行办法》对于学校在教育救助中的主体地位和职权并没有明确规定，但是根据行政机关发布的相关规范性文件可以判断学校不仅是教育救助金交付的主体，而且是决定是否给付的主体。以高等教育阶段助学金给付为例，助学金资金来源于中央财政拨款，由地方财政部门联合教育部门根据中央的拨付向高等学校发放助学金款项，由高校认定学生是否符合救助条件，并按照相应程序给付。《国务院关于建立健全普通本科高校高等职业学校和中等职业学校家庭经济困难学生资助政策体系的意见》（国发〔2007〕13号）规定："各学校要把资助家庭经济困难学生作为工作重点，实行校长负责制，设立专门的助学管理机构，具体负责此项工作。"此外，《教育部等六部门关于做好家庭经济困难学生认定工作的指导意见》规定："各高校要健全认定工作机制，成立学校学生资助工作领导小组，领导、监督家庭经济困难学生认定工作。"《教育部办公厅关于进一步加强和规范高校家庭经济困难学生认定工作的通知》进一步规定："学校学生资助工作领导小组领导、监督家庭经济困难学生认定工作，学校学生资助管理机构负责组织、审核和管理全校的认定工作，院（系）认定工作组具体负责组织、审核本院（系）的认定工作，年级（专业）认定评议小组负责民主评议工作。各高校要将班级辅导员（班主任）、院（系）资助工作负责人作为认定工作的主要责任主体，理清岗位职责，建立问责机制。"《普通高等学校学生管理规定》第12条第3款规定："学校应当按照国家有关规定为家庭经济困难学生提供教育救助，完善学生资助体系，保证学生不因家庭经济困难而放弃学业。"以上规定，实际上明确了在高等教育阶段的教育救助主要由高校负责实施，高校在认定工作中实际掌握着教育救助

① 叶必丰．行政法与行政诉讼法［M］．北京：高等教育出版社，2007：113.

是否给付的决定权，所以，学校可以因授权而成为行政主体，行使授权范围内的行政职能，[①] 能够反映出教育救助是一种授权性行政行为。但这种授权也存在明显瑕疵，即授权的依据并非法律、法规，而是其他规范性文件，这一问题将在后文中具体探讨。

在学前教育阶段、义务教育阶段、高中阶段的教育救助与在高等教育阶段的教育救助情况有所不同，由于《关于建立普通高中家庭经济困难学生国家资助制度的意见》（财教〔2010〕356号）和《教育部办公厅关于进一步规范义务教育阶段家庭经济困难学生生活补助工作的通知》（教财厅函〔2019〕20号）等规范性文件，对于在义务教育阶段和高中阶段实施教育救助过程中学校的职责权限规定较为抽象，导致各地对于教育救助的具体规定有所不同，主要分为两种情况。

第一种情况是由学校作为教育救助具体行为的审核决定主体，其教育救助行为具有授权性行政行为性质。在实践中，一些地方的中小学实际履行着教育救助的具体职能，如《江西省义务教育阶段学校家庭经济困难寄宿生生活补助管理办法》规定："学校根据教育、财政部门分解的贫困寄宿生生活补助名额及金额，参照贫困寄宿生档案库情况将名额分解到年级和班级，由班主任宣读补助政策，组织科任教师、宿舍管理员和学生评议，确定补助对象。"

第二种情况是由教育部门负责教育救助的审核、确认，学校作为协助实施的单位，这种教育救助行为应当是一种行政行为。如《上海市社会救助条例》第37条和《甘肃省社会救助条例》第35条均规定了学前教育、义务教育、高中教育（含中等职业教育）阶段的教育救助申请，由学校报主管的教育部门审核、确认；普通高等教育阶段的教育救助申请，由学校按照国家和

---

① 这里所作论述以理论探讨为准，并非以现行法律规范为准，相关问题具体分析将在后文展开。在权利保障的倾向性越来越强烈的推定之下，在理论上有所突破，将学校（尤其是高等学校）赋予被授权行政主体法律地位具有现实必要性，目前法律规定的"授权"标准的判断范围略显狭窄，应顺应现代法治秩序基本要义的要求而适当扩张。这里的基本要义，一是法律的宗旨在于对权利的保障，二是管理行为的高权性质，不应该存在权利保障的真空区域，凡是在社会生活中具有重要地位的权利都必须受到司法救济的保障。

本市有关规定审核、确认。[①] 在上述地区的具体实践中，学前教育阶段、义务教育阶段和高中阶段的教育救助主要由学校负责受理申请并进行初审，由教育部门负责教育救助对象的最终审核认定。

至于民办学校实施的教育救助，现行《社会救助暂行办法》并未明确规定。但是根据相关法律法规及教育部门的公开信息，可以推断出民办学校实施的由国家财政性经费支持的教育救助行为具有授权性行政行为性质。2021年修订的《民办教育促进法实施条例》（2021年9月1日生效）第39条第2款规定："各级人民政府应当保障民办学校的受教育者在升学、就业、社会优待、参加先进评选，以及获得助学贷款、奖助学金等国家资助等方面，享有与同级同类公办学校的受教育者同等的权利。"也就是说民办学校可以实施国家的教育救助行为，但是这种教育救助是附条件的。根据《学生资助资金管理办法》第13条和第14条的规定，对在经教育部门依法批准的民办学校就读的符合免学杂费政策条件的高中阶段学生，按照当地同类型公办学校标准给予补助。同时，根据全国学生资助管理中心公布的《高校本专科学生资助政策问答（2016版）》内容显示："按照国家有关规定规范办学、从事业收入中足额提取4-6%的经费用来资助家庭经济困难学生的民办高校与独立学院，它们招收的全日制本专科（含高职、第二学士学位）学生，符合国家规定条件的，可以享受国家的资助政策。"[②] 现有的法律法规对于民办学校实施教育救助的规定比较模糊，从理论上讲，在满足特定条件的情况下，民办学校可以参照公办学校实施由国家财政性经费支持的教育救助行为，这种行为具有授权性行政行为的性质，而其他情况的教育救助（如民办学校用自筹经费设立的教育救助）则属于社会公益救助的范畴。

还存在一种特殊情况，即由县级学生资助管理中心负责实施的教育救助行为，这种行为属于授权性行政行为。根据《教育部、财政部关于要求县级

---

① 考虑到我国的实际情况，各级学校都对应着一定的行政级别，高等学校的行政级别一般为厅局级（本科高校一般为正厅级，专科院校为副厅级），因此，相较于中小学而言，高等学校在教育救助方面具有更多的自主权。

② 中国大学生在线．《高校本专科学生资助政策问答（2016版）》［EB/OL］．（2016-08-11）［2022-05-23］．https：//dxs. moe. gov. cn/zx/a/zc_ syzd/160811/1388160. shtml.

教育行政部门成立学生资助管理中心的紧急通知》（教财〔2007〕14号）要求，各县（市、区）教育行政部门成立学生资助管理中心负责辖区范围内的教育救助。从性质上看，各县级学生资助管理中心并非行政机关，而是具有公共职能的事业单位，其实施的教育救助行为也是一种授权性行政行为。关于这种授权的合法性，将在后文中具体论述。在实践中，生源地助学贷款的办理一般是由家庭经济困难的普通高校新生在入学前向其家庭户籍所在县（市、区）教育局学生资助管理中心提出申请，由县（市、区）教育局学生资助管理中心负责实施教育救助。此外，各县级以上人民政府根据经济社会发展情况和本地实际，进一步完善教育救助方式，这些教育救助项目一般也是由当地学生资助管理中心具体负责实施。如《宝鸡市人民政府办公室关于印发宝鸡市学前一年免费教育实施办法的通知》（宝政办发〔2011〕127号）规定符合家庭经济困难资助条件的幼儿家长持相应证明材料，到县（区）学生资助管理中心提出申请，经审核批准后，享受相应教育救助。

2. 教育救助是一种以物质给付为主要内容的授益性行政行为

教育救助是一种授益性行政行为，在教育救助过程中行政主体（授权性行政主体）为行政相对人设定权益或免除义务。① 例如，高校为家庭经济困难学生发放奖学金或者减免其学费负担，这种行为是设定或证明权利或者具有法律意义的利益的行为②。“现代行政对于行政相对人而言，并不都是一种带来不利后果（如行政处罚、行政强制等）的管理行为，在许多方面，还是会给行政相对人以有利后果（如行政许可、行政奖励等）。”③ 在实施方式上，教育救助通过单向的利益转移形式实现国家对家庭经济困难学生的救助，以充分保障公民平等地享有教育权利。实施教育救助是国家（政府）的应尽义务，接受救助是家庭经济困难学生享有的一项权利，同时，接受教育救助的权利并不以学生履行一定的义务或者支付一定的金钱代价为条件。“国家向受助者提供的食物、衣服、金钱和住所，向无力承担学费的人支付

---

① 姜明安．行政法与行政诉讼法［M］．北京：北京大学出版社，高等教育出版社，1999：146.

② 翁岳生．行政法（上册）［M］．北京：中国法制出版社，2002：669.

③ 应松年．行政法与行政诉讼法（第2版）［M］．北京：中国政法大学出版社，2011：142.

教育费用，向看不起病的人提供医疗援助，甚至是向面临经营困难的企业提供的补贴等等，其实只是借‘国家之手’对以财政为名的公共财富进行的再次分配而已”。[①] 从这种意义上讲，教育救助是社会财富的再分配，体现了社会公平原则。作为一种授益性行政行为，其撤销与废止必须遵循信赖保护原则。在日本，“社会保障给付实行数年后，给付的违法性被明确或依行政职权给付被取消时，若依据依法行政原理，当然是要取消违法的给付，但从保护行政相对人的生活、信赖的角度出发，则需要对给付的取消进行限制或谋求其他的救济手段”[②]。在德国《社会法典》中，也规定了在授益性行政行为的撤销、废止方面需要对接受给付当事人的信赖利益予以保护。[③]

教育救助给付是以物质给付为主要内容的行政给付。有学者指出行政给付（也称行政物质帮助）是指政府通过给予公民法人利益和便利等方式实现行政目的的活动，行政机关依法对特定的相对人提供物质利益或与物质利益有关的权益的行为。这里的“物质权益”主要表现为给付相对人一定数量的金钱、实物或其他物质利益；“与物质有关的权益”的表现形式很多，如让相对人免费入学接受教育。[④] 行政给付是社会权实现的行政过程，同时也是福利国家的制度实践结果。《中华人民共和国社会救助法（草案征求意见稿）》第3条规定：“……保障公民在依靠自身努力难以维持基本生活的情况下，依法从国家和社会获得物质帮助和服务。”而在获得物质帮助和服务的过程中，由政府代表国家作为行政给付机关具体实施的行政行为通常被称为行政给付行为[⑤]。教育救助作为行政给付的一种必须有相应给付的内容，教育救助的根本出发点是保障家庭经济困难学生顺利完成学业，所以教育救助行政给付的内容主要是经济上、物质上的给付，是以物质权益或者与物质权益有关的权益，如助学金、学费减免、困难补助等，勤工助学以及其他形式的帮扶行为，从本质上说也是物质性给付。除物质性给付外，随着社会的

---

① 喻少如．行政给付制度研究［M］．北京：人民出版社，2011：35-36.

② 肖金明．原则与制度——比较行政法的角度［M］．济南：山东大学出版社，2004：256.

③ 刘平．行政执法原理与技巧［M］．上海：上海人民出版社，2015：183.

④ 刘芊．中国行政法［M］．北京：中国法制出版社，2016：198.

⑤ 于家富．行政给付的行为规范研究——以最低生活保障制度实践中失范行为规制为中心［M］．北京：中国政法大学出版社，2015：42.

发展，相对贫困下教育救助内容的发展，对贫困学生提供的心理援助、就业援助、技能援助以及其他非物质性给付，也应成为教育救助的内容组成部分。物质给付的主体是国家，具体是由行政机关代表国家实施，行政机关是通过给付行政直接对救助对象施以救助行为。实践中物质给付的资金来源主要为国家财政，这里既包括中央财政的拨款，也包括地方政府的财政拨款。

3. 教育救助是一种面向特定群体以依申请为原则、依职权为例外的行为

教育救助的对象是特定的，并非面向所有学生，必须满足法律设定的条件才能成为救助对象。在启动程序上，教育救助以相对人申请为原则，以行政主体依职权主动实施为例外。也就是说是否申请教育救助属于当事人的权利，教育救助机关不得强制，通常情况下，是由申请人向教育救助机关提出救助申请，教育救助机关依职权直接向特定对象实施教育救助属于例外情形。理论上，依申请的行政行为由行政相对人向行政机关主动提出申请从而启动行政行为，行政主体依据该申请实施的具体行政行为，称为被动行政行为或消极行政行为。[①] 一方面，教育救助作为公民教育权利对国家的一项义务性要求，所有学生均享有国家履行教育救助给付义务的请求权，因此，家庭经济困难的学生或其监护人可以主动向所在学校提出给付申请，而学校在法律规定的职权范围内决定是否给付。《社会救助暂行办法》第 36 条规定了申请教育救助应当向就读学校提出，并未明确提出申请的主体，但各地方出台的地方性法规、规章作出了较为明确的规定。如《广东省社会救助条例》第 42 条规定了学生（监护人）应当按照相应的救助项目向就读学校提出申请。各地出台的相关地方法规、地方政府规章以及规范性文件，一般都规定了各学段的教育救助是由学生或其监护人向学校或主管部门提出申请。另一方面，只要学生符合教育救助给付的基本条件，所在的学校或行政机关就有义务向其提供救助。由于行政给付是一种典型的非强制行政行为，是一种基于同意而不是基于强制的行政行为，其最终目的不在于管理或规制，而在于激励和促进救助对象自立自强，因此，必须充分尊重受助学生的选择权，学

① 叶必丰．行政法与行政诉讼法［M］．北京：中国人民大学出版社，2011：44.

生有权放弃受救助的权利，教育救助给付程序也必须充分尊重学生的人格尊严等权利。

在特定情况下，教育救助机关可以依职权直接向特定对象实施教育救助。在满足一定条件的情况下，即在当事人申请存在困难，且救助机关掌握的材料足以证明当事人符合救助条件的情况下，教育救助机关可以不经申请而直接向家庭经济困难学生提供教育救助。例如，在新冠肺炎疫情防控期间，一些地区面向受疫情影响的家庭经济困难学生主动实施了教育救助，《四川省教育厅关于进一步做好新冠肺炎疫情防控期间高校学生资助工作的通知》（川教函〔2020〕68 号）要求各学校主动开展疫情期间的教育救助，准确摸排家庭经济困难学生疫情信息，对家庭经济困难学生和因疫情影响导致家庭经济困难的学生，采取减免学费、发放临时困难补助、给予慰问金、补助网络教学流量费用、优先推荐勤工助学岗位等方式，保障其基本的学习生活需求；对本人或其直系亲属确诊感染新冠肺炎的学生，给予一次性慰问金；对建档立卡贫困家庭、低保、特困救助供养、残疾和孤儿等特殊困难学生，给予一次性临时困难补助；对因疫情影响导致家庭经济困难且未享受国家助学金的学生，根据其困难程度给予校内助学金资助。还有一种情况救助机关可以主动实施教育救助，对于《社会救助暂行办法》第 33 条明确规定的应当实施教育救助的群体，即“在义务教育阶段就学的最低生活保障家庭成员、特困供养人员”，教育救助机关可以依职权实施救助。如根据《琼海市义务教育阶段建档立卡家庭经济困难学生生活费补助实施细则》（海府办〔2018〕10 号）第 8 条、第 10 条、第 11 条的规定，由市扶贫办负责汇总各镇提供的义务教育阶段建档立卡家庭经济困难学生及其成员基本信息、动态调整信息给教育局，市教育局根据市扶贫办复核反馈的义务教育阶段建档立卡家庭经济困难学生信息，在乡镇、村委会进行不少于 5 天的公示，公示无异议后，把义务教育阶段建档立卡家庭经济困难学生在校情况信息进行归类，反馈给学生就读学校，学校给学生或家长确认，而无须当事人申请。

三、研究现状及不足

在对教育救助问题展开研究之前，有必要对该问题领域的国内外研究现状进行基本的考察与梳理，分析已有研究的进展和不足，以立足于现有研究开展深入探讨。

（一）国内研究现状

新中国成立以来，包括政府在内的多方主体对教育救助的投入从未中止，而且救助力度逐年扩大，覆盖范围也越来越广。各级教育行政主管部门、各级学校也把帮助家庭经济困难学生完成学业当作重要使命和任务，不断探索研究新的工作模式、工作方法以切实提升教育救助工作质量。丰富的社会实践为理论研究提供了广阔空间，不同学科背景的学者们也从不同视角对教育救助这个问题进行了丰富的理论探讨，从量上看成果颇丰。本书关于教育救助问题国内研究的资料方面主要来自国家图书馆、北京理工大学图书馆、北京工业大学图书馆等，以及“读秀”电子图书数据库、超星电子图书数据库等。这些文献大多是从经济学、教育学、管理学、社会学等学科视角进行的研究。

有学者尝试运用经济学方法研究教育救助问题，形成了一些研究成果。冯涛等介绍了人力资本对农村经济发展的作用，分析了我国农村地区人力资本的现状，提出要增加农村人力资本的供给，将资助工作和毕业生回农村就业联系起来，以增加农村人力资本的供给，促进农村经济的发展。[①] 徐兴国认为从经济学的角度出发来看高等教育投资的效率，不仅要注重高等教育资源的使用效率，而且要注重高等教育资源的配置效率，而提高资源配置的效率一方面要依靠成熟的市场，另一方面应该正确发挥政府在资源配置中的调节作用，而国家对高校学生进行教育救助就是弥补市场调节资源配置的不足。[②] 胡劲松对教育公平理论的界定则融合了经济学和法学的思想，成为一种新的解读，即“教育公平是一种在‘比例平等’原则下合理分配教育资

① 冯涛，卫磊．基于人力资本理论视角的高校农村学生资助分析［J］．教育评论，2008（03）：56-58.

② 徐国兴．在效率与公平之间 大学生资助体系中政府定位的中日比较［M］．上海：上海教育出版社，2009：11-30.

源份额的理想和确保其实际操作的法律制度”①。范先佐以教育经济学视角分析了学生资助的含义、来源及作用，在回顾学生资助制度的形成和发展基础上，对我国学生资助制度进行了分析，并提出了进一步完善我国学生资助制度的对策思路。② 毕鹤霞认为约翰·罗尔斯（John Rawls）《正义论》中的“正义即公平”理论和莱伊的平等观点，对资源约束条件下追求贫困生认定的公平性提供了内在的价值要求，高校贫困生认定的“错漏”挤占了贫困生的资助资源，使部分真正的贫困生失去了受助机会，有违罗尔斯的“机会公平”原则和“差别对待”原则。③ 方凡泉认为高等教育具有显著的准公共物品特性，受教育者在未来能获得相对较高的经济和非经济收益，应该分担部分教育成本，但高等教育从本质上讲是公益事业，社会和国家是高等教育主要的受益者，为了适应高等教育规模扩大，确保高等教育机会公平，需要实施各种形式的、有效的学生资助政策。④ 曲绍卫等提出随着我国大学生资助经费额度的急剧攀升，需要提升巨额资金的管理和使用绩效，并对 2013 年度中央直属 120 所高校的大学生资助管理绩效进行实证评估，提出加强高校大学生资助政策公开，开展诚信意识教育，提升贷款还款质量，加强信息平台建设，完善政策发布功能，拓宽勤工助学渠道，深化政策落实程度。⑤ 白华等将过程管理理论引入高校贫困生资助工作中，结合 PDCA 循环⑥四阶段过程管理模型，把贫困生资助的过程分解为贫困生资助过程管理政策、执行、检查、改进四个子过程。针对贫困生资助过程管理中各环节的不同特点与情况，建构贫困生资助的 PDCA 模型，并提出针对各环节的对策，实现贫

① 胡劲松．论教育公平的内在规定性及其特征［J］．教育研究，2001（08）：8-12.

② 范先佐．教育经济学［M］．北京：中国人民大学出版社，2011：12.

③ 毕鹤霞．高校贫困生认定理论变迁述评［J］．现代教育管理，2012（06）：92-96.

④ 方凡泉．中国高等教育成本分担的政策选择［J］．高教探索，2003（03）：11-15+3.

⑤ 曲绍卫，范晓婷，曲垠姣．高校大学生资助管理绩效评估研究——基于中央直属 120 所高校的实证分析［J］．教育研究，2015（08）：42-48.

⑥ PDCA 理论即过程管理理论，是一种企业管理方法，该理论主要是为了实现企业以过程为中心的管理，针对企业或组织的生产、设计、制造、后勤等过程进行设计、控制，属于一种技术管理方法，主要包括四个部分：过程计划、过程执行、过程检查和过程处理，即所谓的 PDCA 循环四阶段或戴明循环，计划—执行—检查—处理（Plan—Do—Cheek—Act）。

困生资助过程的优化升级，确保贫困生资助工作的科学化、系统化、规范化。①

当前教育救助的法律经济学研究还处于起步阶段，相关问题研究既不深入，也不全面。虽然在教育救助实践中出现了种种问题，但不同学科领域的学者仍在苦苦探究教育救助相关理论问题，研究成果丰硕。② 然而从法学视角运用经济学等研究方法，研究教育救助法律制度和教育救助立法问题的研究较少，查询到相关专著仅有 1 部，学位论文 10 余篇，一些教育救助的法学研究分散在社会救助相关研究内容中。通过对国家图书馆和电子图书数据库进行检索，国内法学界对相关问题的研究主要有以下成果。

一是柯心的《高等教育学生资助法律研究》（中国法制出版社 2018 年版）。这也是目前能够检索到的为数不多的从法学视角研究“学生资助问题”的专著，其中涉及了教育救助的相关内容。该书主要从财政法视角对高校学生教育救助问题进行了研究。提出了高等教育学生资助的政策属性，阐述了我国高等教育学生资助的发展脉络和相关基本概念，分析了学生资助在高等教育规模化发展中的财政应对，从对高等教育学生资助与政府干预的关系展开理论角度的分析，并分析了高等教育学生资助与财政法之间的相关关系，比较了中美高校学生资助法律制度的异同，最后提出了中国高等教育学生资助相关法律研究的构想。

二是俞德鹏的《社会救助专项立法研究》（中国社会科学出版社 2014 年版）。该书主要研究了社会救助立法的基础概念，阐述了我国社会救助制度发展的历程，分析了我国社会救助制度存在的问题。该书设有“我国教育救助立法研究”一章，从完善立法的角度阐述了教育救助制度的历程和问题，分析了教育救助立法的必要性和可能性，提出了关于教育救助综合立法的构

① 白华，徐英，李诺枫．高校贫困生资助的过程管理研究［J］．黑龙江高教研究，2014（07）：38-40.

② 从社会学、教育学、经济学、管理学等学科视角研究“教育救助”问题的相关著作有徐延辉著《教育救助与社会流动》、杨昌江著《贫困生与教育救助研究》、夏海鹰著《农村“三留守”教育救助问题研究》等 137 部（读秀学术搜索引擎 2022 年 11 月 22 日数据），学术论文 6453 篇、学位论文 1291 篇（中国知网 2022 年 11 月 22 日数据）。以上数据中包括以教育资助为题研究教育救助问题的文献。

想，即建议由国务院先行制定《教育救助条例》，待时机成熟，再由全国人大常委会制定《教育救助法》。在该书提出的《教育救助条例》学术建议稿中，重点围绕高校学生教育救助问题从困难学生认定、教育救助方式、法律责任等方面提出了学术建议法律条款。①

三是朱勋克的《社会救助法新论》（中国社会出版社 2015 年版）。该书没有因袭“总论—分论”的传统叙事模式，而是突出社会救助法的“基本理论—历史发展—体系结构—政策过程—实践检视”的基本架构，从不同的景深与视角探讨社会救助法的相关问题。该书在“教育救助法律规制”一节专门梳理了教育救助法制问题的历史沿革，并对“高等学校学生教育救助”问题进行了探讨，对教育救助对象、教育救助审批程序和教育救助内容等提出了建议。②

四是杨思斌的《中国社会救助立法研究》（中国工人出版社 2009 年版）。该书简要介绍了教育救助的概念，指出教育救助的目的是保障贫困家庭子女的受教育权，列举了教育救助对象的范围，并提出教育救助的形式主要包括减免收费和现金救助两大方面，提出义务教育正在朝着实现全面免费、福利化方向发展，教育救助的重心应该转向非义务教育阶段。③

五是林莉红、孔繁华的《社会救助法研究》（法律出版社 2008 年版）。该书从教育救助的对象、教育救助的形式两方面进行了研究，并提出“教育救助的重点应转向非义务教育阶段”。④ 认为非义务教育从受教育者的角度讲，是一种智力投资，尤其是高等教育作为一种稀缺资源由受教育者承担全部或者部分教育费用是合理的，提出教育救助是治疗我国教育制度弊病的措施，治标不治本，从长远来看，应当从根本上消除教育救助。这种观念难免失之偏颇，反映出“兜底线、救急难”这一传统社会救助理念的局限性。

上述法学研究成果，主要是从总体上研究社会救助法律问题，其中涉及的社会救助立法主要指的是社会救助综合立法，而对于教育救助法律问题研

① 俞德鹏．社会救助专项立法研究［M］．北京：中国社会科学出版社，2014：182-183.
② 朱勋克．社会救助法新论［M］．北京：中国社会出版社，2015：124.
③ 杨思斌．中国社会救助立法研究［M］．北京：中国工人出版社，2009：206.
④ 林莉红，孔繁华．社会救助法研究［M］．北京：法律出版社，2008：289.

究较少。朱勋克的《社会救助法新论》、杨思斌的《中国社会救助立法研究》、林莉红和孔繁华的《社会救助法研究》，均是研究我国社会救助基本法律问题。俞德鹏的《社会救助专项立法研究》是国内较少的对社会救助专项立法进行全面系统研究的著作，对教育救助问题进行了专章探讨，但总体上也没有对教育救助涉及的重要问题进行深入系统的探讨。而柯心的《高等教育学生资助法律研究》仅从财政法视角对高校学生教育救助进行了研究，没有对教育救助法学基本问题进行分析。

此外，在教育救助法制研究方面有 10 余篇代表性硕士学位论文，针对教育救助法律问题进行了较为深入的探讨，具有代表性的主要有以下几篇。

一是任东芳的《我国教育救助法的定位与构造》，介绍了我国教育救助法律制度发展的历程，分析其在法律体系、法律原则、法律规范方面存在的问题，阐述了教育救助立法的必要性与可行性，提出了教育救助法的属性、立法模式和基本原则，最后从整体上对我国《教育救助法》的结构进行设计。

二是杨娣的《我国教育救助法律困境及其制度完善》，以教育救助基础理论阐释为切入点，从法律规范体系、法律程序、运行机制、资金保障机制以及特殊主体分类救助五个方面对其进行深入阐释，重点分析了教育救助法律规范体系的缺失及其位阶的提升，提出了教育救助法律程序的不足及其完善策略。

三是朱莹的《论我国教育救助制度及立法模式的选择》，通过分析我国教育救助制度的现状，指出教育救助立法理念要与时俱进，从济贫施惠转向权利保障，并且教育救助不能仅停留在政策层面，而要实现教育救助法治化，将教育救助规范纳入法律规范的领域，提出教育救助立法模式应是以《社会救助法》为统率，以国务院制定《教育救助条例》为核心，以地方政府或国务院民政部门联合财政部门、教育部门制定《教育救助条例实施细则》为补充，通过教育救助制度立法来实现教育公平，保障公民的受教育权。

四是刘闯的《教育救助法律制度研究》，从教育救助的基本理论入手，对教育救助的概念和法律性质进行界定，并且结合国内外的理论研究成果来探讨教育救助的理论基础，分别从受教育权理论、教育公平理论、教育成本分担理论来进行阐述，并且对我国现行教育救助法律制度中存在的问题进行分析，指出我国教育救助立法层级低、政府财政责任不明确、贫困生认定机制存在缺陷以及救助方式不规范等问题，并且对我国教育救助法律制度的完善提出具体建议。

五是岳盛林的《高等教育行政救助制度法律问题探究》立足于高等教育行政救助法律制度的基本理论，以我国现行的高等教育行政救助法律法规为基础，结合美国、英国等国家高等教育救助理论，从制定《教育救助条例》、规范行政部门为主体的教育救助对象认定机制、统筹高等教育行政救助资源、丰富和提高高等教育行政救助方式和标准以及加强对高等教育行政救助活动的监管等方面进行了分析探讨。

上述研究在研究对象和研究方法上更为聚焦，在研究成果上也取得了一定进展，但仍存在明显不足，主要体现在相关研究虽然能够发现教育救助法制问题，对于立法模式也进行了探讨，然而对于教育救助法制涉及的主体、权利义务、法律行为、法律程序、法律责任、权利救济等基本问题未进行充分研究，在基础理论研究较为薄弱的情况下孤立地探讨立法问题犹如“无本之木”，难以参天。对教育救助领域相关问题的概念性质提供一般性的理论阐释，是当前学术研究的核心议题之一。这种理论研究目的在于揭示不同情境下教育救助实践背后的共同结构。当前，国内学术界逐渐意识到一般性理论研究的重要性。在缺乏一个稳固的一般性理论的情况下，任何关于教育救助问题的讨论都将陷入盲目，甚至陷入“就事论事”的误区，也仅能就教育救助实践的表面现象作出分析评论，而不能窥见事物的本质以及事物之间的相互关联。对教育救助领域问题的一般性理论讨论，应当逐渐成为教育救助法制研究讨论的重要组成部分。因此，迄今为止，我国学术界尚未对教育救助法制问题进行全面性、基础性、系统性的研究，对教育救助法制基本问题作出回应是时代发展的迫切要求，也是时代赋予社会保障法学者的研究使命。

（二）国外研究现状

根据文献调查情况，同国内研究情况类似，国外对于教育救助问题的研究主要集中在教育学、经济学等领域，① 形成了教育公平理论、教育成本分担理论、人力资本理论等研究成果，而在法学领域对教育救助问题的研究较少。在国家图书馆外文数据库，以“Student Financial Aid”“Undergraduate Support”“Student Financial Assistance”“Student Educational Assistance/Aid”等关键词进行搜索，查找结果分别为 395 个、215 个、179 个、420 个。在 Wiley 学术图书在线检索到相关条目 432279 条，在 Social Science Premium Collection（社会科学资源专辑高级版）数据库检索相关关键词，得到的检索结果达 60 万—80 万条，因此检索范围进一步缩小，以“educational aid for college students”等检索，检索结果有 85865 条。②

在国外学生教育救助的理论研究集中在三个方面：一是教育公平理论，二是教育成本分担理论，三是人力资本理论。教育公平理论有着深刻的历史渊源。世界上最早关于教育公平的论述可以追溯到孔子的“有教无类”思想③，而西方最早的教育公平理论的尝试是苏格拉底式教育④。由于教育允许人们在经济条件、社会地位等个人素质差别很大的情况下，通过自身努力实现经济条件的改善和社会地位的提升，⑤ 教育公平是世界各国教育界一直追求的目标之一，也是贫困生资助的出发点和落脚点。⑥ 从法律角度而言，受教育权是每个人的合法权利，因此受教育权人人平等。但是在现实生活中，受诸多因素的影响，教育不公平问题始终存在着，主要包括：起点公

---

① 在国外教育救助的理论研究集中在三个方面：一是教育公平理论，二是教育成本分担理论，三是人力资本理论。教育公平理论有着深刻的历史渊源。世界上最早关于教育公平的论述可以追溯到孔子的“有教无类”思想，而西方最早的教育公平理论的尝试是苏格拉底式教育。

② 相关数据库检索日期为 2022 年 8 月 23 日。

③ 熊丙奇．教育公平：让教育回归本质［M］．上海：华东师范大学出版社，2014.

④ Roman L G，Eyre L. Dangerous territories：Struggles for difference and equality in education［M］. Routledge，2013.

⑤ Kim D. The effect of financial aid on students' college choice：Differences by racial groups［J］. Research in Higher Education，2004（01）：43-70.

⑥ Pardy B. Poor students，well-paid lawyers：Post-graduation income-contingent tuition fees for law schools［J］. Queen's LJ，2003（29）：848.

平、过程公平和结果公平①②。高等教育成本分担理论是美国著名的教育经济学家、纽约大学前校长 D. 布鲁斯·约翰斯通最先提出来的，主要研究的问题是高等教育经费该由谁来出、以什么方式来出。约翰斯通的代表著作是《高等教育成本分担：英国、联邦德国、法国、瑞典和美国的学生财政资助》，他认为，高等教育成本分担主体为学生、家长、企业、纳税人以及高等院校等，这些主体可以借助于现在的收入、之前的收入以及将来的收入进行成本的分担。③④他分析了美国、英国、联邦德国、法国和瑞典五个国家的情况，确定了与父母、学生和一般纳税人如何分担成本相关的五个政策问题，包括低收入群体和其他先前被排除在外的群体参与高等教育。⑤ 约翰斯通的理论对世界上大多数国家都有很大的影响，绝大部分国家采用的都是教育成本分担的方式。"成本分担"理论也为我国所借鉴，成为高校收费制度改革的理论依据。人力资本理论是美国诺贝尔经济学奖获得者舒尔茨（James·Schulz）在 1966 年提出的，他的代表著作《人力资本投资——教育和研究的作用》⑥ 阐明了教育对于促进经济增长的巨大作用。此后，"人力资本理论"成为西方教育经济学的基本概念。这种理论认为人力资本是一种特殊的资本，它是自然人身上所具有的能力，包括人的知识文化、才能技术等，这种能力不仅能够促进个人的成长进步，也能够促进整个社会的不断发展，因此是一种值得进行投资并能够产生效益的资本。

此外，英国的著名经济学家伍德霍尔是国外研究大学生资助体系的第一人，他撰写的相关文章和专著为其他国家进行资助制度改革提供了参考。其

---

① 韩佳．基于可持续生计视角的我国高校贫困生教育救助研究［D］．2017.

② 解韬．近年来我国教育公平研究综述［J］．现代大学教育，2009（02）：20-26.

③ Johnstone D. Bruce. Sharing the Costs of Higher Education. Student Financial Assistance in the United Kingdom, the Federal Republic of Germany, France, Sweden, and the United States［M］. College Board Publications, Box 886, New York, NY 10101, 1986.

④ 崔来廷．美国公立高校高等教育成本分担解析［J］．现代教育管理，2012（01）：119-123.

⑤ Johnstone, D. Bruce. Sharing the Costs of Higher Education. Student Financial Assistance in the United Kingdom, the Federal Republic of Germany, France, Sweden, and the United States［M］. College Board Publications, Box 886, New York, NY 10101, 1986.

⑥［美］西奥多·W. 舒尔茨，人力资本投资——教育和研究的作用［M］．将斌，张蘅，译．北京：商务印书馆，1990.

中比较具有代表性的有发表于1978的《经济合作与发展组织成员国学生资助方案述评》，此文对10多个国家的大学资助体系进行系统研究和分析，并取各国之长处，总结了优化建议。另外，由他编著的《大学生财政资助：助学金、贷学金还是大学毕业生税》，在助、贷、税三种资助方法之间进行辩论博弈，分析了各自利弊。他还撰文《借款学习：为发展中国家设计学生贷款计划》，根据发展中国家的国情，提出行之有效的助学贷款方案。

由于各国的国情不同，社会保障制度发展程度也不同，如德国等国家实行公立高校免费教育，其教育救助问题与中国的情况就存在很大区别。总体上看，一些发达国家在教育救助法制研究方面聚焦于制度运行与权利保障以及提升教育救助的质量和覆盖范围等方面，还注意运用法学方法分析学生助学贷款等经济问题。

美国教育救助法制研究是伴随着其教育救助的发展历程而展开，从最早的对地方政府、公民发起的慈善制度的研究，到对政府温和控制和协调的教育救助制度研究，最后到对联邦政府全面监督和资助的一个庞大而复杂的财政援助体系的研究。① 研究过程中关注学生的需求和学生债务的增加问题，② 探讨教育救助涉及的学生、家长、学校、立法者等主体的权利义务和职责。③ 在这一过程中，学生享有获得教育救助的权利成为普遍共识。④ 当前美国教育救助法学研究主要集中在“学生贷款过度发放法律问题”“低收入群体教育救助权问题”“高等教育学生救助程序问题”等方面。通过在Hein Online法律数据库进行相关检索得到结果168353条，代表性的有“Regulatory Oversight of Student Financial Aid through Accreditation of Institutions of Higher Educa-

① Fuller M B. A history of financial aid to students [J]. Journal of Student Financial Aid, 2014 (01): 4.

② Austin D A. The indentured generation: bankruptcy and student loan debt [J]. Santa Clara Law Review, 2013 (53): 329.

③ Browning S D. The Misguided Application of the Sherman Act to Colleges and Universities in the Context of Sharing Financial Aid Information [J]. Boston College Law Review, 1991 (33): 763.

④ Eaton J S. The higher education opportunity act of 2008: What does it mean and what does it do [J]. Inside Accreditation with the President of CHEA, 2008 (01).

tion"[①] "Reverse Discrimination in Student Financial Aid for Higher Education: The Flanagan Case in Perspective"[②] "Institutional Liability for Federal Student Financial Aid-The Department of Education's Appeal Procedures Violate Due Process and Are Unduly Burdensome and Complicated"[③]。加州大学欧文分校法学教授乔纳森·D. 格拉特（Jonathan D. Glater）指出奥巴马政府领导下的教育部悄悄地实施了一种质量观，重点关注学生教育计划的财务结果，即那些培养的学生在偿还学生贷款方面没有取得进展或违约的学校被视为质量低下，政策制定者（包括监管机构和法院）可能会把注意力转向教育投入，而不是产出。他认为，在监管和法律中悄悄接受收入作为制度质量的最佳代表是错误的和危险的。[④] 南得克萨斯大学法学院副教授库利（Cooley）指出美国的学生贷款债务现在超过一万亿美元，然而，在获得经济援助时，许多学生并不考虑他们接受的作为收取学生贷款资金条件的法律义务的长期影响，改革并没有起到遏制学生贷款债务不断上升趋势的作用，其中大部分债务在破产时是无法偿还的，他探讨了学生债务危机带给高等教育的挑战和危险，这些危害已经超出了对学生的直接经济影响，影响到了公民社会和国家的经济增长。他认为应当对《高等教育法》的法律规定及其实施条例需要对所有接受第四类资助的学校发放学生贷款的咨询程序进行修订，以保证将在不降低高等教育质量的情况下，促进学生对助学贷款的知情。[⑤] 杜克斯内大学法学院的莎拉·莫利内罗（Sarah Molinero）指出联邦政府将认证作为联邦资助的先决条件，美国的高等教育机构必须得到教育部授权机构的认证，才有资格接

---

① Lindgrensavage, Cerin. Regulatory Oversight of Student Financial Aid through Accreditation of Institutions of Higher Education [J]. Journal of Law & Education, 2016 (03): 327-362.

② Joyner, Nancy Douglas. Reverse Discrimination in Student Financial Aid for Higher Education: The Flanagan Case in Perspective [J]. Journal of Law & Education, 1977 (03): 327-348.

③ Wiesenfelder, Leslie H. Institutional Liability for Federal Student Financial Aid - The Department of Education's Appeal Procedures Violate Due Process and Are Unduly Burdensome and Complicated [J]. Federal Bar News & Journal, 1990 (10): 612-620.

④ Glater, Jonathan D. Law and the Conundrum of Higher Education Quality [J]. UCDL Rev. 2017 (51): 1211.

⑤ Cooley, Amanda Harmon. Promissory education: Reforming the federal student loan counseling process to promote informed access and to reduce student debt burdens [J]. Connecticut Law Review, 2013 (46): 119.

受联邦资助，这使得认证对于一个机构的生存至关重要。随着营利性教育和学生贷款债务的不断增加以及国际学生招生竞争的日益激烈，美国100多年来采用的认证制度已不能跟上时代发展步伐，必须改革认证制度，并促进认证机构之间的竞争，以提高高等教育的质量。①

在日本，教育救助是生活保障的一部分，教育救助也因为社会经济发展在不断发生着变化，变化的方向始终朝着教育救助质量的提升和内容的充实，相关研究也体现了这种特征。一方面，对教育救助给付内容的研究不断丰富，提出了新的给付内容。例如，《生活保护法》第13条规定了为义务教育阶段的救助对象提供教科书，而随着社会发展和救助对象需求的变化，日本政府2009年创设了“学习支援费”，把家庭学习和课外社团活动视为正规课程的延伸，学习参考书和一般图书等过去没有作为救助给付内容的家庭内学习必要的购买图书的费用和课外社团活动所需的费用也成为新的给付内容。② 另一方面，对于教育救助对象范围的研究不断丰富，提出了幼儿教育、大学教育免费化等主张。如幼儿教育、保育无偿化，非居民税家庭的大学生只要满足一定的成绩要求等，即可进入国立大学全额免学费，通过支付补助型奖学金，还可以为其提供生活费。③ 还有学者围绕近年来教育无偿化的趋势，对教育费用负担方式进行了探讨，反映了教育救助福利化的趋势。④

（三）既有研究的不足

通过对上述国内外教育救助研究现状的考察，不难发现迄今为止对教育救助法律制度的研究还存在以下几个方面的问题。

第一，还没有对教育救助问题展开深入系统研究的博士学位论文。国内文献资料大多是从教育学、社会学的视角研究教育救助问题。法学研究视野

---

① Molinero，Sarah. Reexamining the examiners：The need for increased government regulation of accreditation in higher education［J］. Duquesne Law Review，2013（51）：833.

②［日］山口道昭．“多様性行政”における政治志向と行政志向——生活保護世帯における子どもの就学を中心に［J］．年報行政研究，2017（52）：89-112.

③［日］田中秀明．高等教育費の公的負担と学生支援——福祉国家の視点から考える［J］．高等教育研究，2018（21）：147-170.

④［日］小林雅之．高等教育費負担の国際比較と日本の課題［J］．日本労働研究雑誌，2018（05）：4-15.

中的教育救助法律制度研究，仅限于社会救助或者社会保障相关专著或教材中，教育救助所占比重相对较小，大量的篇幅都是对社会救助法律制度的理论论述，对教育救助法律制度只是“蜻蜓点水”般的简单论述；国内的几篇研究教育救助法律制度的学位论文均是硕士学位论文，大多是从经济法学专业方向入手展开论述；国外文献资料反映的多是教育学或社会学的视角，从教育政策、社会控制的角度展开论述。或许有人认为，进行教育救助法律制度研究的理论空间根本不存在或者很狭窄。笔者持相反意见，相关研究的缺乏，并不意味着教育救助法制问题不值得研究，反而预示着一种新的研究领域和机会，尤其是在当前社会救助法治发展进入快车道的背景下。

第二，教育救助法律制度研究中对于实践操作层面关注得多，对于理论深度挖掘得还不够，一些基本理论问题尚未得到解决。现有教育救助研究成果中，对于教育救助法律制度（更多的是政策）在现实生活中的实施情况描述得比较多，流于一般的对已存法律制度或政策的解读，或是对立法重构的一种憧憬，而对于教育救助法律制度的基础理论、现行制度存在的问题等，则缺乏深入探讨，较少运用规范分析方法来解决“应该怎样”的问题。陷入了就事论事的误区，即使能发现实践中的一些问题，也不能从理论角度给予分析与回应。

上述对国内外研究现状和存在问题的考察与分析，初步厘清了本书进一步展开教育救助法律制度研究的背景和基础。已有的研究成果对接下来的研究提供了重要的铺垫和启示，这有助于将教育救助法律制度的理论研究推向前进。

四、研究方法

（一）规范分析法

本书采用的主要研究方法之一是规范分析法。主要以教育救助法制规范为中心，主要通过对教育救助法律、法规的甄选、确认和解释来实现教育救助法律关系产生、变更和消灭的合法性论证，以教育救助规范的合法与非法作为主要评判标准。在具体的操作层面，通过对现行教育救助法律规范的解释与续造，探讨教育救助法制的应有状态，一方面探究教育救助法律规范的字面意义以及字面意义背后可能存在的隐含意义；另一方面则是在既有法学理论的基础上，对教育救助法律规范进行精深加工，提升教育救助法制的规范命题。

（二）历史分析法

本书采用了历史分析法，分析了我国教育救助制度发展的历史脉络，同时将现行教育救助法制的规定与立法沿革及发展前景相结合进行研究。从纵向的时间维度综合把握教育救助法制的立法宗旨，探求教育救助法制的发展规律。分析教育救助法制历史和现状的关系，尤其是二者由于环境、社会条件的变化而产生的变化。弄清楚教育救助制度在发生和发展过程中的“来龙去脉”，从中发现教育救助法制存在的问题，以便更为科学地认识现状和推断未来，寻找教育救助法制的历史方位。

（三）比较分析法

本书采用了比较分析法，通过横向比较的方式，指出我国与一些国家和地区在教育救助制度方面的异同，进而对比较的结果进行分析。一些国家和地区教育救助法制发展的理论和方法值得借鉴。在对教育救助制度进行考察方面，通过对美国、日本、欧洲等国家和地区的贫困学生教育救助制度进行梳理分析，并与我国现行的贫困学生教育救助制度进行比较，找出其中的异同，借鉴先进经验，结合我国国情，提出政策完善建议。

（四）问卷与访谈法

在实践调查方面，针对高校学生教育救助法律问题设计《高校助学金发放情况调查问卷》，面向高校大学生开展问卷调查，了解高校教育救助的现状以及在教育救助实践中存在的问题。设计面向高校学生教育救助工作者的访谈提纲，组成访谈小组进行培训，确定访谈对象范围并采取恰当方式进行提问，准确捕捉访谈对象提供的高校学生教育救助法律问题信息，及时收集有关访谈资料。

五、研究的创新点

一是运用法学方法并结合重要经济理论系统地对教育救助基本问题进行研究。已有研究或是聚焦于教育救助政策（对策）研究，或是偏向于教育救助立法问题研究，既没有充分运用法学方法，也在很多场景忽视了主体权利，忽略了基本问题研究，更多的是站在政策制定者立场。本书通过剥离出教育救助制度中那些不直接依赖制度因素的“非规范问题”，以发展型教育救助理念为主导，坚持公民权利本位的基本立场，从厘定教育救助概念等基本问题入手，引入经济学家阿马蒂亚·森的“可行能力”理论，以权利义务关系视角为中心，沿袭传统的“主体—行为—程序—责任—救济”的逻辑思路，着重对教育救助法制的本体功能、法律关系、程序构建、法律责任与权利救济等问题进行了初步的探讨，围绕通过法律规则合理分配权利义务，实现教育救助资源效用最大化的目标，提出若干完善建议。引入行政给付理论，从行政法学视角对教育救助问题进行系统的理论探讨，借以形成不同于以往研究的结论和认识。

二是澄清了对于教育救助传统认知上的误解，提出了发展型教育救助的理念。传统意义上认为教育救助为经济困难群体提供维持基本生存条件的保障，提供一种“最低”水平的救助，而忽视了救助对象自身发展、摆脱社会排斥而融入社会的问题。结合当前国家经济社会发展进入新阶段的形势，提出教育救助的重要目标是帮助“弱者”作为主体性生活者的精神自立乃至人格自立，从而促进人的自由和全面发展。教育救助要从理念上进行突破，在相对贫困理论基础上，培育发展型教育救助理念，既要调整教育救助思路，实现从消极救助向积极救助的转型，又要重新设计制度安排，实现从“生存型”制度安排向“发展型”制度安排的升级，最终实现由教育救助向教育福利的蜕变。

三是研究中发现当前教育救助法制在规范内容方面的明显漏洞，提出了创新性的制度安排。教育救助实践中存在着“错位匹配”的问题（如“虚报冒领”或者串通牟利等现象），教育救助相关部门发布了相关行政规范性文件，但是仍然无法避免由于程序设计漏洞而产生的“系统性偏差”问题。

根据这一问题提出“匿名评价程序”的创新性方案，提出在教育救助认定过程中隐去能够识别教育救助申请人身份的个人信息后，由匿名评审人对申请人提供的申请教育救助的材料进行评价，依据相应标准判断其是否应当被给予教育救助的评价方式，实现认定程序的“双向匿名”，避免了评审人和申请人之间由于某种利害关系而导致结果不公正的问题。提出“同质救助不叠加”原则，提出对于同一救助对象的某一救助理由，在同一时间段内，不得给予两次以上同种性质的教育救助援助，解决了教育救助“福利叠加”的问题。

第二章

教育救助法制的理论基础

在教育救助领域，基于社会经济状况等诸多因素的变化，教育救助相关政策变动频繁，而教育救助法律制度建设迟滞，因而构筑指导教育救助法制完善和政策修订的法治理论体系显得十分必要。对教育救助法制的理论探讨，就是要回答教育救助法制产生的缘由以及什么样的教育救助法制是合理的、理想的，证成教育救助法制存在的逻辑自洽，为教育救助法制发展提供理论支持，从教育救助法制的理论基础、权利基础、价值基础等不同侧面来探究教育救助法制存在与发展的理论脉络，夯实理论根基。

一、需要救助：教育救助的必要性

（一）作为特殊群体的家庭经济困难学生

1. 法律上“弱者”的基本概念及其特征

“任何时代、任何社会，弱者的存在都是一个普遍的事实，而法律将该如何面对弱者，则是检验一个国家或地区法律制度是否人道、是否合理的标尺。”[①] 在全面建成小康社会、实现第一个百年奋斗目标后，我国已经开启了全面建设社会主义现代化国家新征程，体制转换也进入一个新时期，社会结构的急剧转型已带来了社会分层结构的迅速嬗变，“社会弱者这一特殊社会群体已由原来的隐蔽状态开始以显状凸现出来，构成了危及社会稳定、影响社会发展的一个巨大隐患，从而引起了各级政府部门乃至全社会的

① 胡玉鸿．法律如何面对弱者［J］．政法论丛，2021（01）：23-34.

极大关注”。[①] 从严格意义上讲，“弱者”并非法学范畴的概念，而是偏向于社会学领域的一个概念，当我们提及“弱者”这一概念时，老年人、残疾人、未成年人、低收入者等词语都会映入我们的脑海。“对于弱者的认知和解释，并不需要技巧细致的逻辑工具以及科学的可验证的理论假说。弱者的存在及其境遇乃是一个社会常识或人性的常识。我们每个人身边都存在弱者，我们每个人在不同的境遇中都有可能成为弱者。可以说，弱者不是指向某个特定的群体或共同体，而是人之为人所共同拥有的生活体验。”[②] 一般意义上，弱者又称为弱势群体、社会弱势群体、脆弱群体等，这些概念在不同的学者那里不加区别地交叉使用，虽然称谓不同，但大体上都有类似的含义与指涉范围。

从社会学视角来看，关于社会弱者目前有“低收入群体论”“贫困群体论”“民政对象论”“竞争弱者论”和“综合特征论”五种较有代表性的观点，在此不一一列举。具有代表性的观点认为，“社会弱者是一个社会性资源分配上具有经济利益的贫困性、生活质量的低层次性和承受力的脆弱性的特殊社会群体”[③]。还有学者认为，社会“弱者”是一个相对性概念，也是一个发展性概念，是社会中一些生活困难、能力不足或被边缘化、受到社会排斥的散落的人的概称。[④] 而从法学视角来看，并非所有“弱者”都是国家需要扶助的对象，仅有一部分“弱者”是应当被法律所识别给予特别救助的。法学意义上的“弱者”范围应当明显小于社会学意义的“弱者”，法律上“弱者”的概念尚无定论。有学者认为，“应当把弱势群体的法学定义置于我国已经制定或者应当制定的体现对弱者保护的具体法律之中并加以特定化，如下岗职工、失业者、农民工、失地农民、退休人员、残疾人以及消费

---

① 陈成文．社会弱者论——体制转换时期社会弱者的生活状况与社会支持［M］．北京：时事出版社，2000：1.

② 胡玉鸿，许小亮．人权视野中的弱者保护［M］．北京：中国政法大学出版社，2012：1.

③ 陈成文．社会弱者论——体制转换时期社会弱者的生活状况与社会支持［M］．北京：时事出版社，2000：21.

④ 熊勇先．论社会弱者健康权的实现［J］．中南大学学报（社会科学版），2010（03）：52-56.

者群体等。”① 又如，有学者指出，“社会弱势群体是一个社会分层基础上的概念，它指的是由于自然与社会的、先天和后天的、人为与非人为因素的影响，在社会地位、财富分配、政治权力行使、法律权利享有方面处于相对不利地位以及在发展方面潜力相对匮乏的人群。”② 还有学者指出法律意义上的“弱者”具备三个最为关键的因素，值得借鉴：一是成因的外部性，即法律上的弱者是自然剥夺和制度、社会剥夺的产物，与自身的主观特征并无内在关联；二是劣势的绝对性，即弱者处于一种客观且长久的劣势地位，无法在短时期内对之加以变异；三是无法自我补足性，也就是弱者无法通过其他方面的优势来补足业已存在的劣势地位，从而成为法律必须对之加以援手的弱者。③ 厘清法律上的“弱者”的概念是希望把这一群体从众多群体中间识别出来，即确定哪些是需要法律关注的弱者。

要彻底揭示法律上“弱者”问题的本质，就需要循着上述分析中提到的法律上“弱者”的要素而进一步分析其特征。首先，“弱者”的劣势地位主要是由外部因素导致的，而不是自己主观意愿所致。无论是先天的身体残疾、家庭贫困，还是后天遭遇天灾人祸导致经济、心理、生理上的障碍，“弱者”劣势地位的形成主要是外力导致的。“弱者形成的原因，据我们的分析，主要是因为自然的、社会的种种原因导致剥夺的产生，从而使一部分人相较于另外一部分人而言，处于一种相对劣势的地位。”④ 社会学意义上的“剥夺”一般是指人们生活基本必需的经济和情感支持的缺乏，这包括收入、住宅和父母对于子女的关怀。关怀、住宅和安全乃是人类之所需，拥有这些东西就能促成一个更美满舒适的生活环境，并能使个人才干得到更充分的发挥。⑤ 当这些人们生活所必备的要素缺失时，就可能被置于弱势地位之上。除了个人层面上的“剥夺”，还有来自社会层面上对某类群体

① 李昌麒．弱势群体保护法律问题研究——基于经济法与社会法的考察视角［J］．中国法学，2004（02）：82-91.

② 齐延平．社会弱势群体的权利保护［M］．济南：山东人民出版社，2006：2.

③ 胡玉鸿．弱者权利保护基础理论研究［M］．北京：商务印书馆，2021：146.

④ 胡玉鸿．弱者权利保护基础理论研究［M］．北京：商务印书馆，2021：44.

⑤ ［英］戴维・贾里，朱莉娅・贾里．社会学辞典［M］．周业谦，等，译．台北：猫头鹰出版社，1998：182.

的整体剥夺，“外部归因注重经济财富的因素，偏向于那些由制度或政策派生的因素，如市场机会、体面的工作、较高的收入、种族主义、结构变迁等”①。对于内部归因解释所关注的那些主要由规范衍生的、贫困群体已经习惯的内在因素，包括个人的动机、信仰、生活态度、行为特征和心理群像等则不在考虑之列。穆勒直言不讳地指出人类很多是具有懒惰的天性的，“倾向于无所作为，倾向于作习惯的奴隶，倾向于墨守成规。一旦人类处于自己认为过得去的生存状态，人类所面临的危险便是他们就此止步不前，不再努力改善自己的处境，听凭自己的能力衰退，以致连维持现状的能力都丧失殆尽”②。其次，“弱者”的劣势地位在时间上具有持续性，其不利地位是长期的、固定的，是需要法律所特别保障的。低保家庭学生、特困救助供养学生、残疾学生等特殊困难学生群体长期处于贫困状态，短期内难以改变，因而需要获得救助。然而，并不排除在特殊情况下，某些群体（如灾民或难民）暂时性地进入“弱者”的行列，应得到法律意义上的救助。例如，2021年夏，河南省多地发生严重洪涝灾害，部分学生家庭生活出现临时困难，当地省级教育行政部门发布《河南省教育厅办公室关于做好防汛期间学生资助工作的通知》（教办资助〔2021〕202号），将临时性陷入经济困难状态的学生纳入救助范围。最后，“弱者”劣势地位的改变需要外力协助，其自身无力改变现状。如果一些身处困境的人可以实现“自我补足”，已经摆脱了困境，那么其就不应再作为“弱者”被施以特殊照顾，而是应将有限的救助资源给予难以“自我补足”或者需要外力才能实现“自我补足”的“弱者”。“这也为社会福利措施提供了一个努力的方向，也就是不要将社会福利简单地理解为物质的帮助与物资的投入，相反，应当将侧重点置于提高弱者的可行能力之上，这样，弱者可以在国家和社会给予的初始条件下，获取自我生存、自我发展的能力。”③

---

① 胡玉鸿，张顺．弱者权益保护研究综述（上册）［M］．北京：中国政法大学出版社，2012：101.

② ［英］约翰·穆勒．政治经济学原理及其在社会哲学上的若干应用（下卷）［M］．胡企林，朱泱，译．北京：商务印书馆，1991：363.

③ 胡玉鸿．弱者权利保护基础理论研究［M］．北京：商务印书馆，2021：146.

2. 家庭经济困难学生的“弱者”属性

家庭经济困难学生是否需要救助，需要进一步考察其是否正处于一种劣势地位之中，是否具备“弱者”的属性。

首先，家庭经济困难学生具有经济上的贫困性特征。凡是具有贫困性的社会群体，一般都是社会弱者，因为“经济利益上的贫困性社会弱者的根本属性，决定着社会弱者在生活质量和承受力上的共同特征”[①]。阿马蒂亚·森认为，贫困的真正含义是贫困人口创造收入能力和机会的贫困，贫困意味着贫困人口缺少获取和享有正常生活的能力。[②] 贫困就意味着由于无收入或者低收入造成缺乏生活必需的基本物质和服务以及缺少发展的机会和路径。家庭经济困难学生一般处于绝对贫困和相对贫困两种状态，前者难以保障最低物质生活水准，后者虽然能维持基本生活，但没有经济实力通过教育实现“自我补足”。

其次，家庭经济困难学生具有社会上的劣势性特征。这种劣势直接表现为各种社会场景的不平等处境，“贫困与不平等一直以来就是两个关系紧密的问题，尤其是绝对贫困的逐渐减少和相对贫困概念的普及使贫困和不平等更深入地交错在一起”[③]。卢梭将不平等形成的根源归结为两大类：一类是自然的或生理上的不平等，它是由自然造成的，包括年龄、健康状况、体力以及智慧或心灵性质的差别；另一类可以称之为精神上的或政治上的不平等，因为它起因于一种协约，并且这种协约是由人们的同意确立的，或者至少是它的存在为大家所认可。[④] 一个明显的事实是，社会“弱者”之所以需要被救助，是因为他们处于一种“劣势”（不利地位），而“劣势”则意味着存在“不平等”，无论是条件、机会、能力上与他人之间存在差距，还是社会竞争、个人发展层面，这些“弱者”显然面临着实际上不公的待遇。正如朱力所言，“市场一旦真正运行起来，市场竞争中的‘马太效应’将日益突

---

① 陈成文．论社会弱者的社会学意义［J］．电子科技大学学报（社科版），2000（02）：63-67.

② 转引自凌文豪．社会保障概论［M］．郑州：河南大学出版社，2013：64.

③ 权衡．收入分配经济学［M］．上海：上海人民出版社，2017：364.

④ ［法］卢梭．论人类不平等的起源和基础［M］．李常山，译．北京：商务印书馆，2000：70.

出。在市场竞争中，强者具有权力、资金、能力、关系等资源，一旦第一步领先，便步步领先，处于优势积累的地位，这种优势具有滚雪球的放大效应。而对脆弱者群体而言，权力、资金、能力、关系都是稀缺资源，改变处境的机会也极少。”① 尽管“人人平等”是人们普遍追求的社会价值和法律理想，然而，我们也不得不承认，实际上“弱者”与普通人之间是有客观差别的，与“强者”之间的差别则更大。家庭经济困难学生不得不面对在经济、生理、才能、境遇、社会地位等各个方面的不利地位，这种不利地位会直接影响到他们是否能够平等地享有社会资源、平等地获取社会财富、平等地实现个人发展。最后，家庭经济困难学生具有合法权益上的易损性特征。贫困不仅指收入分配的低层，而且指在一个社会中所处的地位低下，“贫困是这样一种特殊的无权利状况，即在面临来自社会中有权势的集团压力时，无力控制自己所处的生活环境”②。之所以说家庭经济困难学生的权益容易受到侵害，主要是由于“在现代社会中弱者的利益最容易受到侵害因而也最需要保护……如果在强弱力量对比悬殊的情况下，弱者的利益最容易受侵害。比如说，大人和小孩打架，小孩最容易受侵害；男的和女的打架，女的最容易受侵害。社会生活中就是因为存在弱者，我们才通过制定法律来保护弱者，并保证他们的权益得以实现。如果我们的法律不强调保护弱者利益的话，那么弱者的利益必然受到侵害”③。一方面，由于经济条件的限制，家庭经济困难学生的权利难以得到保障，最明显的就是这些学生的受教育权时刻受到威胁，如果没有国家的扶助，家庭经济困难学生很难完成学业，尤其是难以接受除义务教育以外的高中教育、高等教育。另一方面，由于家庭经济困难学生在经济局限、信息阻塞等方面存在局限性，在涉及家庭经济困难学生利益的问题时，如奖学金评比、政策制定、助学金申请、勤工助学岗位申请、助学贷款申请等，都需要考虑到这一群体的“弱势性”，应当为这一弱势群体提供必要的便利。例如，在申请助学金时设置过于苛刻的证明条件，需要生源地政府部门开具各种证明，就会导致一批满足救助条件的学生由于

---

① 朱力．脆弱群体与社会支持［J］．江苏社会科学，1995（06）：130-134.

② 转引自林世选．目前转型期我国城市贫困层问题研究［M］．新乡：河南师范大学，2001：28.

③ 刘宪权．刑法学名师讲演录［M］．上海：上海人民出版社，2016：53.

条件所限（如家长身有残疾行动不便，不能及时办理）无法开具证明，而损害了其受救助的权益。

（二）教育救助作为家庭经济困难学生扶助制度的必要性

“弱者”并不一定都是由于能力欠缺所致，有些贫困是由于自然灾害或者突发事件所致，但是“弱者”能力的提升却是其摆脱困境的重要路径，尤其是对于家庭经济困难学生群体，他们本身并非由于能力上的缺失导致贫困，而是缺少能力培育或者能力补救必要的扶助。作为“弱者”群体中的一部分，家庭经济困难学生需要来自国家的救助，尤其是能力补救层面的教育救助。

首先，贫困导致家庭经济困难学生能力补救的缺失，因此，若要改变这一“弱势群体”的生存境况，就必须从提升其生存能力方面入手。一个不争的事实是，接受教育，尤其是接受高等教育是提升人的生存能力的重要条件，只有通过正规教育提供的知识与技能的训练，人们才可能在社会中立足，然而，教育的条件与教育的质量往往与经济条件有关：“贫困地区的学校质量差、资源少，因此，穷人受到的教育少，更容易辍学。”① 可见，穷困会导致家庭经济困难学生进入社会后的生存与发展能力的缺乏，在初始条件上就可能低人一等，如果没有国家的救助，他们很容易遭受社会的歧视与社会的排斥，此外，法治社会赋予公民的权利的实现，同样需要权利主体具备一定的能力，否则权利和自由也是“空头支票”。

其次，贫穷意味着机会的丧失，因而使得“弱者”的境况每况愈下，教育救助能够在一定程度上实现家庭经济困难学生的机会平等。罗尔斯认为，在自然的自由体系中，最初的分配是由隐含在“向才能开放的前途”这一概念中的安排所调节的。这些安排以一种平等自由的背景（由第一个原则指定的）和一种自由的市场经济为先决条件。这就要求一种形式的机会平等：所有人都至少有同样的合法权利进入所有有利的社会地位。但是，在客观世

① ［美］查尔斯·H. 扎斯特罗．社会工作与社会福利导论［M］．孙唐水，等，译．北京：中国人民大学出版社，2005：134.

界，由于没有做出努力来保证一种平等的或相近的社会条件（除了保持必要的背景制度所需要的之外），资源的最初分配就总是受到自然和社会偶然因素的强烈影响。“现存的收入和财富分配方式就是自然的资质（自然禀赋，即自然的才干和能力）的先前分配累积的结果，这些自然禀赋或得到发展，或不能实现，它们的运用受到社会环境以及诸如好运和厄运这类偶然因素的有利或不利的影响。”① 因此，罗尔斯认为，自由体系最明显的不正义之处就是它允许分配的份额受到这些从道德观点看是非常任性专横的因素的不恰当影响。在他看来，人们的不同生活前景受到政治体制和一般的经济、社会条件的限制和影响，也受到人们出生伊始所具有的不平等的社会地位和自然禀赋的深刻而持久的影响，然而这种不平等却是个人无法选择的，正如每个公民出生的家庭经济条件都不同，彼此之间客观存在着差异，一些家庭经济困难学生无法负担教育费用。因此，这些最初的不平等就成为正义原则的最初应用对象，最低生活保障、教育救助等制度就是为“矫正”社会自然形成的不平等应运而生的，教育救助给家庭经济困难学生群体提供了自身能力补救的机会，也提供了“进入所有有利的社会地位”的可能。

最后，对“弱者”的救助是社会正义之所在，家庭经济困难学生群体自身难以实现自我补足，需要国家从制度层面予以干预。依据现代法治精神，人类活动的目的在于塑造更为公正合理的社会存在。有学者提出，社会正义要求社会确立这样一种制度，这种制度能给予属于同基本范畴的人同样的待遇，同时还要求给处于社会不利地位的人们以特殊的待遇。② 有学者提出，“在进行分配时，同等的情况必须被同等地对待，不同等的情况必须按照不同等的程度被不同等地对待。因此，那些需求较大的人应该得到较多，较强壮的人应该承受较重的负担，这是公平的。随之而来的是，当现存的分配不公平时，重新分配就被证明为正当”③。即对于社会弱势群体，应该给予特别

---

① ［美］约翰·罗尔斯．正义论［M］．何怀宏，等，译．北京：中国社会科学出版社，1988：68.

② 余少祥．弱者的权利：社会弱势群体保护的法理研究［M］．北京：社会科学文献出版社，2008：308.

③ ［英］米尔恩．人的权利与人的多样性——人权哲学［M］．夏勇，张志铭，译．北京：中国大百科全书出版社，1995：60.

保护，而不是平等保护，这才符合社会正义的要求。弱势群体“或者由于自然的原因无法拥有平等的资源，或者由于社会的原因受到歧视而被剥夺了本应拥有的资源，根据‘把人们当作’平等个体‘来对待’的原则，少数人的潜在损失必须受到关心，政府应当补偿给他们没有拥有而本应拥有的那部分资源”。[①] 国家必须扮演抑强扶弱的角色，以“实质需要”为切入点，对处于弱势地位的人们给予更多的资源保障。“正义”的概念越来越多地被专门用作评价社会制度的一种道德标准，被看作一种社会制度的首要价值。在罗尔斯的正义理论中，正义的对象是社会的基本结构，即用来分配公民的基本权利和义务、划分由社会合作产生的利益和负担的主要制度。换言之，正义原则要通过调节主要的社会制度，来从全社会的角度处理这种出发点方面的不平等，尽量排除社会历史和自然方面的偶然任意因素对于人们生活前景的影响。[②] 对于社会上存在“弱者”的事实，法律不应该坐视不管，而必须“以其制度、规则来为弱者提供全面的保护，缩小强弱之间所存在的距离，从而维护社会公平与社会正义”[③]，因此，教育救助就成为国家维护社会正义所必需的一项制度安排。

二、应当救助：教育救助的法理基础

（一）社会公正的理念

只有寻得相应的法哲学或者法理学层面的理论支撑，找到解释这种法律现象的基本理论和观点，教育救助法律制度才能够成为一项具备充分理论依据的规范制度。如何判断谁的利益应该通过权利进行保障？制度经济学者认为：“正义并不反映一系列事前给定的高度基础性原则，而是一个决定占统治地位的法律、规范及价值观念的标准化评估过程。”[④] 教育救助法制就是在

① 李常青，冯小琴．少数人权利及其保护的平等性［J］．现代法学，2001（05）：14-21.

② ［美］约翰·罗尔斯．正义论［M］．何怀宏，等，译．北京：中国社会科学出版社，1988：6.

③ 胡玉鸿．弱者权利保护基础理论研究［M］．北京：商务印书馆，2021：136.

④ ［美］尼古拉斯·麦考罗，斯蒂文·G. 曼德姆．经济学与法律——从波斯纳到后现代主义［M］．吴晓露，潘晓松，朱慧，译．北京：法律出版社，2005：157.

追求消除贫困基础上维系社会的公平正义。社会公正理念是可以为社会救助法律制度的存在与建构提供基础的重要理论。

“社会公平正义是人类社会存在和发展的价值基石，也是衡量一个社会存在合理性的价值准则。”① 可以说，社会公正是衡量教育救助法制合理性的一种价值标准。对于社会公正的认识在学术界存在着不同的观点，社会公平正义是一个涉及平等、公平、正义等丰富内涵的概念体系，关于其准确含义，虽然众多学者尝试阐释其要义但并未达成共识。博登海默指出：“正义具有一张普洛透斯似的脸，变幻无常、随时可呈不同形状，并具有极不相同的面貌。”② 具体来看，“公平”和“正义”在内涵上也存在一定的区别。公平是一个古老的概念，在我国古代汉语中，公就是公正、公道，“公”与“私”相对，公就是“无私”；“平”有平均、均等、平衡之义。③《现代汉语词典》对公平的解释是：“处理事情合情合理，不偏袒哪一方面。”④ 对于什么是正义的问题，古往今来人们的认识也存在较大差异，不可否认的是正义的概念确确实实客观存在。正义作为人类一种价值理想和价值追求，它是个人、国家、社会的一种应然之则，有学者认为，具体正义的确是一个相对的、有条件的、可变的概念，可以将正义理解为一种“应然之则”，一种思想、一个行为、一项社会制度（包括法律制度），只要它能够促进社会进步，符合最大多数人的最大利益，符合人类社会发展的客观规律，它就是永恒正义的。⑤“正义的基本词义是应得的赏罚……正义就是每个人都从社会得到他应得的那份利或害……公平侧重于利益均衡，正义侧重于利益对等；正义有利于鼓励竞争，扬善抑恶，公平则有利于缩小差别，保持平衡。”⑥ 公平与正义有着非常密切的联系，公平是正义的基础，正义是公平的重要保障，社会公平需要正义制度来支持，如果没有正义制度、规则的支持，就难以实现真

---

① 孟凡平．社会转型期弱势群体人文关怀研究［M］．上海：上海三联书店，2017：92.

② ［美］E. 博登海默．法理学——法哲学及其方法［M］．北京：华夏出版社，1987：238.

③ 马陆艳．马克思恩格斯社会公平理论及其发展研究［M］．广州：广东人民出版社，2018：8.

④ 中国社会科学院语言研究所词典编辑室编．现代汉语词典（第7版）［M］．北京：商务印书馆，2016：452.

⑤ 吕世伦，文正邦．法哲学论［M］．哈尔滨：黑龙江美术出版社，2018：304.

⑥ 孙书行，韩跃红．多学科视野中的公平与正义［M］．昆明：云南人民出版社，2006：255.

正的社会公平。分析为什么要对家庭经济困难学生进行教育救助，从公平正义的视角来说，其实质就是通过法律规范调整来实现对弱势群体权利的充分保障，特别是保障经济困难家庭学生能够公平地追求自己的生活方式，进而促进社会的公平正义。

1. 西方早期社会公正理念的启示

在人类社会发展史上，西方的平等思想产生了重要影响。早在古希腊时期，人们对于平等就有了初步的认识。毕达哥拉斯派强调男女两性之间的平等，并且在探究知识、追求真理的权利上是平等的，按当时的风俗，妇女是被禁止出席公开的会议的，毕达哥拉斯打破了这个陈规陋习，主张男女平等，都有自由发表学术思想的权利，并允许女士也来听他讲述哲学的思想。① 柏拉图在《国家论》中围绕着什么是正义或者公正的问题展开，认为正义有城邦正义和个人正义之分。在城邦正义方面，强调城邦正义是构成国家各个社会阶级之间关系的基本准则，是各阶级认可等级划分、树立阶级职责意识的根本前提与基础，强调统治者要给被统治者提供利益；在个人正义方面，强调个人要安于自己在国家中的地位，忠诚地履行自己对国家的义务。柏拉图所主张的城邦正义与个人正义，实质上是倡导社会秩序的合理性和公民对既定制度的遵守。② 在柏拉图看来，正义存在于社会有机体各个部分间的和谐关系之中，统治者要维护与被统治者之间利益的平衡，每个公民也必须在其所属的地位上尽自己的义务。

亚里士多德认为，公正具有守法和平等两种含义，守法意义上的公正为普遍的公正，体现社会对个人的要求、个人对社会的义务（个人能否服从纪律或法律）；平等意义上的公正为特殊的公正，体现人与人之间的利益关系尤其是分配关系（一个人所取得的东西是不是他应当得到的）。③ 对于守法意义上的普遍公正，他认为，“守法的人是公正的，所有的合法行为就在某

① 葛树先．西方历代哲学家思想纵览［M］．天津：南开大学出版社，2018：7.
② 吕世伦．西方法律思潮源流论［M］．北京：中国人民大学出版社，2008：14.
③ 吕世伦．西方法律思潮源流论［M］．北京：中国人民大学出版社，2008：21.

种意义上是公正的。"① 亚里士多德之所以认为守法是与正义相关的，是因为"要使事物合于正义，须有毫无偏私的权衡，法律恰恰是这样一个中道的权衡"②。在他看来，理论上立法者都能站在利益中立的立场，不偏私地去制定法律，这样制定出来的法律是能够体现全体社会成员的意志和利益的，人们去遵守这样的法律也是正义的。正义的人就是守法的人，但这有一个前提，即法律和政治必须是正义的，能体现公道和"公意"的。法律只有切实地保障人民的权利和利益，人们才有守法的义务。③ 在亚里士多德看来，"政治学上的善就是'正义'，正义以公共利益为依归。"④ 社会中存在的普遍的正义，体现在社会上的每一个成员与整个社会的关系之中，一个人在特定的社会环境和社会组织中生活，就意味着要遵循特定社会的法律制度，因为合法的与正义的相一致。在亚里士多德看来，法律是正义的源泉，正义是法律的根据，合法的便是正义的。对于平等意义上的特殊公正，亚里士多德认为可以分为两类，一类是表现于荣誉、钱物或其他为合法公民所共享的东西的分配上的公正，即分配上的正义，强调各得其所应得；另一类是在私人交往领域中起矫正作用的公正，一种是自愿交往（如买卖、借贷、租赁等），另一种是非自愿交往（如伤害、抢劫、盗窃等）。分配正义所主要关注的是在社会成员之间进行权力、权利、义务与责任配置的问题，在合法公民所共享的一切东西的分配中，合乎比例的原则应被遵循，相同的人获得相等的份额，不同的人获得不等的份额，以符合平等对待的要求。矫正正义主要出现在对人们交往活动中不公正行为进行裁决和惩罚，以维持社会的公正。通过法律的判决和惩罚强制双方的利益趋于平等。矫正正义是交往双方中一方得利和另一方失利之间的中道。矫正正义是由裁判者通过剥夺不法者的利得和补偿受害者的利失来实现均等。⑤ 矫正正义通常是由法院或其他被赋予了司法或准

① ［古希腊］亚里士多德．尼各马可伦理学［M］．廖申白，译．北京：商务印书馆，2003：129.

② ［古希腊］亚里士多德．政治学［M］．吴寿彭，译．北京：商务印书馆，1965：169.

③ 文长春．正义：政治哲学的视界［M］．哈尔滨：黑龙江大学出版社，2010：113.

④ ［古希腊］亚里士多德．政治学［M］．吴寿彭，译．北京：商务印书馆，1996：148.

⑤ 文长春．正义：政治哲学的视界［M］．哈尔滨：黑龙江大学出版社，2010：116.

司法权力的机关来执行的，其主要适用范围乃是合同、侵权和刑事犯罪等领域。[①] 综合来看，亚里士多德主张为了整个城邦和全体公民的利益，便应当奉行平等的分配原则和补偿原则，即个人的付出与所得应该对等，人与人之间的交换在价值上应该对等，那是特定性质的“正义”。[②] 西方早期社会公正理念主要探讨的问题是利益或权利的正当分配，强调正当的利益分配必须照顾到每个人或所有人的利益而不能偏向某些人的利益，虽然没有特别系统的理论来阐释对于“弱者”权利的保障，但是对于后来的社会公正理念的发展起到了奠基作用。

2. 西方近代以来社会公正理念对教育救助的启示

“近代资产阶级革命以来，社会在追求财富增长和效率提升的同时，也带来了社会结构的不断变迁和社会贫富的日益分化，维护社会稳定、关注弱势群体的利益成为一种风尚，自然权利说成为政治哲学的基石和核心，并影响了公平正义理念的转变。”[③] 亚当·斯密认为，正义是一种美德，它与仁慈（也是一种美德）不同，对它的尊奉并不取决于我们自己的意愿，它可以用压力强迫人们遵守，谁违背它就会招致愤恨，从而受到惩罚，“与其说，仁慈是社会存在的基础，还不如说正义是这种基础。虽然没有仁慈之心，社会也可以存在于一种不很令人愉快的状态之中，但是，不义行为的盛行却肯定会彻底毁掉它”[④]。西方近代学者的公平正义理念逐渐形成了两种特色鲜明的思想观点：一种是基于社会契约论开创了自由平等伦理观下的公平正义学说，以霍布斯、洛克、卢梭等为代表；另一种是倡导以“最大多数人的最大幸福（或效用）”为评价标准的功利主义公平正义思想，以休谟、边沁、穆勒等为代表。霍布斯认为，只有当人类建立起契约关系，建立了利维坦，世上才有法律或正义可言。在这里，霍布斯说的是成文法，而不是自然法，

---

① 曹明睿．社会救助法律制度研究［M］．厦门：厦门大学出版社，2005：123.

② 刘白明．留守儿童社会救助制度研究［M］．长春：吉林大学出版社，2015：40-41.

③ 程鹏．西方公平正义理念的发展脉络与时代意蕴［J］．国外社会科学前沿，2021（03）：68-80.

④ ［英］亚当·斯密．道德情操论［M］．蒋自强，等，译．北京：商务印书馆，1997：106.

霍布斯把正义和非正义定义为遵守契约和违背契约。① 洛克认为，一切政治制度的合法性便在于个人基本权利的保护，而所谓的公平正义，乃是不侵害他人的基本权利，“理性，也就是自然法，教导着有意遵从理性的全人类：人们既然都是平等和独立的，任何人就不得侵害他人的生命、健康、自由和财产”②。卢梭的平等主义自由观所要求的是实现公民间的实质平等，尤其是财富占有的平等权。

卢梭批判了私有制，担忧私有制所产生的贫富分化，以及由此产生的人与人之间的奴役状态和社会不公正。他所期待的并不是财产的绝对平等，而是这样一种财产状态：“没有一个公民可以富得足以购买另一个人，也没有一个公民穷得不得不出卖自身。”“要想使国家稳固，就应该使两极尽可能地接近；既不许有豪富，也不许有赤贫。”③ 他认为“政府的最重要的任务之一，就是要防止财富分配的极端不平等”④。可见，卢梭的思想体现出追求实质平等的倾向。“正义是一种人为的德性，这是休谟论证的核心”⑤，休谟认为，正义只是起源于人的自私和有限的慷慨，以及自然为满足人类需要所准备的供应。边沁在《道德与立法原理导论》中将整个正义的命题放在一个注脚中，“他在一个例子中将正义与功利还部分包括仁爱等同起来”⑥。穆勒秉持着功利主义公平正义观，认为每个人得到他应得的东西就是正义的，他认为“我们应当平等地善待所有应得到我们平等善待的人（只要没有更高的义务禁止这样做），社会应当平等地善待所有应得到它平等善待的人，亦即平等地善待所有应绝对得到平等善待的人”⑦。

---

① ［美］布鲁克·诺埃尔·穆尔，肯尼思·布鲁德．思想的力量［M］．李宏昀，倪佳，译．北京联合出版公司，2017：315.

② ［英］洛克．政府论（下篇）［M］．叶启芳，瞿菊农，译．北京：商务印书馆，2009：4.

③ ［法］卢梭．社会契约论［M］．何兆武，译．北京：商务印书馆，2003：66.

④ ［法］卢梭．论政治经济学［M］．王运成，译．北京：商务印书馆，1962：20.

⑤ ［英］克里斯托弗·贝里．大卫·休谟——启蒙与怀疑［M］．李贯峰，译．武汉：华中科技大学出版社，2019：34.

⑥ ［英］弗雷德里克·罗森．古典功利主义——从休谟到密尔［M］．曹海军，译．南京：译林出版社，2018：62.

⑦ ［英］约翰·斯图亚特·穆勒．功利主义［M］．徐大建译．上海：上海人民出版社，2008：63.

在当代，西方学者对于社会公正的研究更加深入，对于“弱者”提供特别“关怀”的理念，这是当代公平正义理论解答社会现实问题（尤其是资本主义困境）的逻辑必然。社会公正和实质平等具有内在的关联，换句话说，社会公正的要求必然导致对实质平等的期待。我们对正义固然可以作多种理解，但不容忽视的是，其中重要的内涵就是公正。

以罗尔斯为例，在罗尔斯的眼中，正义就是指公正，超越了形式平等的实质平等本身也意味着一种公正。[①] 罗尔斯在《正义论》中提出了“作为公平的正义”理论，主张所有的社会基本价值（或者说基本善）——自由和机会、收入和财富、自尊的基础——都要平等地分配，除非对其中一种或所有价值的一种不平等分配合乎每一个人的利益。罗尔斯的对于“弱者”的关怀集中体现在其著名的正义原则的论述上：“第一个原则：每个人对与其他人所拥有的最广泛的基本自由体系相容的类似自由体系都应有一种平等的权利。第二个原则：社会的和经济的不平等应这样安排，使它们①被合理地期望适合于每一个人的利益；并且②依系于地位和职务向所有人开放。”[②] 概言之，第一个原则为“平等原则”，即公民的基本权利应得到平等保障；第二个原则为“差别原则”，即允许人们在经济和社会福利方面存在差别，这种差别应符合每个人的利益，尤其是符合“弱者”（地位不利的、境况较差的人）的利益。[③] “唯一使我们关心的指数问题，也就是与地位最不利的集团有关的问题……指数问题基本上变成了给地位最不利的人、权力最少的人和收入最低的人增加基本改善的问题”。[④] 罗尔斯所提出的差别原则实质上是一种分配正义和机会平等，给予处境不利者平等的发展机会，“各种地位不仅要在一种形式的意义上开放，而且应使所有人都有一平等的机会达到它们……这意思是指那些有着类似能力或才干的人也应当有类似的生活机会。具体地说，假定有一种自然禀赋的分配，那些处在才干和能力的同一水平

---

① 胡玉鸿，许小亮．人权视野中的弱者保护［M］．北京：中国政法大学出版社，2012：122.

② ［美］约翰·罗尔斯．正义论［M］．何怀宏，等，译．北京：中国社会科学出版社，1988：56.

③ 余少祥．弱者的正义——转型社会与社会法问题研究［M］．北京：社会科学文献出版社，2011：34.

④ ［美］约翰·罗尔斯．正义论［M］．谢延光，译．上海：上海译文出版社，1991：104.

上，有着使用它们的同样愿望的人，应该有同样的成功前景，不管他们在社会体系中的最初地位是什么，亦即不管他们生来是属于什么样的收入阶层。在社会的所有部分，对每个具有相似动机和禀赋的人来说，都应当有大致平等的教育和成就前景”①。这样才能在一定意义上体现社会的公正和平等。根据罗尔斯的正义理论，仅仅一种效率原则本身不可能成为一种正义观，财富与收入的分配可以不平等，但必须对所有人有利，保障地位不利的人成就其价值的机会，这样社会才能保持良性运转。罗尔斯提出应“照顾最少受惠者的最大利益”，主要适用于经济和社会福利方面，是一种关心不幸、照顾弱者、帮助穷人的原则，意即在社会分配中，对处于社会最底层的“弱者”群体给予适当倾斜，以使社会分配更公正。罗尔斯的“差别原则”要求在经济和社会福利方面最大限度地改善地位最不利者、处境最差者的经济和社会福利——哪怕这样做可能损害乃至剥夺某些人在经济和社会福利方面的权利，罗尔斯的“差别原则”表现出明确的平等主义倾向，而为了实现人们在经济和社会福利方面的一定平等，必然要求扩大国家的权力和职能。②

德沃金在一定程度上拥护实质平等，更确切地说他推崇抽象平等权，即“每个人有作为平等的人受到政府平等对待的权利”③。在自由和平等的关系上，德沃金将抽象的平等权利表述为两个具体的原则要求：一是政府应该将其治理下的人民作为有资格享受同等关心和尊重的、平等的人来对待；二是要求在分配资源的机会中，政府要平等对待治理下的人民，至少努力使他们在这些方面所涉及的公共事务中享有同等地位，或近似于平等。④ 他强调，“我的论点中的核心概念不是自由而是平等”。⑤ 在各种有关平等的论述中，德沃金最为关注的是“资源平等”，即努力使人们在资源的份额上实现平等，

---

① ［美］约翰·罗尔斯．正义论［M］．何怀宏，等，译．北京：中国社会科学出版社，1988：68-69.

② 邱本．自由竞争与秩序调控——经济法的基础建构与原理阐析［M］．北京：中国政法大学出版社，2001：142.

③ 郑玉敏．作为平等的人受到对待的权利——德沃金的少数人权利法理［M］．北京：法律出版社，2010：24.

④ Ronald Dworkin. A Matter of Principle［M］. Harvard University Press，1985：190.

⑤ ［美］罗纳德·德沃金．认真对待权利［M］．信春鹰，吴玉章，译．北京：中国大百科全书出版社，1998：357.

从而达至起点的真正平等。这里所说的资源，并不局限于物质性资源，还包括健康、智力等非物质性资源。德沃金支持“作为一个平等的个人而受到平等对待的权利，这一权利就是与其他人受到同样的尊重和关心的权利”。① 受到平等关心与尊重的权利可以被看作这一权利的核心内涵，按德沃金的阐述，第一种平等权利可以包括两方面的要求，它有时要求平等对待，与第二种平等权利要求相同；而有时这一平等权利则类似于罗尔斯的“差别原则”，允许有差别地对待。德沃金在《自由主义》一文中作了举例说明：假如一个地区受了水灾，另一个地区没有，第一种平等权利就要求政府对两地的人民有差别地对待，对这两个地区提供物质和资源时，政府不应该平均分配。②由于家庭经济困难学生是弱者群体的一部分，在资源的占有上显然处于劣势地位，尤其是在接受教育和发展机会上处于不利地位，基于平等的关心和尊重，有必要给他们以适当的倾斜性保护。

（二）社会公正视角下的教育救助

社会公正的达成离不开制度保障，教育救助为“弱者”能力补足提供了制度架构。在现代社会要想让一件事情常态化、规范化，离不开制度保障，对于“弱者”的保护，亦是如此。庞德提出，“我们以为正义并不意味着个人的德行，它也并不意味着人们之间的理想关系。我们以为它意味着一种制度。我们以为它意味着那样一种关系的调整和行为的安排，它能使生活物质和满足人类对享有某些东西和做某些事情的各种要求的手段，能在最少阻碍和浪费的条件下尽可能多地给予满足。”③ 通过对社会公正的理论分析，让我们认识到，在西方法哲学思想中“占主导地位的价值目标是正义、公平、平等、自由等，效率或财富最大化并非独立地占主导性的价值目标”，④ 而对于“弱者”的特别保护则是社会公正的重要方面。“社会救助法律制度关注的

---

① ［美］罗纳德·德沃金．认真对待权利［M］．信春鹰，吴玉章，译．北京：中国大百科全书出版社，1998：300.

② 郝玉霞．平等权的法律保护研究［M］．济南：山东大学出版社，2011：34.

③ ［美］庞德．通过法律的社会控制［M］．沈宗灵，译．北京：商务印书馆，1984：35.

④ 余少祥．弱者的权利：社会弱势群体保护的法理研究［M］．北京：社会科学文献出版社，2008：89.

是弱势群体的利益满足问题，他们需要的是平等的自由。”① 教育救助法律制度实际上就是扶助家庭经济困难学生这一弱势群体实现“能力补足”，维护并切实保障其平等的生存与发展机会。可以说教育救助至少在保障家庭经济困难学生机会平等、促进教育公平，最终实现社会公正的达至等方面发挥着重要的制度规范作用。“弱者法律保护的制度发展史告诉我们，面对着弱者存在的客观事实，法律必须有所作为：法律的公平正义不仅要体现在对人们能力、成就上的不同加以区别对待，法律也应当为那些无法通过自身努力来解脱困厄环境的人们提供救助，从而彰显法律的公正人道色彩。”② 从矫正正义的角度而言，实现社会公正最为关键和核心的是国家掌握资源公平地再分配，而这种公平分配在于制度的保障，将“慷慨的公共慈善转变为强制性的赋权规则”③。教育救助法律制度是一套包括救助主体、给付、标准、程序、法律责任、权利救济内容在内的完整的规范体系，形成系统的家庭经济困难学生权益保障的规范逻辑。某种程度上说，教育救助恰是身处弱势地位的人们改变命运的重要制度保障。

教育救助能够以制度手段保障家庭经济困难学生的机会平等。“追求公平正义的人，无法回避平等的概念”④，然而平等并不是天然存在的，它随着社会历史的发展而产生并变迁，可以说平等是历史的产物，属于历史范畴。西方资产阶级思想家提出了“天赋人权论”，提出人天然享有生存、自由、平等、追求幸福和财产权利的平等思想体系。以伏尔泰为代表的一些思想家信仰自然权利说，认为人人享有自然权利，而且人们本质上是平等的，尤其是法律面前人人平等。霍布斯认为在自然状态下（没有政府干预的情况下），人生而平等且自由，即每个人都是平等的，每个人对同一的事物有同等权

---

① 曹明睿．社会救助法律制度研究［M］．厦门：厦门大学出版社，2005：131.

② 胡玉鸿．弱者权利保护基础理论研究［M］．北京：商务印书馆，2021：140.

③ Goodin R E，Cohen M. Reasons for welfare：The political theory of the welfare state［M］．Princeton University Press，1988：268. 转引自胡玉鸿．弱者权利保护基础理论研究［M］．北京：商务印书馆，2021：139.

④ ［瑞士］伊夫·博萨尔特．如果没有今天，明天会不会有昨天？55 个让人类疯狂的思想实验［M］．区立远，译．北京：民主与建设出版社，2017：135.

利①。洛克在霍布斯等人的基础上提出，自然状态首先是一种平等的状态，一切权力和管辖权都是相互的，没有一个人享有多于别人的权力，国家是社会契约的产物，是自然而然产生的。卢梭进一步对平等进行分析，区分出“自然的不平等”和“人为的不平等”（又称精神上或政治上的不平等），前者是基于人的生理因素等导致的自然差异，如年龄、健康、智慧等，自然的不平等影响是有限的；后者是指为达成某一目的而进行政策或者制度设计导致的不平等，会产生一些人享有他人不具有的特权，或者其他的权利和利益。② 客观地讲，平等是相对的，而不平等是绝对的，人类对不平等的感受也是根深蒂固的，完全平等是一种理想的状态。社会公正的达成很大程度上有赖于平等的实现，尤其是机会平等。芮恩施指出，“平等乃是说人人有自由和同等机会，去发展天赋的人格。”③ “对社会弱势群体而言，体现社会公正的平等权除了政治上的平等，还有机会上的平等，即在解决如何拥有作为资源的机会时，所有社会成员需要遵循机会均等法则。政治平等和机会均等体现了生存发展的起点平等，也就是赋予具有同样潜能的社会成员以相同的发展机会。”④ 罗尔斯认为，“人们所享有的基本权利必须是平等的；在现实中人们享有社会价值的份额可以是不平等的，但这种不平等必须符合最少受惠者的利益，并且尽可能缩小这种不平等的差距。”⑤ 他主张“公平的机会均等”，尝试把“机会均等”和“结果均等”相调和，而促进二者统一。⑥ 有学者强调机会平等对于社会公正的重要意义：只要秉承机会的公平平等并满足了要求社会和经济的不平等最有利于最不利者的差别原则，那么无论是生产资料公有制的社会主义经济制度还是生产资料私有制的资本主义经济制

① ［英］霍布斯．利维坦［M］．黎思复，黎廷弼，译．北京：商务印书馆，1986：92.

② 卢梭．论人类不平等的起源和基础［M］．李常山，译．北京：商务印书馆，1962：70.

③ ［美］保罗·S. 芮恩施．平民政治的基本原理［M］．长春：吉林出版集团有限责任公司，2010：111.

④ 余少祥．弱者的权利：社会弱势群体保护的法理研究［M］．北京：社会科学文献出版社，2008：174.

⑤ 郑慧．中西平等思想的历史演进与差异［J］．武汉大学学报（哲学社会科学版），2004（05）：618-628.

⑥ ［美］约翰·罗尔斯．正义论［M］．何怀宏，等，译．北京：中国社会科学出版社，1988：291-292.

度，都是正义的，反之，则都是不正义的。[①] 作为一项增长才能的权利，“教育是一个基本工具，在经济上和社会上处于边缘地位的成人和儿童受了教育之后，就能摆脱贫困，取得充分参与社区生活的手段。教育具有重大的作用，能使妇女增长才能，保护儿童使他们不致从事剥削性的危险工作”[②]。教育救助在很大程度上扫除了贫困群体迈向机会平等道路上的障碍，许多国家都认识到对于贫困家庭学生而言教育救助是实现机会平等的重要途径，为让更多的家庭经济困难学生接受教育，一些国家以法律的形式将教育救助固定下来，如日本在第二次世界大战战败后颁布了《关于国家补助贫困儿童教科书费用的法令》（1956 年）、《日本学校供给膳食法》（1955 年）、《关于国家对上学困难的学生给予补助的法令》（1961 年），等等。[③]

教育救助能够以法律规范有力地保障家庭经济困难学生的教育公平。“教育公平是一个独立的社会发展目标，从社会正义、平等、自由、人权的价值中产生”，[④] 是社会公平理念在教育领域的延伸和具体体现，社会公平理论的发展同样赋予了教育公平理论新的内涵。[⑤]“正义的实现有其困难性……但是我们无法忽视这样的事实存在：我们社会的一些成员，可能自始至终自己没有什么过失和错误，但却生活在贫困和子女没有条件接受教育的境地”[⑥]。由于教育允许人们在经济条件、社会地位等个人素质差别很大的情况下，通过自身努力实现经济条件的改善和社会地位的提升，因而，教育公平是世界各国教育界一直追求的目标之一，也是家庭经济困难学生教育救助的出发点和落脚点。教育公平的内涵也是由社会公正理念衍生而来，一方面在于保障社会成员享受公共教育资源，另一方面在于保障社会成员在受教育过程中受到公平和合理对待。[⑦] 美国学者詹姆斯·S. 科尔曼（Coleman S. James）和

① 刘莘．康德、罗尔斯与全球正义［J］．哲学研究，2008（11）：88-96+129.

② 中国人权研究会．共享发展——更好造福各国人民［M］．北京：五洲传播出版社，2018：236.

③ 杨昌江．贫困生与教育救助研究［M］．长沙：湖南教育出版社，2008：23.

④ 张亚丽．效率视角下义务教育资源配置研究——基于贵州省毕节市的个案调查［M］．成都：西南交通大学出版社，2018：44.

⑤ 李海生．教育券政策研究［M］．北京：民族出版社，2017：45.

⑥ 喻少如．行政给付制度研究［M］．北京：人民出版社，2011：51.

⑦ 曹璇．我国高等院校本科阶段贫困学生资助模式研究［D］．合肥：中国科学技术大学，2018：15.

瑞典学者托尔斯顿·胡森（Torsren Husen）的观点最具有代表性，他们认为，教育公平包括了教育起点的公平（个人所拥有的先前的教育水平应当大致相同或无明显差异）、教育过程的公平（学生在接受教育过程中获得同等的受教育条件和同等的对待）以及教育结果的公平（学业成就公平及就业公平）。首先，教育救助能够充分保障家庭经济困难学生受教育机会的平等，进一步讲，就是教育救助在一定程度上能够维护教育起点的公平。教育能够为家庭经济困难学生提供受教育的机会，“无论民族、种族、性别、职业、财产状况、宗教信仰有何不同，人人都有平等的接受充分教育的机会，人人都有资格通过教育释放潜能，人人都能从教育中受益，在精神上、在能力上成就自己、提升自己”①。国家可以根据合理的标准设定，识别出应当得到教育救助的家庭经济困难学生，再依据不同的分类给不同困难程度的学生提供不同程度的救助，如此，社会弱者的能力补足才能真正得到维护。其次，教育救助不是一种施舍，而是一项“合乎人性的救助”，体现出受教育待遇的公平。教育救助在提供物质帮助的同时，也关注使“弱者”免于任何形式的歧视和不公正待遇。不仅仅是为了消除家庭经济困难学生的经济顾虑，使其能顺利地享有受教育的权利。而且，这种救助是以人权保障为支撑的，充分体现着人权思想和主体价值，即“这种救助行为必须是需要的、值得的、不强人所难的、符合人性的，只有这样的救助义务才是符合法治国家‘良法’要求的法定义务”②。最后，教育救助所提供的保障，是法律层面的强有力的倾斜性保护。家庭经济困难学生具有“弱者”的脆弱特性，难以承受来自社会强者的竞争压力，也容易受到来自各个方面的权益侵害。教育救助所提供的不仅仅是物质层面的帮助，而是法律层面一系列制度综合形成的对于受助者救助权利的有力保障。这意味着教育救助权利能够成为一项可诉性的权利，司法机关有权审查教育救助机构所提供的救助是否合法，当救助对象的权利受到侵犯时，可以通过法律途径寻得权利救济。

---

① 胡玉鸿．人权视野中的弱者保护［M］．北京：中国政法大学出版社，2012：135.
② 胡玉鸿．人权视野中的弱者保护［M］．北京：中国政法大学出版社，2012：187.

三、应得救助：教育救助的权利基础

“权利使得最为边缘化、最没有势力的人或群体也能借助国家的或国际的法律框架向政府提出权利要求。”① 所以，以权利为出发点的途径就不同于以满足基本需要为原则的途径，探究家庭经济困难学生教育救助的权利基础是解决“应得”救助而不是“施舍”救济的问题关键所在。必须阐明对家庭经济困难学生的援助是建立在公民法定权利基础上的，而不是政府的一种施舍。阿马蒂亚·森认为，应得权利是“人们用在一个社会里可资利用的法律手段去控制（物品）的能力”，而且这不纯粹是个人的能力，“这种能力表现为社会中的权利关系，而权利关系又决定于法律、经济、政治等的社会特性”。②“人生而平等的说法是真实的只限于能够实际证实人与人平等这个方面。也就是说，他们都是人，都具有人种的特性，尤其是他们都具有属于人种一切成员的特殊性质。”③ 对于每个社会成员在缔结社会方面的基本贡献和在种属方面尊严的肯定，应具体地体现在对于每个社会成员基本权利的确认，倘若社会成员没有相同的基本权利，那么社会成员的“正常”生存和发展就无法得到保证，每一个社会成员的种属尊严就更是无法得以维持，公平正义也就失去了实际的意义。④ 作为“弱者”的家庭经济困难学生教育救助权利的基础，并不是单一的，而是多元的，生存权理念构成了教育救助法律制度的基本支撑，发展权理念则随着经济发展和社会进步在教育救助法律制度中得到了渐进扩张，它们共同反映和表达出了教育救助权利的层次架构。

（一）生存权与教育救助的正当性

“生存权被认为是人之为人最基本的权利，是人享有其他权利的基础和

---

① ［英］克莱尔·肖特．消除贫困与社会整合：英国的立场［J］．国际社会科学杂志，2000（04）：49-55.

② 转引自徐祖荣．社会转型期城市医疗救助理论和经验［M］．北京：中国经济出版社，2010：26.

③ ［美］穆蒂莫·史德勒．六大观念［M］．郗庆华，译．上海：生活·读书·新知三联书店，1991：170-172.

④ 吴忠民．社会公正论［M］．北京：商务印书馆，2019：282.

前提，因为如果没有了生存权，其他所有权利都是空中楼阁。”① 因此，作为社会个体的人维持生存必不可少的权利就是生存权。“生存权作为第一人权，是贯穿着基本人权发展始终的人权，它随着人类的进步和社会的发展，随着人类同自然界斗争的不断胜利而不断丰富和发展。”②

1. 生存权的产生与确立

人的需求保障成为权利产生的原动力，从需求到权利的转化成了研究该问题的一条线索。人类在生存的过程中，必然会产生需求的问题。现代人类生存之重要含义，是其社会需求得以维护与持续保障。社会需求是现代福利国家的重要构成基础，而福利社会的核心问题是社会需求的存在，以及如何来满足的问题，社会福利被认为是需求满足的状态，既包括个体生存需求的满足，也包括其社会需求的满足。生理需求最根本的就是生存需求，而人权的一个最基本内容就是生存权。张文显认为，“生存权利、人身权利是人权的逻辑起点或最低限度的首要权利。”③ 马斯洛提出需求层次理论，认为人类的需求是有层次性的，首先是基础的“生理的需求”，当需求逐渐得到满足以后，最后会寻求最高层次的“自我实现的需求”。④ 也就是说，生存之道就是先要满足生理需求，当生理需求满足以后，就会去追求心理需求，以及自我实现的需求。社会救助制度扮演着消除人类所得或需求匮乏之公共救助角色，社会救助制度乃因应贫穷问题而生，为保障公民生存权之最后一道防线，其本质乃建构社会安全制度。

随着公民权利的发展，生存权作为公民一项重要的社会权利最终得到法律的确认和保障。社会需求本质上是人对得到来自社会的保障的需求，是伴随着人的出生而必然具有的自然状态，但国家和法律产生后，如果不对社会需求加以确认和保护，公民个人仅凭自身的力量很难满足这种需求，于是社

---

① 孟凡平．社会转型期弱势群体人文关怀研究［M］．上海：上海生活·读书·新知三联书店，2017：91.

② 韩德培．人权的理论与实践［M］．武汉：武汉大学出版社，1995：380.

③ 张文显．法学基本范畴研究［M］．北京：中国政法大学出版社，1993：112-113.

④ ［美］亚伯拉罕·马斯洛．马斯洛人本哲学［M］．成明，译．北京：九州出版社，2003：1-4.

会需求有了转化为法定权利的必要。[①] 安东·门格尔在《全部劳动史论》中提出，生存权就是“个人按照生存标准提出要求而由国家提供物质保障的权利”[②]。日本学者大须贺明指出生存权与自由权的重要区别在于其目的是“保障国民能过像人那样的生活，以在实际社会生活中确保人的尊严；其主要是保护帮助生活贫困者和社会的经济上的弱者，是要求国家有所‘作为’的权利”[③]。简而言之，自由权主要是要求国家权力不干预，即要求国家的消极的不作为，对国家权力划定出不能介入的范围；而生存权则要求国家权力的积极的干预，为国家权力划定其应该去做的范围。生存权从法的概念上升为实证的法的权利，则见诸1919年德国的《魏玛宪法》，该法第一次将“必须符合保障所有人均能过着像一个人生活之正义原则”明确为国家义务，这就标志着生存权完成了其法定权利化过程而进入了制度的现实保障之中。[④]

马歇尔将权利分为公民权利、政治权利和社会权利三个方面，其中社会权利方面强调公民的经济福利与安全以及充分享有社会遗产的权利，并且根据社会上的一般标准享受现代文明生活的权利和相关附属权利。[⑤] 在西方国家，权利有一个渐进的发展过程。基于法律面前人人平等的理念与实践，公民权利以言论自由、迁徙自由等为主要内容，最早（18世纪末至19世纪初）得到法律认可和保障。之后（19世纪末至20世纪初），公民的政治权利在法律上得到承认和保障，主要体现在投票权和政治参与等方面，可以说

---

① 对于社会需求的理解有两种不同的视角，一种是从自然意义上的理解，是对人的社会需求的客观解释，例如维持个人的生存能力和在社会中表达人类行为的能力。另一种是从法律意义上的理解，是对人的社会需求应该是什么的主观认定，这里的认定因素包括个人、政府机构、专家和其他服务机构。参见［美］亚伯拉罕·马斯洛．马斯洛人本哲学［M］．成明，译．北京：九州出版社，2003：1-4.

② 转引自郑尚元，袁少杰．老龄化之因应与长期照护保险法制之展望［J］．深圳大学学报（人文社会科学版），2017（03）：127-134.

③ ［日］大须贺明．生存权论［M］．林浩，译．北京：法律出版社，2001：16.

④ 在第二次世界大战后，大多数的国家均确认国家的任务不仅限于治安的维护，亦应包括国民经济及社会安全之维持，即国家有义务去照顾、维持人民之基本生计，并维护整体社会安全，消除严重的社会贫穷。日本《宪法》第25条规定：“全体国民都享有健康和文化的最低限度的生活的权利。国家必须在生活的一切方面为提高和增进社会福利、社会保障以及公共卫生而努力。”

⑤ ［英］T. H. 马歇尔，安东尼·吉登斯等．公民身份与社会阶级［G］．郭中华，刘训练，译．南京：江苏人民出版社，2008：10-11.

公民的自由权利是政治权利的基础。为了解决在20世纪以后之资本主义及私有财产制度下所衍生的失业、贫穷、饥饿、疾病等社会问题，以及保障个人在社会生活中，能维持最低限度之生活水平，国家功能从消极国家转趋为积极国家，以公民权利和政治权利为基础，公民的社会权利逐步得到法律的确认，包括失业保险、教育和健康服务等社会政策和制度建立起来，进而促成了社会权利的衍生。马歇尔认为，“社会的要素（social element），我指的是从某种程度的经济福利与安全到充分享有社会遗产并依据社会通行标准享受文明生活的权利等一系列权利。与这一要素紧密相连的机构是教育体制和社会公共服务体系”。①社会权利观念的确立，是西方社会福利思想的一个重大变革。社会权②的产生也促成了生存权写入宪法，有别于国家消极态度的自由权，生存权是为了达到实质的保障，使人人皆能生活在一定水平中。例如，1948年的《世界人权宣言》第22条规定“社会福利受领权”、第25条保障“生存权”；1946年法国第四共和宪法序言，1948年意大利宪法第38条，以及1946年日本宪法第25条等，均有保障生存权之规定。因此，国家有依照其组织和资源情况提供社会保障的法定责任，公民依法享有维持其健康和福利所需的生活水平等社会保障之权利，生存权成为实实在在的一项法定权利。

2. 教育救助以生存权为基础

一方面，教育救助是体现生存权保障的一部分内容，是以生存权为基础的，这主要体现了生存权的自然权表现形式。社会救助制度是依据保障生存权而建立，教育救助是社会救助的重要项目之一，因此生存权是教育救助权利的逻辑起点。社会救助的政策基本目标是满足贫困群体的基本需要，也就是最低的生存需要。这种救助水平是与贫困人口相对较多、经济发展水平低

① ［英］T. H. 马歇尔，安东尼·吉登斯等. 公民身份与社会阶级［G］. 郭中华，刘训练，译. 南京：江苏人民出版社，2008：11.

② 就权利属性而言，有学者提出“消极权利”与“积极权利”用以区别生存权与社会权的差异，在归类上指出生存权是属于一种消极权利，因其施加于国家及第三人的义务是消极的；而认为社会权是一种施加于国家及第三人某些积极义务之权利，而第三人的积极义务尤指纳税的义务，为了兑现社会权、确保公民之社会经济基本需要获得满足，国家必须动用资源并加以重新分配。参见陈宜中. 国家应维护社会权吗？评当代反社会权论者的几项看法［C］. 人文及社会科学集刊，2003（02）：317-318.

等特点联系在一起的，但是最低的生存需要并不是人们的唯一需要，也不符合全面发展的人类发展目标。[①] 虽然社会救助的传统理念是生存权保障，然而在相对贫困观下，最低生活保障不仅仅是保障日常生活的救助，而且还包括教育、医疗、就业、住房等，即保障人之所以为人的具有尊严的最低限度的生活。如日本学者菊池馨实所言，“有助于‘个人的自律支援’之诸种制度，在广义上涉及雇佣、教育、住宅、通信等以往不包括在一般理解的社会保障范围内的项目。”[②]

另一方面，生存权是对人的具有尊严的、最低限度的生活的一种保障，这种有尊严的生活里面就包含了受教育的权利，这反映了生存权的社会权面向。“人们对人权主体的关注开始从抽象走向具体。开始关注弱势群体权益，特别是生存权的保障和实现问题。因此，现代社会的生存权一般包括生命健康权、生活救济权以及保持人类尊严的权利。因为生存权不仅仅意味着人有活着的权利，而且也包括人能够体面地活着、能够充分实现人的价值和尊严的权利。”[③] 人的有尊严的生活是其区别于其他生命体的重要本质特征，“人之所以为人，并不在于他呈现着一个人类所特有的生物形体，而在于他拥有一种个体性或自我。这种自我是一个人伴随着其成长经历逐渐营建起来的，它承载着其家庭教育、生活环境、社会联系、文化熏陶、宗教信仰的印记，呈现着当事人的特征与品格，因而构成了这个人最深刻、最内在、最本质的东西”[④]。人的尊严体现在人的个体性和独特性，尊重人的尊严不仅是人权理论的要求，而且也是法治社会的哲学基础和道德基础，只有蕴含人文精神的、尊重人的价值和人格尊严的方式才是“合乎公民权利的救助方式”，因为其渗透着对人的生命、尊严的真切关心、尊重和爱护。徐显明提出“发展是生存权的必然要求，……个人发展的主要途径是享有受教育权。人自幼开始接受一般智能教育，国家承担培养高素质劳动后备军的义务。受教育者无

① 吕学静．中日社会救助制度比较研究［M］．北京：首都经济贸易大学出版社，2017：15.

② ［日］菊池馨实．社会保障法制的将来构想［M］．韩君玲，译．北京：商务印书馆，2018：21.

③ 孟凡平．社会转型期弱势群体人文关怀研究［M］．上海：上海三联书店，2017：92.

④ 甘绍平．人权伦理学［M］．北京：中国发展出版社，2009：155.

偿获得知识与技术，这样才能使其在进入社会时解除后顾之忧。正是从保证人的生存角度考虑，'接受教育'才具有既是权利又是义务的双重性质"①。还有学者提出受教育权是"日本宪法第25条所规定的'维持文化性的生活的权利'之具体化，或者是'充实生存权的文化性内容之手段'"。②

需要强调的是，"我们谈到生存权包含的受教育权只是限于最低层次的教育而言，这些基本的教育是促进人的社会化和保障人的独立生存的手段。通过义务教育，向公民传授一定的价值观念、文化规则、生产技能和知识，使之受教育成为符合社会准则的行为个体，以便于将来的谋生，从而保证社会秩序的正常。"③ 传统意义的生存权所蕴含的保障受教育之内容仅是基础性的，因而可以这样理解，生存权中包含了受教育权的一部分内容但不是全部。受教育权作为一项重要的基本权利，发展出了丰富的内涵，《世界人权宣言》第26条第1款规定："人人都有受教育的权利，教育应当免费，至少在初级和基本阶段应如此。初级教育应属义务性质。技术和职业教育应普遍设立。高等教育应根据成绩而对一切人平等开放。"其后的《经济、社会及文化权利国际公约》是第一个正式承认和保护受教育权的国际公约，该公约分别从初等、中等、高等教育的角度出发，来阐释受教育权的内容，并将教育置于经济、社会、文化权利的大背景之中。

受教育权是"个人维持生存并谋求更为幸福的生活条件的一项必要条件"④。受教育权的内涵也是广泛的，有学者指出，从一般意义上讲，"受教育权内涵主要包括接受教育的自由⑤，受教育的平等权，实现受教育权的国家义务"⑥。关于受教育权的性质，学界形成了"接受教育的权利说""公民权说""生存权说""学习权说"等理论观点。⑦ 有些学者进一步指出，受教

---

① 徐显明．生存权论［J］．中国社会科学，1992（05）：39-56.

② 转引自［日］大须贺明．生存权论［M］．林浩，译．北京：法律出版社，2001：155.

③ 马光秋．生存权论．刘永佶．经济中国——国企改革［C］．北京：中国经济出版社，2013：92.

④ 陈焱光．宪法［M］．武汉：武汉大学出版社，2017：115.

⑤ 教育首先是个自由问题，是否接受教育以及接受什么样的教育应该说是受教育者的教育选择权，国家、其他组织以及个人无权干涉，特别是在非义务教育阶段表现得更为明显。

⑥ 喻少如．行政给付制度研究［M］．北京：人民出版社，2011：85.

⑦ 孙霄兵．教育法理学［M］．北京：教育科学出版社，2017：307.

育权是自由权与社会权的统一，[①] 这项权利其实是由诸多子权利共同构成的权利体系。从个人层面看，受教育权是一种自由权性质的权利，但是从国家层面看，又具有典型的社会权特征，是生存权的重要内容。这主要是因为“教育条件以及教育制度的提供，则需要国家的积极作为，受教育权方能实现……它是一种独立的、不可替代的宪法基本权利，它主要是针对国家权力，国家的义务不只是消极不侵害和防止其被侵害，更主要的是积极主动地提供受教育权平等实现的物质条件”[②]。从这个意义上讲，受教育权既是一种自由权，也是一种社会权，而且更侧重于社会权。日本学者大须贺明指出，第二次世界大战之后关于教育权的理论性探讨，很长期间内被忽视到了不适当的地步，对“教育自由权”的论证比较充分（如对“要求教材、授课内容和教授方法的划一化”探讨），但是与此相反，对“教育社会权”的讨论明显不足，直到 1971 年，在日本学术界还是以否定具体请求权性质的所谓“纲领性规定论”[③] 占主导地位。大须贺明还指出，关于教育的社会权和自由权，两者密切相关，互相依存，完全离开一方而论他方，原本就是不可能的，此为其基本人权之特质，宪法保障着“社会权性质侧面”的受教育的权利，赋予国民能够请求国家配备旨在保障学习权诸条件的国家作为的权利。[④]

既然生存权是一项具有宪法意义的权利，那么作为生存权保障的重要方面，受教育权也应当受到宪法保障。受教育权的权利主体是所有人，公民作为受教育权的主体已经被国际法准则、各国宪法及部门法所确立。早在 1791

---

① 喻少如认为，与劳动权的双重权利属性相同的是，受教育权也是兼有自由权和社会权层面的宪法基本权利；秦前红认为：受教育权是自由权与社会权的统一，其中社会权反映了教育权的实质内容。

② 秦前红．宪法［M］．武汉：武汉大学出版社，2018：115.

③ 该理论称，日本宪法第 26 条所言的“所谓权利，是将国家应该顾及的教育机会均等之事，放到国民的角度上作为权利来考虑的。其内容为，国家在立法或者决定政策之际，必须对此予以充分的考虑；再者就是为了实现这样的宗旨，有责任采取适当的措施。……但是，在此即使说是权利，也并非是指某特定个人可以依据本条款向国家请求支付给予接受教育所必需费用那样的具体性权利”。大须贺明还强调，就是对于在“教育自由权”理论的探讨上取得了注目成就的教育法学，也仅仅在作为承担义务教育者的学校的学费免费这一点上，承认了教育权的具体权利性，原则上依然蹈袭了“纲领性规定论”。参见［日］大须贺明．生存权论［M］．林浩，译．北京：法律出版社，2001：138-139.

④ ［日］大须贺明．生存权论［M］．林浩，译．北京：法律出版社，2001：162.

年法国宪法第一编“宪法保障的基本条款”之中就规定“应行设立和组织为全体公民所共有的公共教育，一切人所必需的那部分教育应当是免费的，此类教育机构应按王国区划的配合渐次分配之”。1793 年法国新《人权宣言》第 22 条规定，“教育是个人所必需的。社会应尽一切可能来赞助公共理智的发展，并使每个公民都得享受教育”。1848 年法国“二月革命”后颁布的宪法则明确了保障社会权为国家的义务。该宪法规定，法国实行义务教育，通过职业培训发展公民的劳动技能，保障劳资平等，救济老弱病残。实际上该宪法确认了受教育权、劳动权和社会保障权等社会权。① 德国魏玛宪法还专门设有“教育及学校”一章，确立了助学制度及奖学金制度，明确了小学阶段教育作为义务教育实行免费政策。1936 年苏联宪法将公民受教育权确认为宪法基本权利，明确了受教育权是一种社会权意义上的受教育权。②我国宪法第 33 条规定：“国家尊重和保障人权”，第 46 条明确规定了公民的受教育权。我国宪法对生存权的规定相对分散，主要体现在公民获得物质帮助权方面。第 45 条规定：“公民在年老、疾病或者丧失劳动能力的情况下，有从国家和社会获得物质帮助的权利。国家发展为公民享受这些权利所需要的社会保险、社会救济和医疗卫生事业。”同时也规定了对弱势群体的教育救助，“国家和社会帮助安排盲、聋、哑和其他有残疾的公民的劳动、生活和教育”。由于教育分为多个阶段，不同教育阶段的目的与特征存在差异性，国家基于此而承担的保障公民受教育权的义务也不尽相同，“一般而言，国家对于更为基础的教育负有更多强制性责任，而对于逐渐高层次的教育承担渐进性提高的职责”③。

生存权不仅是国际人权公约所肯定的重要人权内容，也是各国普遍认可的一项基本人权，维护每一位公民的生存权更是整个人类社会基本的要求与共同的目标，无论从生存权的自然权形式还是社会权形式，其都可以说是教育救助权利的重要渊源。保障“弱者”（尤其是家庭经济困难学生）的生存权正是国家、社会及其成员履行教育救助义务的重要依据。

---

① 赵宝云．西方五国宪法通论［M］．北京：中国人民公安大学出版社，1994：233.

② 温辉．受教育权入宪研究［M］．北京：北京大学出版社，2003：80.

③ 胡锦光．宪法学原理与案例教程［M］．北京：中国人民大学出版社，2006：327.

（二）发展权与教育救助的前瞻性

上文分析中已经提到，传统的生存权中所蕴含的受教育权利具有一定的局限性，那么何以解释为高等教育阶段的家庭经济困难学生提供教育救助？难道这种救助尚无权利可循？生存权的论述解决了家庭经济困难学生是否有权获得教育救助的问题，而对于发展权的探讨则是为了合理解释为何要为非义务教育阶段的家庭经济困难学生（如高校学生）提供救助，更深入地分析怎样的教育救助制度才是更为理想的状态。如何为面向未来的内容全面、覆盖范围广泛的教育救助寻得权利依据是我们需要继续解决的问题。

现代生存权之意涵，已超越传统生存权之界限，发展权成为生存权的当代内容。有观点认为，发展是生存权的必然要求，生存权包括发展权在内的多种权利，这些都属于生存权的内容。① 博登海默指出，“几乎每个个人都有实现自我和发展个人的冲动，这种冲动又常常在那些为实现其生活目标的自主行为中得以表现。”② 还有学者确信，“发展是生存权的必然要求，生存权中包含发展权的内容是社会发展的需要，生存权中只确定生存的最低标准本身即蕴涵了对发展权的肯定。”③ 伴随着社会进步与人们生活水准的提升，人们的基本需求也不仅仅是停留在满足基本生存的状态，而是内涵不断丰富，这也就为保障人们的发展权奠定了基础。以我国当前社会救助面临的新情况为例，随着全面建成小康社会目标的实现，基本贫困将不复存在，取而代之的是由传统贫困向新型贫困的转变，由绝对贫困向相对贫困的转变。“新贫

① 徐显明认为，生命权、尊严权、财产权、劳动权（包括劳动就业权、职业选择权、获得报酬权、劳动保护权、休息权、交涉权、争议权、管理决定权、劳动保险权等）、社会保障权、发展权（包括受教育权、公职竞争自由、兼职自由、职级晋升权等）、环境权（包括净气权、阳光权、稳静权、净水权、远眺权等）、健康权、和平权（包括反战权、反核权、免除核威胁权等），都是生存权的内容。参见徐显明．生存权论［J］．中国社会科学，1992（05）：39-56.

② ［美］E. 博登海默．法理学——法哲学及其方法［M］．北京：中国政法大学出版社，1999：6.

③ 曹明睿．社会救助法律制度研究［M］．厦门：厦门大学出版社，2005：114.

社会”[①] 背景下之问题呈现出新的样态，倘若社会救助制度无法涵括与研拟相应方案，仍是固守“维持生存为目的、以经济补偿为主要方式来解决贫困群体的生存危机”,[②] 那么宪法所保障人民之生存权便形同具文。20 世纪 80 年代发展权思想体系逐步走向成熟，1986 年联合国大会通过的《发展权利宣言》，指出发展权利是一项不可剥夺的人权，由于这项权利，每个人和所有各国人民均有权参与、促进并享受经济、社会、文化和政治发展，在这种发展中，所有人权和基本自由都能获得充分实现，并全面阐释了发展权的主体、内涵、地位、保护方式和实现途径等基本内容。[③]

实践中，一些国家在社会救助制度的实施过程中也发现单一的生活救援是不能解决贫困人口生活困境的。贫困人口除了会遇到生活困境之外，在教育、医疗、住房等方面同样遇到不能解决的困难。[④] 越来越多的国家认识到，教育救助是社会救助的重要内容，是现代意义的生存权保障内容。因此，各国不断推进社会救助制度的改革和完善，采取了包括教育救助在内的多元化的社会援助制度和社会救助措施。例如，自 20 世纪 90 年代以来，拉美一些国家为应对社会救助领域的新情况，开始“改革传统的社会救助，而主要的改革方向则是探索发展型的社会救助政策，即通过有限的公共资源来促进贫困个体的自我增能和发展。它们将救助单位由个体转变为家庭，注重从人的全面发展、生活质量等来考察、分析和测量贫困问题，从维护可持续生计、提高可行能力的角度救助贫困者，并鼓励和要求贫困家庭进行人力资本投

---

① 依据我国台湾地区学者观点，相对于传统贫困——“旧贫”所谓单指食物、居住等基本生存权无法获得满足，“新贫”一词乃具更广泛之概念。受到经济全球化的冲击与影响，在经济、政治，以及社会体制之结构开始产生变迁，而此结构性变迁乃新贫之肇因。首先，在经济层面上，主要系指劳动市场与工作条件之变迁。前者意指传统技术性、细节性之大量劳动力取向，于 19 世纪英国工业革命后逐渐被自动化、机械化所取代，传统劳动市场结构开始产生变迁。至于后者所指称工作条件之变迁，包括季节性、临时性的工作性质、弹性工时、约聘人员等，因工作条件之改变，所得不安全、结构性失业等问题亦伴随而生。参见吕朝贤．“新贫”的意义、政策及其限制［J］．小区发展季刊，2007（12）：21-22.

② 张浩淼．发展型社会救助研究：国际经验与中国道路［M］．北京：商务印书馆，2017：1.

③ 胡玉鸿．人权视野中的弱者保护［M］．北京：中国政法大学出版社，2012：169.

④ 朱一丹．社会救助制度的中外比较研究［D］．长春：东北师范大学，2015：129.

资”①。阿根廷的 Families for Social Inclusion（社会容纳）项目、智利的 Chile Solidario（智利团结）项目、秘鲁的 Programa Juntos（共同计划）项目等都将教育救助作为社会救助改革的重要内容。② 生存权本身并不仅仅是一种权利，而是一群权利，不一定是宪法文本意义上的权利（如劳动权、物质生活保障权等），而是一种宪法学意义上的权利，是对一系列宪法文本上的权利的概括。③ 有学者指出，习近平总书记提出的“人类命运共同体”的概念与理念，为发展权理论完善和实践展开奠定了立意深远的哲学基础，确立了坚实可靠的正义根基，人与人之间的连带，各阶层、各阶级之间的连带，构成了当今国内政治、经济、文化的基本网络，“发展机会均等，弱者发展能力的补强，发展成果惠及每一个人，就成为发展权在当下的核心意涵”④。

发展权理念下的教育救助应当是具有前瞻性、发展性的，主要体现在救助理念、救助范围和救助内容等方面。第一，发展权下的教育救助在理念上应当是体现发展性的。这种发展性救助理念应当是积极的救助、高水平的救助、注重能力的救助，而且更加突出对人的尊严的保障。有学者指出，“我国现行生存型社会救助制度已经面临严峻的挑战，它无法顺应贫困主体结构变化的需要，难以实现助人自助的根本目标。从生存型救助走向发展型救助，既是社会救助理念演进的必然要求，也是社会救助制度转型的目标选择”⑤。强调发展权保障并不排斥生存权保障，而是在保障基本生存的前提和基础上对生存权保障的扬弃，我国全面建成小康社会之后，绝对贫困问题基本解决，面临的突出问题是低收入群体（相对贫困群体）的发展权问题。第二，发展权下的教育救助在范围上应当是广泛的。政府应该结合经济社会发展的水平，考虑到教育救助的发展属性、财政水平的支持能力及高质量的教

---

① 民政部低收入家庭认定指导中心．世界银行 TCC6 子项目“社会救助瞄准与居民家庭经济状况核对体系研究”成果汇编［M］．北京：中国社会出版社，2018：266-267.

② 民政部低收入家庭认定指导中心．世界银行 TCC6 子项目“社会救助瞄准与居民家庭经济状况核对体系研究”成果汇编［M］．北京：中国社会出版社，2018：269-275.

③ 马岭．生存权的广义与狭义［J］．金陵法律评论，2007（02）：72-85.

④ 齐延平．论发展权的属性．中国人权研究会．共享发展——更好造福各国人民［C］．北京：五洲传播出版社，2018：112.

⑤ 尹乃春．走向发展型救助：社会救助的制度转型与目标选择［J］．广西社会科学，2012（01）：131-134.

育对公民发展的作用等多方面因素，适当扩大教育救助的范围，不仅仅局限于义务教育阶段的家庭经济困难学生，也面向其他非义务教育阶段：高中教育（含中等职业教育）、普通高等教育阶段就学的经济困难学生，甚至也应当将幼儿园的儿童纳入救助范围。此外，还应该结合社会经济发展水平，适当降低救助标准的门槛，将相对贫困的低收入群体纳入救助范围，防止其“因学致贫”或者“因学返贫”，根据实际情况给予教育救助。第三，发展权下的教育救助在内容和水平上应当是高质量的。这种高质量的教育救助体现在救助内容不仅包括维持救助对象学生生活所需要的最低标准的救助，而且应当为其提供助其实现“能力补足”的发展型的救助，如提供心理援助、学业指导、技能培训等。

四、值得救助：教育救助的价值基础

价值分析是我们在论证教育救助法律制度时不可回避的一个问题。“任何值得被称之为法律制度的制度，必须关注某些超越特定社会结构和经济结构相对性的基本价值。在这些价值中，较为重要的有自由、安全和平等。……一种完全无视或根本忽视上述基本价值中任何一个价值或多个价值的社会秩序，不可能被认为是一种真正的法律秩序。”[①] 价值判断其实是人们评价一项制度对与错、好与坏的一种抽象认识，教育救助法律制度的价值主要体现在对于社会弱势群体合理需求的回应，体现在社会价值和个人价值两个方面。

（一）从消除贫困到消除社会排斥

尽管教育救助不是社会救助的全部内容，但由于它与消除贫困直接相关，且教育救助的对象本身就与贫困家庭密切相关，因此，教育救助对于消除贫困能够发挥直接作用不言而喻。贫困产生的原因是错综复杂的，既包括社会方面的客观因素，也包括个人方面的主观因素，而在个人因素方面，早期的贫困理论大多认为个人的懒惰、缺陷、愚昧等，是造成贫困的主要原因。随着人们对贫困现象研究的深入，越来越多的学者认识到贫困绝不仅仅

---

① ［美］E. 博登海默．法理学——法哲学及其方法［M］．北京：中国政法大学出版社，1999：5-6.

是个人原因造成的，而是一种客观的社会历史现象。教育救助是国家干预贫困的重要方式，是阻断弱势群体贫困代际传递的有力手段，能够为反贫困夯实基础。除经济因素外，贫困代际传递的原因更多地反映在文化和精神层面，文化贫困和精神贫困也是造成经济贫困的重要原因。换句话说，文化程度低的家庭更容易代际传承贫困。① 制止贫困代代相传的发展趋势，实现贫困的根除，根本在于教育。因此，教育救助具有重要的消除社会贫困的价值。随着社会保障事业的不断发展，以较高生活保障水平为目标的救助形式和以预防贫困为主要内容的社会救助已经逐渐减弱了“消除贫困”的色彩，这并不意味着教育救助与贫困联结的丧失，而是意味着教育救助的社会价值除了传统的反贫困价值之外，还在追求实现更高层次的社会价值——消除社会排斥。

所谓社会排斥一般是指“个体作为社会成员却被排除在社会生活的充分参与之外，结果导致其无法获得公民资格所赋予的公民权利以及社会功能”②。有学者指出，随着市场经济进一步发展和社会转型，因为能力和素质低下而造成被排斥在市场和社会之外的贫困越来越多，并提出能力和素质低下开始成为我国人口贫困的主要原因，也是其脱贫的内在障碍。印度经济学家阿马蒂亚·森提出“能力贫困”概念，并将该理念广泛应用于讨论“经济不平等”等福利经济学问题。在《以自由看待发展》一书中，阿马蒂亚·森又将可行能力理念融入人类发展的分析之中，认为人类发展的目的就是实现每个人可行能力的最大满足，而可行能力的向量之增长也就是人类自由的拓展。他将个体“能力”的视角引入社会成员生活质量的研究，通过“实质自由”以及“可行能力”的概念，进一步拓展了能力的贫困观，并且提出，个人的实质性自由可以被理解为一个人做自己认为有价值的事的“可行能力”，一个人的可行能力“指的是此人有可能实现的、各种可能的功能性活动组合”。③ 也就是说，可行能力是一种自由，是实现各种可能的功能性活动组合的实质自由，一个人所实现的能力和功能性活动很大程度上决定着个

① 陈成文．教育救助与实现新时代“弱有所扶”［J］．社会科学家，2019（01）：120-127.

② 张瑶．社会排斥与贫困：一种分析路径［J］．科学经济社会，2019（04）：23.

③［印］阿马蒂亚·森．以自由看待发展［M］．任赜，于真，译．中国人民大学出版社，2002：62-63.

人做其认为有价值的事和享受其所珍视的生活的机会，它关乎个体的实质自由。这种可行能力是“一个人认为值得去做或达到的多种多样的事情或状态”，既包括营养良好、身体健康、避免疾病等最基本的功能，也包括快乐、自尊、受人尊重、可以参加正常的社交活动等复杂功能。阿马蒂亚·森在此基础上列出了一个功能性活动的清单，包括吃、穿、住、行、受教育、就业、社会参与等，把这些活动列成一个清单，一个人的“可行能力”就是对于此人是可行的、列入清单的所有活动的各种组合。传统福利经济学用收入或效用来衡量福利，并且忽视了人的差异问题以及选择的自由度问题。[①] 贫困并不仅仅限于物质的和伤及人体的剥夺，它也损害人们的自尊、尊严和自我认同，堵塞他们参与决策过程和进入各种有关机构的途径，至关重要的一点是，这些方面往往互相加强，使得若干群体之易受伤害的程度沿螺旋线上升。[②] 教育救助制度就是在追求消除贫困基础上进一步消除社会排斥，促进社会贫困群体更好地融入社会。

教育救助在促进社会融合方面具有其他社会救助类型所不可比拟的功能，能够在很大程度上缓解和消除社会排斥。积极反贫困理论认为为了应对新型贫困并改变贫困者被排斥的情况，除了要保障贫困群体的基本生活之外，还要促使其积极融入社会。[③] 教育救助的真正目的在于为那些因各种原因而处于经济困难状态的人们提供平等的教育机会，提升其以知识文化为主的综合能力，让其能够顺利地融入社会而免于继续陷入贫困，防止其被边缘化，从而充分享有人的尊严。

(1) 在经济方面，教育救助能够缓解贫困群体获取教育资源的经济负担，让其获得摆脱贫困的知识和技能。个体自身的知识和劳动技能是进入社会的重要条件，而知识和技能的获取离不开优质的教育资源，教育本身是有成本的，因而教育（尤其是高等教育）通常不是免费提供的，如果没有国家

---

① 王艳萍．克服经济学的哲学贫困——阿马蒂亚·森的经济思想研究［M］．北京：中国经济出版社，2006：54.

② ［英］克莱尔·肖特．消除贫困与社会整合：英国的立场［J］．国际社会科学杂志（中文版），2000（04）：49-55.

③ 曹扶生，武前波．国外城市反贫困理论研究综述［J］．城市问题，2008（10）：75-80.

的教育救助，家庭经济困难学生很可能会丧失获得优质教育的机会，导致其无法获得相应知识和技能而处于无业或是低端就业的状态，因此很有可能陷入贫困状态。

（2）在政治方面，教育救助能够帮助贫困群体更加充分地享有政治权利。公民充分地享有政治权利，也需要具备一定的条件，如需要具备参与政治生活的资源、信息以及能力，如果没有国家的经济援助，贫困群体很难享受优质教育，难以具备较为充分的参与政治生活的条件，也就无法有效参与公共政治事务的讨论和决策，从而造成政治权利方面的无权和失语状态。

（3）在社会关系方面，教育救助能够帮助贫困群体打破社会交往的局限。广泛的社会交往和人际网络能够帮助人们获得有益互动和支持。对于贫困群体而言，由于自身能力和经济状况的限制，十分缺乏充分参与社会交往的必要资源，出现贫困群体社会关系相对单一化和同质化并与中心和主流的群体脱离的情况。教育救助能够帮助贫困群体提升参与社会交往的能力，建立较为广泛的社会关系网络。

（4）在文化方面，教育救助有助于贫困群体更好地融入主流文化。贫困群体通常会形成一种独特的文化价值观和生活方式，而这种文化和价值观容易和主流文化相偏离，教育救助有助于帮助贫困群体接受多元文化的熏陶，也帮助其更好地融入主流文化，避免社会文化方面的排斥。

（二）从维护人的尊严到促进人的全面发展

康德认为所谓人的尊严是指每一个人本身即目的，具有其固有价值，唯其得以自我实现，始有尊严。[①] 从自然法观点而言，公民的一些权利是与生俱来的，是先验的，是先于国家而存在的，不待制定法明文授予即应享有。在个人生活领域中，人的尊严是个人生存之核心部分，属于维系个人生命及自由发展人格不可或缺之权利，因此是一种国家法律须绝对保护的基本人权。尊重人的尊严并非仅表示国家消极之不作为或不侵犯，且是要积极之作为。所以，对生活陷于贫困而需要救助之人，国家必须对其提供必要的救

① 李震山．人性尊严之宪法意义［J］．中国比较法学会学报，1992（11）：16-17．

助，以确保个人能够以一种符合人的尊严生存之最低条件存在，使其能自立而不是陷于对救助的依赖，这是救助的真正任务。近年来社会救助理念也开始有所转变，维护被救助者的尊严逐渐成为当代社会救助的重要价值。① 法律制度以保障生存权为基础展开，生存权内涵之一的尊严权受到更多的重视，社会救助的法理念逐步出现了新的发展趋势：从社会权利性质的“生存权”向个人权利性质的“人的尊严”转变。② 可以从许多角度来理解“尊严”一词，例如从伦理学的角度来看，它可以理解为人类身份、地位和权威的尊严和不可侵犯性。从法律的角度来看，这主要意味着社会和他人应尊重作为公民的最基本的社会地位③。其他一些法学家指出，“人的尊严”是指在“国家—人”的关系中，人是目的，不是工具，不是他治他决的客体，个人应得到善待，其内在价值受到尊重，人人享有实现自我的权利④。从哲学世界观的角度来讲，“尊严”可以理解为某物所具有的不可侵犯，需要给予尊重和认可的一种评价和认知关系，既是一个实体范畴，又是一个关系范畴⑤。在早期的西方社会救助立法中，被救者的尊严被忽略甚至践踏。英国《济贫法》甚至明确规定人身自由、尊严和政治权利的丧失是穷人接受救济的前提。⑥ 自 20 世纪中叶以来，保护人的尊严一直受到各国宪法和法律的认

---

① 洪大用提出社会救助中“消极救助”和“积极救助”的概念，并把充满伦理人情的社会救助称为“积极救助”，认为这种充分尊重救助对象人格尊严的救助是“社会救助的积极取向”。（参见洪大用．完善社会救助，构建和谐社会——2005 年社会救助实践与研究的新进展［J］．东岳论丛，2006（03）：22-26.）陆永平教授把社会救助划分为政策救助和道德救助两种形式，并认为政策救助是不够的，为此，他提出了道德救助的概念，也就是从道义出发，以道德的方式，帮助社会的弱势群体摆脱物质生活和精神生活的窘境，过上具有人的尊严的社会生活。［参见陆永平．城市弱势群体的政策救助和道德救助［J］．南通大学学报（社会科学版），2005（03）：112-115.］吴成钢等学者也认为，这种具有伦理关怀的救助“是一种成本最小、且能对人产生长远有效和深刻影响的精神支持，是有效解决弱势群体自我发展问题的动力源泉和软件工程，是当前研究和解决弱势群体问题和实现社会和谐的另一个突破口”。［参见吴成钢，金明华．弱势群体的伦理生态问题及其对策［J］．深圳大学学报（人文社会科学版），2006（04）：29-32.］

② 吴振宇．公私协力保障生存权——以社会救助制度为例［J］．法治研究，2011（09）：37-43.

③ 李步云．宪法比较研究［M］．北京：法律出版社，1998：479.

④ 李累．宪法上“人的尊严”［J］．中山大学学报（社会科学版），2002（6）：129.

⑤ 王晓广．马克思“人的尊严”思想及其在当代中国的实践［M］．哈尔滨：黑龙江人民出版社，2016：101.

⑥ 转引自覃有土，樊启荣．社会保障法［M］．北京：法律出版社，1997：47-48.

可，并逐渐成为一种新的发展趋势。德国《联邦基本法》第1条第1款规定，“人之尊严不可侵犯。尊重和保护人的尊严是一切国家权力之义务”①。根据德国学者莱希勒的说法，德国《基本法》关于人的尊严的规定表明：首先，维护人的尊严是基本法价值体系中的最高价值。其次，人的尊严是一项宪法原则，是其他宪法权利的基准。再次，它是判断法律是否公正的标准之一。最后，是联邦宪法法院保护一般权利的原则。② 现代社会救助制度建立以来，社会救助摒弃了传统的恩赐和施舍观念，确立了保护被救助者的生存权和政府责任的观念。生存权保障不应该仅仅是保障人们的基本生存或满足人们生存的基本需要。人们不仅要生存，而且要追求真正的人类生活，追求人类的生活方式，享受人的尊严。③ 因此，国家公权力应在人的尊严遭受他人之侵害时，加以保护，尤其是涉及必要的生存需求保障时，必须赋予公民一定的给付请求权，这种权利不仅仅基于生存权，同时也基于人的尊严的保障。

自1968年联合国第一届国际社会福利部长会议首次提出“发展型社会福利”的概念后，④ 许多学者开始将社会福利与社会发展相结合。美国学者梅志里提出了社会福利发展的观点，强调社会福利也应考虑成本问题，应将“成本效益”理论方法运用到社会福利政策中，并鼓励低收入者摆脱困境。建立个人发展账户来解决贫困问题。⑤ 吉登斯则指出，应“转变直接救助形式，以投资形式提高教育救助效果，实现积极福利”⑥。在20世纪90年代以后，发展的概念已被应用到实际的救助工作中，以发展为导向的救助应运而生。面向发展的救助更加关注被救援对象的可塑性。通过关注被救助者的自我完善，可以增强人们摆脱贫困的能力，达到帮助他们摆脱贫困的目的。近些年来，学者们对于社会救助制度的研究已经不仅仅停留在对生存权或者对

---

① 谢立斌．宪法解释［M］．北京：中国政法大学出版社，2014：71.

② 王晓杰．基于生存照顾的就业权保障研究［M］．北京：中国法制出版社，2013：41.

③ 熊勇．维护人的尊严——社会救助立法的终极理念［J］．长春理工大学学报（社会科学版），2013（04）：30.

④ 转引自张全红，周强．中国农村多维贫困的测度与反贫困政策研究［M］．武汉：华中科技大学出版社，2018：198.

⑤ 转引自刘振杰．走向发展型社会救助的新福利时代［J］．行政管理改革，2014（01）：55-59.

⑥［英］安东尼·吉登斯．第三条道路——社会民主主义的复兴［M］．郑戈，译．北京：北京大学出版社，2000：119.

国民“生活保障”的充分解读，有学者坦言，在国民生活比较而言相当富裕的前提下，作为社会保障的目的，在以为应对社会性事故的生活保障这种历来的观念为前提之基础上，应更进一步认为其是对个人构筑具有主体性的生活支持这种更加动态的乃至过程性的观点。[①] 再进一步，可以将社会保障制度理解为这样一种制度：为了使人自出生以后朝着自律的个人发展，即使这种自律性有所欠缺，也是在保持其自律性的同时，为完善其追求自主生活方式之条件的制度。[②] 黑格尔认为，“社会和国家的目的在于使人类的潜能以及一切个人的能力在一切方面和一切方向都可以得到发展和表现”。[③] 18 世纪空想社会主义者发展了人的全面发展的思想，圣西门、傅立叶和欧文在他们的理论学说中阐述了人的全面发展的理念。《世界人权宣言》第 26 条第 2 款规定：“教育的目的在于充分发展人的个性并加强对人权和基本自由的尊重……”《经济、社会及文化权利国际公约》第 13 条第 1 款进一步强调：“本公约缔约各国承认，人人有受教育的权利。它们同意，教育应鼓励人的个性和尊严的充分发展，加强对人权和基本自由的尊重，并应使所有的人能有效地参加自由社会……”社会救助是为促进人的自由而全面的发展提供保障。被救助的对象不应是被动的，而是有着其主体性。人类的主观性首先反映在以下事实上：人类作为经济和法律上的主体，享有个人发展的自由，并为个人意志的自治负责。这种法律主体性思想可以追溯到康德哲学中对人的主体性的强调。德国《社会法典》就规定社会救助的目的是帮助被救助者自立，在德国《基本法》中，个人始终被视为独立的法律主体，而不是社会共同体所照顾的对象。[④] 有学者指出，“尊重人和满足人的发展需要，都是最终为了实现人的自由全面的发展……什么制度好，什么制度不好，其最终的衡量标准只能是‘人的自由全面发展’”[⑤]。

---

① ［日］菊池馨实．社会保障法制的将来构想［M］．韩君玲，译．北京：商务印书馆，2018：16-17.

② ［日］菊池馨实．社会保障法制的将来构想［M］．韩君玲，译．北京：商务印书馆，2018：38.

③ 郭晓君．人的全面发展理论初探［J］．中国人民大学学报，1997（02）：28-33.

④ 喻文光．德国社会救助法律制度及其启示——兼论我国行政法学研究领域的拓展［J］．行政法学研究，2013（01）：117.

⑤ 孙霄兵．教育法理学［M］．北京：教育科学出版社，2017：129.

第三章

教育救助法制的现状与问题

一、教育救助法制的变迁

我国教育救助制度的发展主要经历了四个阶段，在这段发展历程中，受国家总体法治发展环境影响，教育救助法制在探索中发展，在《社会救助暂行办法》施行之前，教育救助的规定主要体现其他行政法规、部门规章以及其他规范性文件中。

第一个阶段是“免费+人民助学金”的阶段（1949 年至 1986 年）。新中国成立之初，结合当时百废待兴急需大量人才的国情，受苏联教育理念的影响，国家实施的是基本免费的教育政策，而且还有人民助学金等教育补助，以满足学生日常学习生活所需，当时的情况是“初等教育免交学费，只收取少量杂费；高等教育一律免交学费和杂费”①。这种制度的形成主要以原政务院发布的《关于调整全国高等学校及中等学校学生人民助学金的通知》（1952 年 7 月 8 日）和教育部发布的《关于调整全国各级各类学校教职工工资及人民助学金标准的通知》（1952 年 7 月 23 日）为基础而建立起来。1977 年教育部、财政部又发布了《关于普通高等学校、中等专业学校和技工学校实行人民助学金制度的办法》（［77］教计字 530 号、［77］财事字 180 号），进一步将相关政策固化下来。这一时期的教育救助政策与计划经济时代的社会经济结构相吻合。

第二个阶段是“奖学金+学生贷款”的阶段（1986 年至 1993 年）。改革开放以后，各行各业开始引入市场机制，随着改革浪潮的铺开，教育领域改

① 杨昌江．贫困生与教育救助研究［M］．长沙：湖南教育出版社，2008：24.

革势在必行。原有的计划经济时代教育救助制度，虽然能在很大程度上保障教育公平，但是也给国家财政带来了巨大负担，同时在缺乏效率与竞争的制度下，教育质量难以得到有效提升。教育救助的改革思路主要是摆脱过去绝对平均主义“大锅饭”的思想束缚，取而代之的是效率优先、兼顾公平的理念。1986 年 7 月，国务院批转下发执行国家教委、财政部《关于改革现行普通高等学校人民助学金制度报告的通知》（国发〔1986〕72 号），该文件提出改革国家对高等学校学生“包得过多”的状况，保证经济确有困难而努力学习的学生能得到必要的资助，使其完成学业。文件将人民助学金改为奖学金制度和学生贷款制度，先期在部分高校试点。学生贷款制度目的是帮助部分确有经济困难、不能部分或全部解决在校学习期间生活费用的学生，实行由中国工商银行提供低息贷款的办法。[①] 1987 年，国家教育委员会、财政部发布《关于重新印发〈普通高等学校本、专科学生实行奖学金制度的办法〉和〈普通高等学校本、专科学生实行贷款制度的办法〉的通知》（［87］教计字 139 号，已失效），开始在全国范围内实行奖学金和学生贷款制度，文件要求应有“专人或机构负责这项工作”，这标志着在高等教育阶段率先转变了教育救助的运行模式，由普惠型模式向激励与兜底相结合的模式转变。

第三个阶段是多元混合救助模式阶段（1993 年至 2007 年）。1993 年 7 月，国家教育委员会、财政部发布了《关于对高等学校生活特别困难学生进行资助的通知》（教财〔1993〕51 号），主要针对由于市场经济改革，粮油等价格的放开和物价上涨，许多高校都不同程度地出现生活特别困难的学生，通过设立困难补助经费，组织勤工俭学活动，优先助学贷款以及减免学费专项资助办法解决“特困生”的经济困难。这是改革开放之后，专门针对家庭经济困难学生实施的教育救助政策文件。1994 年 5 月，国家教育委员会、财政部颁布了《关于在普通高等学校设立勤工助学基金的通知》（教财〔1994〕35 号），文件提出设立勤工助学基金的目的，在于使家庭经济困难的学生，尤其是特困生得到有效资助。1995 年国家教委发布了《关于对普

① 李文长．弱势群体高等教育权益研究——理念、政策与制度［M］．北京：人民教育出版社，2007：128.

通高等学校经济困难学生减免学杂费有关事项的通知》（1995 年 4 月 10 日），在收取学杂费的普通高等院校中，对困难学生实行减免学杂费政策。1999 年，教育部、财政部发布《关于进一步加强高校资助经济困难学生工作的通知》（教财〔1999〕7 号），进一步改革和完善高校资助经济困难学生的政策体系。2003 年教育部发布通知，要求各公办高校建立绿色通道制度，对被录取入学的贫困家庭学生，一律先办理入学手续，然后再根据核实后的情况，分别采取措施进行资助。在这一阶段初步形成了以奖学金、助学贷款、困难补助、勤工助学、学费减免等多种救助形式组成的教育救助制度。

第四个阶段是体系化救助模式向法治化救助模式转型阶段（2007 年至今）。2007 年 5 月发布《国务院关于建立健全普通本科高校高等职业学校和中等职业学校家庭经济困难学生资助政策体系的意见》，该文件全面梳理了教育救助的政策性规定，标志着教育救助政策体系初步形成，成为教育救助的指导性文件。近年来，相关部门又先后发布了《教育部　财政部关于认真做好高等学校家庭经济困难学生认定工作的指导意见》（教财〔2007〕8 号，已失效）、《教育部办公厅关于进一步加强和规范高校家庭经济困难学生认定工作的通知》、《财政部　教育部　人民银行　银监会关于进一步落实高等教育学生资助政策的通知》（财科教〔2017〕21 号）、《教育部等六部门关于做好家庭经济困难学生认定工作的指导意见》、《学生资助资金管理办法》（财科教〔2019〕19 号）。特别是 2014 年《社会救助暂行办法》的出台，标志着教育救助制度的发展逐步迈入法治化轨道。至此，社会救助制度确立了以奖学金（教育救助性质）、助学贷款、勤工助学、困难补助和学费减免为主的，以绿色通道、师范生免费教育等特殊教育救助制度为辅的系统化教育救助制度，并逐步向法治化教育制度转型。

二、教育救助法制的现状

从法律规范的视角来分析，我国教育救助法制体系尚未真正形成。教育救助的法治基础因而显得相当薄弱和不完整，这也为实践中产生的各种问题提供了一个存在和继续滋生的“温床”。审视现行宪法、法律、法规、规章和其他规范性文件，仅能为教育救助的实施提供基础的法律依据，未能顾及教育救助普遍发展的需要和内在规律。

（一）教育救助法制的渊源

1. 宪法和法律

在我国，宪法作为国家的根本大法，是各种法律的母法。将教育救助相关权利以宪法规范形式加以明确规定，既能体现这项权利的重要性，也能从宪法意义上对国家教育救助责任予以明确。从宪法规定上看，家庭经济困难学生获得教育救助的权利涉及物质帮助权条款和受教育权条款。从物质帮助权的视角看，《宪法》第45条规定："中华人民共和国公民在年老、疾病或者丧失劳动能力的情况下，有从国家和社会获得物质帮助的权利。国家发展为公民享受这些权利所需要的社会保险、社会救济和医疗卫生事业。国家和社会保障残废军人的生活，抚恤烈士家属，优待军人家属。国家和社会帮助安排盲、聋、哑和其他有残疾的公民的劳动、生活和教育。"这里明确了为特殊群体教育提供帮助。从保障教育权的视角看，《宪法》第46条规定："中华人民共和国公民有受教育的权利和义务。国家培养青年、少年、儿童在品德、智力、体质等方面全面发展。"这一条款明确了国家有责任保障公民受教育权利。此外，全国人大常委会于2001年批准了《经济、社会及文化权利国际公约》，其中第13条第2款第1项至第3项规定，初等教育应属义务性质并一律免费；各种形式的中等教育，包括中等技术和职业教育，应以一切适当方法，普遍设立，并对一切人开放，特别要逐渐做到免费；高等教育应根据成绩，以一切适当方法，对一切人平等开放，特别要逐渐做到免费。

有关教育救助的法律规定，主要体现在教育领域相关法律。现行《教育法》《高等教育法》和《义务教育法》等法律规范对教育救助作出了基本规定。《教育法》明确了国家的社会救助义务，该法第38条规定："国家、社会对符合入学条件、家庭经济困难的儿童、少年、青年，提供各种形式的资助。"此外，《教育法》还从教育救助权利的视角规定了学生可以"按照国家有关规定获得奖学金、贷学金、助学金"。相关规定比较抽象，对不同学段教育救助的内容未作明确规定。与《教育法》相比，《高等教育法》对于高等教育阶段家庭经济困难学生的教育救助权利作出了更为明确的规定，列举了教育救助的几种主要形式。该法第 9 条第 1 款、第 2 款规定："公民依法享有接受高等教育的权利。国家采取措施，帮助少数民族学生和经济困难的学生接受高等教育。"第 54 条第 2 款规定："家庭经济困难的学生，可以申请补助或者减免学费。"第 55 条第 2 款、第 3 款规定："国家设立高等学校学生勤工助学基金和贷学金，并鼓励高等学校、企业事业组织、社会团体以及其他社会组织和个人设立各种形式的助学金，对家庭经济困难的学生提供帮助。获得贷学金及助学金的学生，应当履行相应的义务。"《义务教育法》也规定了国务院和县级以上地方人民政府应当合理配置教育资源，采取措施，保障农村地区、民族地区实施义务教育，保障家庭经济困难的和残疾的适龄儿童、少年接受义务教育。

还有一些有关特殊群体教育救助的内容规定在非教育领域法律。《未成年人保护法》第 83 条第 1 款规定"各级人民政府应当保障未成年人受教育的权利，并采取措施保障留守未成年人、困难未成年人、残疾未成年人接受义务教育"，明确了对于未成年人的义务教育，政府有教育救助的法律责任。《民族区域自治法》第 71 条第 2 款规定"各级人民政府和学校应当采取多种措施帮助家庭经济困难的少数民族学生完成学业"，明确了政府和学校对于少数民族学生进行教育救助的责任。

2. 行政法规、部门规章与地方性法规、地方政府规章

根据在"北大法宝"系统上的检索，截止到 2022 年 11 月共有 48 项与教育救助相关的部门规章（或规范性文件），共有 1287 项与教育救助相关的地方性法规、地方政府规章或规范性文件。

2014 年国务院颁布《社会救助暂行办法》，该办法的颁布施行具有重要意义，标志着我国社会救助制度从长期改革试验状态向成熟、定型的制度安排迈进了一大步，对以法治方式推进教育救助科学化、制度化、规范化具有重要作用。《社会救助暂行办法》第六章专门规定了教育救助的内容，把教育救助正式列为一项专项救助。《社会救助暂行办法》第 33 条第 1 款规定："国家对在义务教育阶段就学的最低生活保障家庭成员、特困供养人员，给予教育救助。"第 2 款规定"对在高中教育（含中等职业教育）、普通高等教育阶段就学的最低生活保障家庭成员、特困供养人员，以及不能入学接受

义务教育的残疾儿童，根据实际情况给予适当教育救助。”这两款规定有微小的差异，通过对比这两款规定可以发现，教育救助主要是面向义务教育阶段，而对于高中教育（含中等职业教育）、普通高等教育国家仅提供适当的教育救助。社会救助相关各部委为落实《社会救助暂行办法》和国务院相关规范性文件的要求，对教育救助内容进行了明确细化，发布了关于教育救助的一系列部门规章。如教育部于2017年修订的《普通高等学校学生管理规定》第二章明确规定了教育救助相关的学生权利与义务，第12条第2款、第3款明确规定：“家庭经济困难的学生可以申请助学贷款或者其他形式资助，办理有关手续后注册。学校应当按照国家有关规定为家庭经济困难学生提供教育救助，完善学生资助体系，保证学生不因家庭经济困难而放弃学业。”2019年4月，财政部、教育部、人力资源社会保障部等部门发布了《学生资助资金管理办法》，并以附件形式公布《本专科生国家奖学金实施细则》《本专科生国家励志奖学金实施细则》《本专科生国家助学金实施细则》《研究生国家奖学金实施细则》《研究生学业奖学金实施细则》《研究生国家助学金实施细则》《服兵役高等学校学生国家教育资助实施细则》《基层就业学费补偿国家助学贷款代偿实施细则》等内容，明确了教育救助资金的相关问题。各地也根据本地区实际情况，制定了地方性法规或制定地方政府规章，规定教育救助相关内容。如浙江省人民代表大会制定了《浙江省社会救助条例》，广西壮族自治区政府制定了《关于国家助学贷款实施暂行办法》，湖南省政府制定了《湖南省助学贷款管理试行办法》等。

3. 其他规范性文件

2007年发布的《国务院关于建立健全普通本科高校高等职业学校和中等职业学校家庭经济困难学生资助政策体系的意见》，作为国务院发布的规范性文件，对于推进教育救助制度实施，保障家庭经济困难学生教育救助权利，起到了至关重要的作用。国务院相关部委也根据教育救助实践的变化，及时制定出台相关规范性文件，如《财政部　教育部　人民银行　银监会关于进一步落实高等教育学生资助政策的通知》《教育部办公厅关于进一步加强和规范高校家庭经济困难学生认定工作的通知》《教育部等六部门关于做好家庭经济困难学生认定工作的指导意见》等。这些规范性文件本身并不属于法律范畴，但其在教育救助领域的确具有一定的拘束力，并实际发挥着规范教育救助行为的功能。

总体上看，这些规范性文件在内容上具有行政性特征和规范性特征，既能够通过行政拘束力，保证文件在一定程度上的执行，也能够为人们的教育救助行为提供一定的标准和模式。这些规范性文件在制定和实施过程中必须保证其始终处于法律规定的范围内，而不能凌驾于法律之上，但是从目前的情况来看，教育救助领域的规范性文件存在缺乏法律依据的问题。例如，《教育部等六部门关于做好家庭经济困难学生认定工作的指导意见》中规定了在认定过程中要有“结果公示”程序，但对于在教育救助过程中是否应设置公示程序在《社会救助暂行办法》以及其他法律规范中并未规定，这表明一些规范性文件规定的内容超越了法律的规定。各级地方政府部门也发布了相关规范性文件，例如，2020 年北京市教育委员会等六部门发布了《北京市高等教育、中等职业教育、普通高中学生资助资金管理实施办法》。

（二）教育救助法制的基本内容

《教育法》第 17 条规定了国家实行学前教育、初等教育、中等教育、高等教育的学校教育制度。从目前来看，教育救助实现了对《教育法》规定的教育各阶段的全面覆盖，但各教育阶段的教育救助法制发展却参差不齐，有些教育阶段的教育救助缺乏法律依据，亟须进一步完善教育救助法制。

1. 学前教育阶段

对于学前教育阶段的教育救助，《社会救助暂行办法》并未作出规定。学前教育阶段教育救助的主要依据是 2010 年国务院发布的《国务院关于当前发展学前教育的若干意见》（国发〔2010〕41 号），其中提出要“建立学前教育资助制度，资助家庭经济困难儿童、孤儿和残疾儿童接受普惠性学前教育”。2011 年，财政部和教育部联合发布《财政部　教育部关于建立学前教育资助制度的意见》，该文件明确了从 2011 年秋季学期起建立学前教育资助政策体系，具体资助方式和资助标准由省级政府自行制定，由中央财政和地方财政共同出资。救助对象主要是家庭经济困难儿童、孤儿和残疾儿童等，资助方式包括减免收费、提供特殊困难补助等不同形式。2018 年，《中

共中央 国务院关于学前教育深化改革规范发展的若干意见》发布，这一党内法规再一次明确提出要完善学前教育资助制度，为家庭经济困难儿童（含建档立卡家庭儿童、低保家庭儿童、特困救助供养儿童等）、孤儿和残疾儿童提供资助。同时提出，要加快推进学前教育立法，推进学前教育依法办园、依法治教。总体上看，学前教育阶段的教育救助缺少相应的法律规范依据，相关教育救助内容主要体现在政策性规范。

2. 义务教育阶段

在义务教育阶段的教育救助方面，救助范围包括初等教育阶段和初级中等教育阶段，“现在世界各国多把初等教育纳入义务教育体系，学生能够享受到政府提供的免费教育福利，在此基础上一些国家还针对初等教育阶段的贫困家庭学生实施助学金和困难补助相结合的教育救助措施”①。这一阶段的教育救助的法律依据有《义务教育法》《社会救助暂行办法》，但有关教育救助具体内容主要体现在国务院和相关部委的规范性文件中。这一学段的学生没有学费负担，因此，我国在此阶段的教育救助政策主要针对除学费以外的学习费用和生活费用，重点倾向于对农村贫困地区学生的教育救助。《国务院关于基础教育改革与发展的决定》（国发〔2001〕21号）规定自2001年秋季开始，中央财政设立专项资金，对中西部农村地区义务教育阶段贫困家庭学生开始实行免费提供教科书制度。2006年，财政部、教育部发布《全国农村义务教育阶段学生免收学杂费的实施管理办法》，决定实施农村义务教育经费保障机制改革，全面免除了农村义务教育阶段学生的学杂费、书本费，同时，补助家庭经济困难寄宿学生生活费。2011年，国务院办公厅发布《国务院办公厅关于实施农村义务教育学生营养改善计划的意见》（国发办〔2011〕54号），规定实施农村义务教育阶段学生提供营养膳食补助计划，完善补助家庭经济困难寄宿学生生活费政策。2015年《国务院关于进一步完善城乡义务教育经费保障机制的通知》（国发〔2015〕67号）提出统筹城乡义务教育“两免一补”政策，② 城市和农村义务教育学生将享受同样

---

① 吴鹏森，戴卫东．社会救助新编［M］．上海：复旦大学出版社，2015：244-245.

② 义务教育“两免一补”政策是指对城乡义务教育学生免除学杂费、免费提供教科书，对家庭经济困难寄宿生补助生活费。

的教育救助政策，解决了进城务工人员子女教育救助问题。2019 年《教育部办公厅关于进一步规范义务教育阶段家庭经济困难学生生活补助工作的通知》提出，要规范义务教育阶段家庭经济困难学生生活补助，精准识别资助对象。义务教育阶段的教育救助基本上实现了全覆盖，在很大程度上保障了义务教育阶段学生的受教育权利。

3. 高中教育（含中等职业教育）阶段

在高中教育（含中等职业教育）阶段的教育救助方面，除《社会救助暂行办法》的规定外，也主要以行政机关发布的部门规章和规范性文件为依据，主要分为高中教育教育救助和中等职业教育教育救助两部分。其中高中教育的教育救助政策，以免学杂费和国家助学金为主。2010 年，财政部、教育部发布《关于建立普通高中家庭经济困难学生国家资助制度的意见》，填补了高中阶段教育救助制度的空白，进一步完善了国家教育救助政策体系。文件提出了面向高中阶段学生，建立国家助学金制度、减免学费制度和特殊困难补助制度等综合救助体系。2016 年，财政部、教育部发布《关于免除普通高中建档立卡家庭经济困难学生学杂费的意见》（财教〔2016〕292 号），提出从 2016 年秋季学期起，免除普通高中建档立卡家庭经济困难学生学杂费。不久后又由教育部办公厅等四部门发布《普通高中建档立卡家庭经济困难学生免除学杂费政策对象的认定及学杂费减免工作暂行办法》（教财厅〔2016〕4 号），明确了救助学生的认定、申请程序等内容。随着各地经济发展水平的提升，地方性教育救助政策也相继出台。例如，内蒙古自治区自 2012 年起实现高中阶段学生全部享受免学费、免费提供教科书的“两免”政策，厦门市从 2020 年起全面实施高中阶段免费教育。中等职业教育的教育救助政策，以免学费和国家助学金为主。2006 年 8 月，财政部、教育部出台《财政部　教育部关于完善中等职业教育贫困家庭学生资助政策体系的若干意见》（财教〔2006〕74 号）和《中等职业教育国家助学金管理暂行办法》（财教〔2006〕73 号），标志着新时期中等职业教育救助政策体系开始形成。2009 年 12 月，国务院常务会议决定从 2009 年秋季学期起，对公办中等职业学校全日制在校学生中农村家庭经济困难学生和涉农专业学生逐步免除学费。不久后，财政部等四部委发布了《关于在中等职业学校农村家庭经济困难学生和涉农专业学生免学费工作的意见》（财教〔2009〕442号，已失效），正式将免费制度落实。2012年，财政部、教育部等四部委又发布《关于扩大中等职业教育免学费政策范围进一步完善国家助学金制度的意见》（财教〔2012〕376号），扩大中等职业教育免学费政策范围，并且进一步完善国家助学金制度。2019年，财政部、教育部再次联合发布通知，调整了职业院校奖助学金政策，扩大高职院校奖助学金覆盖面、提高补助标准，并且设立中等职业教育国家奖学金。

4. 普通高等教育（含高职、大专）阶段

目前，我国普通高等教育阶段的教育救助主要以《高等教育法》《社会救助暂行办法》等法律法规为依据，同时国务院和有关部委发布的规范性文件规定了高等教育阶段教育的具体内容，形成了包括本专科生国家励志奖学金、本专科生国家助学金、研究生国家助学金、助学贷款、勤工助学、学费减免等救助在内的综合体系。1999年，教育部、财政部发布《关于进一步加强高校资助经济困难学生工作的通知》，为建立面向21世纪的教育救助体系做了铺垫。2007年，国务院正式发布《国务院关于建立健全普通本科高校高等职业学校和中等职业学校家庭经济困难学生资助政策体系的意见》，较为系统地规定了高等教育阶段的教育救助政策，在此基础上几经调整和完善，形成现在的以“奖、助、贷、勤、补、免”为主要内容的多元化救助模式。高等教育阶段的教育救助内容相较于其他几个学业阶段最为丰富，覆盖群体也最为广泛，既覆盖了本科生、专科生群体，也囊括了研究生群体。

在奖助学金方面。根据《学生资助资金管理办法》的规定，国家设立国家励志奖学金和国家助学金，用于救助家庭经济困难大学生。国家励志奖学金用于奖励资助普通本科高校和高等职业学校全日制本专科在校生中品学兼优的家庭经济困难学生，本科生资助范围约为全国普通高校全日制本科在校生总数的3%，高职学生资助范围约为全国普通高校全日制高职在校生总数的3.3%，资助标准为每生每年5000元，国家励志奖学金由中央财政承担。国家助学金用于资助普通本科高校、高等职业学校全日制本专科在校生中家庭经济困难学生和中等职业学校所有全日制在校农村学生及城市家庭经济困难学生，本科生资助范围约为全国普通高校全日制本科在校生总数的20%，高职学生资助范围约为全国普通高校全日制高职在校生总数的22%。

在助学贷款方面。2002年发布的《中国人民银行、教育部、财政部关于切实推进国家助学贷款工作有关问题的通知》（银发〔2002〕38号）规定，国家助学贷款是由国家控股商业银行向高校家庭经济困难学生提供的由中央财政贴息的无息信用贷款，根据贷款地域的不同分为生源地助学贷款和校园地助学贷款，学生在校期间无须支付利息，毕业后还款付息。2015年发布的《教育部　财政部　中国人民银行　银监会关于完善国家助学贷款政策的若干意见》（教财〔2015〕7号），建立了国家助学贷款还款救助机制，提出各省级学生资助管理部门、各高校要合理利用国家助学贷款风险补偿金结余奖励资金、社会捐资助学资金或学生奖助基金，用于救助特别困难的毕业借款学生，对于因病丧失劳动能力、家庭遭遇重大自然灾害、家庭成员患有重大疾病以及经济收入特别低的毕业借款学生，如确实无法按期偿还贷款，可向经办机构提出救助申请并提供相关书面证明，经办机构核实后，可启动救助机制为其代偿应还本息。

在勤工助学方面。《高等学校学生勤工助学管理办法》（教财〔2018〕12号）规定了勤工助学是由学校统一组织和管理的活动，规定了勤工助学的周时长、月时长和最低标准，此类勤工助学活动是由学校勤工助学专项资金给予资金支持，并不包括学生私自在校外兼职的行为，主要包括校内勤工助学岗位。

在学费减免方面。根据《社会救助暂行办法》《国务院关于建立健全普通本科高校高等职业学校和中等职业学校家庭经济困难学生资助政策体系的意见》等相关规定，学费减免主要面向高校中部分确因经济条件所限，交纳学费有困难的学生，特别是其中的孤残学生、少数民族学生及烈士子女、优抚家庭子女等，对于这部分困难学生中在校月收入（包括各种奖学金和各种补贴）已低于学校所在地区居民的平均最低生活水准线，学习和生活经济条件特别困难的学生免收全部学费；对其他一般困难的学生适当减收部分学费。

三、教育救助法制存在的问题

尽管在现行法律体系能够找到教育救助的基本法律依据，相关部门也已经出台了大量涉及教育救助的规范性文件，建立起了教育救助法制的基本框架，但当下相对分散、不够统一、位阶较低的教育救助法制现状，尚不能为依法实施有效的教育救助提供充分的法律保障，还存在很多问题和不足，既有能够直观感受到的规范层面的问题，也有深层次的制度建构层面的问题。

（一）教育救助法制的表象问题

1. 教育救助法律制度体系尚未形成

总体上看，教育救助法制发展过程中的最主要问题是以法律规范为主体内容的教育救助法律制度体系尚未形成，相关规范法律位阶较低，法律效力不高。社会救助法制和教育法制在教育救助领域存在着“双轨并行”的问题，即社会救助法制和教育法制是两个相对独立的法制体系，而在这两个法制体系的交集——“教育救助”问题上，衔接得又不是十分融洽。客观地讲，社会救助法制发展相对滞后，尤其是在教育救助法制方面，其现有法律规范难以回应现实需要，一方面，宪法意义的教育救助权利尚不明确，《宪法》中未直接规定教育救助的相关内容，而只能间接推导；另一方面，教育救助法律规范位阶较低，《社会救助暂行办法》于2014年才由国务院制定施行，且规范位阶仅为行政法规，规范效力不及法律。教育法制发展较早，相对发展较快，《教育法》早在1995年便由全国人民代表大会制定施行，该法第42条规定了受教育者可以按照国家有关规定获得贷学金、助学金，但总体上也出现了法治化水平不高，《教育法》《高等教育法》等法律规范对教育救助内容的规定具有原则性和抽象性特征，可操作性不强，出现了教育救助政策替代教育救助法律规范的问题。有关教育救助较为详细具体的规定，散见于教育部门发布的部门规章和地方政府规章，以及国务院、相关部委发布的规范性文件。由于教育救助专门法律规范以及相关行政法规和地方性法规的缺位，教育救助法律关系难以得到有效规范和调整。虽然部门规章和相关规范性文件内容丰富具体，但也暴露出相关制度法律效力不强、内容分散庞杂、行政意味浓厚、稳定性较差、政策规定超越法律规定等问题，而且在中央与地方关系、政府与学校关系方面未能厘清，一些重要事项悬而未决，或者直接授权给地方政府或学校，容易造成同一事项在不同地区、不同部门之间规范内容的差异，使得教育救助制度规定难以统一。例如，根据《教育部关于取消一批证明事项的通知》（教政法函〔2019〕12号）的规定，取消了《教育部　财政部关于认真做好高等学校家庭经济困难学生认定工作的指导意见》（已失效）以及《教育部办公厅关于进一步加强和规范高校家庭经济困难学生认定工作的通知》规定的“高校学生申请资助时需由家庭所在地乡、镇或街道民政部门对学生家庭经济情况予以证明的环节”，改为由申请人作出书面承诺。由于新的规定在救助资格认定方面并不明确，导致实践中各地区的认定标准并不统一。

2. 现行教育救助法制立法质量不高

教育救助法制还存在着立法质量不高的问题，主要表现在三个方面。

一是教育救助现行规范的模糊问题。“模糊不明，是一切法律可能存在的病灶之一，其基本症状是，法律词汇表达的意思究竟是什么并非很明确。”① 现行教育救助法律规范在很多关键问题方面表述模糊，容易产生歧义或者词不达意的问题。例如，《教育法》规定了国家、社会对家庭经济困难的儿童、少年、青年，提供各种形式的资助。② 同时，《社会救助暂行办法》规定国家对在义务教育阶段就学的最低生活保障家庭成员、特困供养人员，给予教育救助，对高中教育阶段、普通高等教育阶段就学的最低生活保障家庭成员、特困供养人员，以及不能入学接受义务教育的残疾儿童，根据实际情况给予适当教育救助。③ 前者是教育领域法律基本规范，后者是社会救助领域基本行政法规，二者在规定对于家庭经济困难学生施以援助方面表述存

---

① 谢晖．法律哲学［M］．长沙：湖南人民出版社，2009：29.

② 《教育法》第38条规定：“国家、社会对符合入学条件、家庭经济困难的儿童、少年、青年，提供各种形式的资助。”

③ 《社会救助暂行办法》第33条规定：“国家对在义务教育阶段就学的最低生活保障家庭成员、特困供养人员，给予教育救助。对在高中教育（含中等职业教育）、普通高等教育阶段就学的最低生活保障家庭成员、特困供养人员，以及不能入学接受义务教育的残疾儿童，根据实际情况给予适当教育救助。”

在不同，前者用了“资助”，而后者用了“教育救助”，两种表述是否有本质区别或者是否在表达同一种含义，由于没有进一步的法律解释，似乎目前只能“各说各话”。核心概念模糊不清，导致在实践中出现了不同的理解，导致教育救助行为的偏差。

二是教育救助现行规范的冲突问题。这里的规范冲突是指教育救助法律规范（包括法律、行政法规、规章等）体系内部规范与价值之间，规范体系内部之原则与原则之间、规则与规则之间，或者各种规范之规定和它所要调整的事实之间产生意义冲突的情形。① 社会救助法制与教育法制在教育救助规范方面存在“冲突”。例如，《社会救助暂行办法》第 35 条明确规定教育救助标准，由省、自治区、直辖市人民政府根据经济社会发展水平和教育救助对象的基本学习、生活需求确定、公布。然而，财政部、教育部、人力资源社会保障部等部门制定的《学生资助资金管理办法》中规定了教育救助的范围和标准。前者是由省级人民政府制定救助标准，后者是由国务院相关部委制定救助标准，二者在在教育救助制定主体和制定标准方面存在差异。

三是教育救助现行规范的漏洞问题。由于人类理性对当下事物全面把握的能力有限，对未来事物洞察能力亦有限，直接决定了既有法律与未来社会关系之间的衔接上不可避免地存在问题。② 就当前的《教育法》《高等教育法》《社会救助暂行办法》等法律规范而言，并不能对当下教育救助法律关系作出整体性调整与规范，相关法律规范既过于笼统，缺乏可操作性，又存在漏洞，缺少必要的规则内容。例如，《教育法》第 38 条和《高等教育法》第 55 条都规定了国家对家庭经济困难学生实施救助，但并未明确规定救助对象的认定标准问题，然而这一问题又是至关重要的，这就容易在实践中出现无法可依的问题，为教育救助权利难以得到充分保障埋下伏笔。再如，《社会救助暂行条例》并没有规定民办学校的教育救助问题，民办学校学生教育救助权利缺乏法律保障。而且，各级学生资助管理中心虽然在实践中发挥了教育救助管理职能，但是其法律地位和职责权限也缺乏法律依据。

---

① 谢晖．法律哲学［M］．长沙：湖南人民出版社，2009：157.

② 谢晖．法律哲学［M］．长沙：湖南人民出版社，2009：283-285.

（二）教育救助法制的深层问题

1. 教育救助法制的理念滞后

总体上看，当前教育救助法制还是沿袭了消极救助理念，以低水平救助为主而不是以促进人的发展为主的消极救助理念制约着教育救助的质量与提升。我国教育救助制度的设计理念是基于传统意义上的反绝对贫困，解决贫困人口基本生存问题，满足困难群体接受教育的基本需要，维持救助对象最起码的学习生活水准。《社会救助暂行办法》第 2 条规定“社会救助制度坚持托底线”，作为社会救助项目之一的教育救助理所当然地遵循这一“托底线”的基本要求。《社会救助暂行办法》第 34 条和第 35 条进一步明确了教育救助“保障教育救助对象基本学习、生活需求”。2021 年 8 月，国务院发表的《全面建成小康社会：中国人权事业发展的光辉篇章》白皮书介绍，中国全面建成小康社会消除绝对贫困实现基本生活水准权。[①] 很显然，在已经消除了绝对贫困之后，仍然沿用绝对贫困背景下的以消极救助理念为主导的教育救助法制显然已不合时宜。从现阶段的情势变迁来看，消极救助理念存在以下主要不足。

消极救助理念下，教育救助法制本身是“被动的”“消极的”。概括来看，整个教育救助法制“法味”不足，法治理念在片面而不是全面的范围内，形式性地而不是实质性地参与到教育救助制度的建构、发展和改革的过程中。

首先，消极的救助理念下，教育救助制度安排没有被真正纳入国家法治体系，脱离了法治理念广泛、深入的参与，教育救助法制的形成缺乏应有的系统性、法治化，表现出来的是现有的“碎片化”、政策性的制度现状，“在社会救助方面的法律层次还比较低，社会救助工作的制度来源主要是中央和地方各级政府所颁布的各种条例、决定和通知等，还没有一部规范、完整的社会救助法律，更未形成完整的体系结构和法律框架”[②]。

---

① 中国经济网．白皮书：全面建成小康社会消除绝对贫困实现基本生活水准权［EB/OL］．（2021-08-16）［2021-08-12］．https：//baijiahao.baidu.com/s？id=1707882937959761774&wfr=spider&for=pc.

② 胡芳肖．社会救助理论与实务［M］．西安：西安交通大学出版社，2015：32.

其次，消极救助理念下，教育救助法制对于政府的地位、作用以及救助义务的规定并不明晰。“现代社会救助制度与传统社会救济的根本不同，就在于国家在社会救助中的地位和作用。从现代社会发展的进程来分析，现代社会保障制度在建立之初，社会救助被作为一种社会济贫扶弱的慈善行为，是对弱势群体的施舍和恩赐。现代国家之所以要以法律的形式确立社会救助的政府责任，是因为社会救助制度实际上就是一种国家强制性的权利和利益分配机制。”① 综观《社会救助暂行办法》，并没有明确国家的救助义务或者政府的救助责任，这不利于政府有效履行责任政府的职能，自觉承担起教育救助的主体责任。

再次，消极救助理念下，教育救助对象的权利保障难以得到落实。消极救助理念意味着，中国传统社会将包括教育救助在内的社会救助作为一种慈善事业，认为其是对“弱者”的一种施舍和恩赐的观念没有从根本上转变。在这种观念下，施助者以仁者自居，总带有某种程度的优越感；受助者显现一种感恩戴德的欠情心态，容易缺失自尊、自强、自立。“这种建立在怜悯和同情基础上的社会救助，是一种不平等的制度设计。对政府的责任本位和公民的权利本位强调不够、宣传不力，过多强调了政府的权力本位和公民的义务本位，并形成了一系列相应的行政观念和行政习惯。”② 当前的教育救助法制中并没有明确公民的教育救助权利，缺少公民权利理念的教育救助法制只能是政府强势一方话语权和权威性充分彰显的规则体系。这不利于救助对象正确认识自身的权利和义务，也容易导致实践中侵犯教育救助对象行为的发生。

最后，教育救助法制“重实体、轻程序”的弱点凸显。“社会救助立法在内容上是以行政给付行为为对象，对行政给付行为进行规制。因而对政府权力的法律控制应贯穿于社会救助法全过程。在《社会救助暂行办法》中，

---

① 林闽钢．论我国社会救助立法的定位、框架和重点［J］．社会科学辑刊，2019（04）：90-95.

② 胡芳肖．社会救助理论与实务［M］．西安：西安交通大学出版社，2015：32.

社会救助程序性规定缺失是需要面对的一个主要问题。"① 在教育救助过程中，程序正义是保障救助对象的学习生活基本需求、实现其受助权利的关键，也是预防和控制政府权力"肆意妄为"的"约束器"，是提高教育救助程序理性的"最优"路径。从当前的教育救助法制来看标准制定、准入和退出等关键环节程序性规定存在"盲区"，带来的制度风险不言而喻。

消极救助理念下，教育救助标准不能满足人的发展需要。对于"社会救助的功能是仅限于维持成员的最基本生存，还是要考虑社会成员最基本发展需要、建设具有最基本发展功能的社会救助，一直是困扰学术界和政策制定者的现实争议问题"②。虽然，学术界一直呼吁社会救助兼具维持社会成员基本生存和最基本发展能力两种功能，尤其是教育救助其本身体现了对"弱者"能力的补足，更是体现出一种发展性特征，但是，考虑到一些西方发达国家高福利导致的福利依赖困境，我国社会救助制度设计与运行始终将处于一种较为"消极"状态，始终以维持社会成员的基本生存为理念和目标，重视防范福利陷阱、过度依赖等风险。笔者认为，教育救助理念与"过渡福利"并不相同。教育救助关注的是为"弱者"提供机会平等、提供能力补足的条件，并不是单纯提高其物质生活水平。"我国社会救助的目的是通过对弱势群体的帮扶，一方面需要解决他们基本生活困难，另一方面需要增强他们的发展能力……挖掘其发展潜力，由'他助'转换成'自助'，使弱势群体依靠自己的力量解决生存问题和发展问题，最终融入社会发展之中。"③ 较低层次的物质救助帮扶，对于教育救助对象摆脱贫困、顺利完成学业的作用是非常有限的。对于学生而言，他们更多是面临非物质性困难，例如能力的缺失、知识的匮乏。向"低保"看齐的教育救助法制，只是一种绝对贫困的生存救助，并不能帮助受助者补足能力，更没有关注"弱者"能力的提升。

---

① 林闽钢．论我国社会救助立法的定位、框架和重点［J］．社会科学辑刊，2019（04）：90-95.

② 胡宏伟，杜晓静．新时代中国社会救助精准治理——现状、挑战与改进［J］．北京航空航天大学学报（社会科学版），2019（02）：60-69.

③ 林闽钢．新时期我国社会救助立法的主要问题研究［J］．中国行政管理，2018（06）：44-48.

2. 教育救助法制在一定程度上违背公平价值

教育救助法制在救助资源分配上未能保障公平。学者认为中国社会救助资源分配存在着水平低和不公平现象，政府对于社会救助在资金上付出总量不足，难以满足城乡居民对于社会救助在正常范围内的需求，存在“应保未保”现象，而且社会救助在分配的问题上往往重城市、轻农村，形成了新的不公平。[①]“救助资源分配不均，不利于救助资源发挥合力，同时各部门之间的协调也存在一定困难，不利于发挥社会救助的合力，影响了社会救助整体效能的发挥。”[②]。从宏观上看，教育救助资源分配方面存在一定的非公平性。例如，《学生资助资金管理办法》中规定了“中央高校的学业奖学金、国家助学金、基层就业学费补偿国家助学贷款代偿资金由中央财政承担。地方高校的学业奖学金、基层就业学费补偿国家助学贷款代偿资金由地方财政承担”。然而，由于我国地区经济发展不平衡，一些中西部地区地方高校需要救助的学生较为集中，而这些地区往往财力比较薄弱，在财力有限的条件下要保障大量救助群体的最低生活需要，只能通过降低救助标准或减少救助人数来实现。而中央高校由中央财力予以保障，财力充足，救助水平相应更高。“社会救助支出责任的过度下放会减弱欠发达地区的救助能力，使区域间社会救助水平差距扩大，加剧‘马太效应’”，[③] 导致教育救助资源分配上的不公平。从微观上看，救助资源分配也存在一定的非公平性。某些学校内部进行教育救助资源二次分配时，未能依据学生实际需求进行救助资源分配，而是在各个学院（系）以班级或专业为单位，人为划分救助资源分配比例，造成教育救助的不公平。

教育救助法制在权利义务分配上也未能保障公平。从当前的教育救助法制安排来看，教育救助对象享有的权利和应当履行的义务并不平衡，对教育救助对象的义务设定存在欠缺。《社会救助暂行办法》中没有规定教育救助

---

① 吕学静，王争亚，康蕊．中日社会救助制度比较研究［M］．北京：首都经济贸易大学出版社，2017：127.

② 张浩淼．发展型社会救助研究：国际经验与中国道路［M］．北京：商务印书馆，2017：297.

③ 陈文美，李春根．我国社会救助支出责任划分：理论依据、现实问题与优化路径［J］．社会保障研究，2021（03）：78-86.

对象应当履行教育救助相应义务的内容。当许多学者仍在为如何限制权力、保障权利而困惑时，一些学者已经开始反思权利与义务的均衡性问题，他们认为，“现代社会的困境，福利国家的难以为继就在于人们太多地强调了权利的获得，而对社会义务没有足够的强调。”① 作为公民社会权利倡导者的马歇尔，也在阐释公民资格理论时强调了权利与义务的平衡，“如果在捍卫权利时诉诸公民资格，那么就不能忽视公民资格相应的义务。这并不是要求个人牺牲他的自由或无条件地服从政府的每一项命令，但它确实要求个人应该在一种真实的、强烈的、对共同体福利的责任感的激励下行事”②。马歇尔所强调的义务，主要指的是公民作为享有国家社会保障的权利主体所应履行的义务。“在个人的自由和权利与对共同体的忠诚和义务之间，必须有某种平衡，不论这种平衡多么粗略。没有它，公民美德就将为自私自利所淹没。”③ 对于教育救助对象权利与义务平衡关系的讨论，能够让我们清醒地认识到对于家庭经济困难群体的救助存在合理的限度，而不是一味追求“弱者”群体利益最大化。

3. 教育救助法制对于人的尊严保障不足

有学者指出，定位于“合乎人类尊严地生活”和“够维持健康的且文明的生活水准”，都是以较宽泛的生活水准来定义，而不是从绝对贫困标准来界定。“我国社会救助立法目标定位要提高标准，扩大范围，社会救助法立法需要明确保障弱势群体中的每个人生活得有尊严，并确立‘享有尊严，并能够维持健康、文明的生活’这一新定位。”④ 因此，确保教育救助对象获得有尊严的救助是教育救助法制的题中应有之义，教育救助对象应当与其他公民一样获得法律在尊严上的平等对待，真正体现教育救助法制的公平正义。“所有不具有健全的人的权能的人应该得到人道的及尊重其固有的人格

① 赵晶．国家义务研究——以公民基本权利演变为分析视角［M］．天津：天津人民出版社，2017：122.

② ［英］T. H. 马歇尔，安东尼·吉登斯等．公民身份与社会阶级［G］．郭中华，刘训练，译．南京：江苏人民出版社，2007：34.

③ ［英］德里克·希特．何谓公民身份［M］．长春：吉林出版集团有限责任公司，2007：73.

④ 林闽钢．新时期我国社会救助立法的主要问题研究［J］．中国行政管理，2018（06）：44-48.

尊严的对待，这保障了特殊主体同一般主体一样有权享有人的尊严。”① 这也正是国家必须公正地对待其公民所必需的，政府必须蒙上双眼，它不去区分谁是强者谁是弱者，谁对社会有用而谁是社会的累赘。只要是人，国家就必须确保人的尊严的平等，不得因人的能力、体能等方面的因素，而限制某些人正当的生存权。② 此外，前文已经提到作为“弱者”的教育救助对象本身具有脆弱性和敏感性，“如果说尊严意味着一个人和他人具有同等的地位，那么他必须是不受歧视、被人尊重的主体，然而，弱者的表征之一，则是往往在社会里处于被歧视、被羞辱的境地，被人当作客体或者具”③。实践中，一些学校在给贫困生（教育救助对象）发放生活用品时，款式颜色比较统一，有的甚至还印上了一些凸显教育救助特点的标识，在一些贫困学生看来，犹如给他们贴上了“贫困生”的标签，容易招来其他同学异样的眼光，因此，一些温暖刚送下去，就被“冷藏”起来。这种无意识的举措，反映出对于教育救助对象人的尊严的忽视与淡漠。在规范上，《社会救助暂行办法》也未能将救助对象的尊严作为立法考量因素，相关条款中没有提及对人的尊严予以保障的内容，反映到实践中，某些高校还在以班会形式按照“诉苦—打分—认定”的模式进行家庭经济困难学生认定④。缺乏法制的有力保障，“让学生当众诉苦、互相比困”的现象屡见不鲜也就不足为奇。

① 齐延平．社会弱势群体的权利保护［M］．济南：山东人民出版社，2006：45.

② 胡玉鸿．人权视野中的弱者保护［M］．北京：中国政法大学出版社，2012：171.

③ 胡玉鸿．人的尊严与弱者权利保护［J］．江海学刊，2014（02）：124-131.

④ 西华大学土木建筑与环境学院．2019 级建筑学、城乡规划、风景园林专业家庭经济困难学生认定主题班会顺利召开［EB/OL］．（2021-08-17）［2020-09-26］．http：//jztm. xhu. edu. cn/4e/50/c3066a151120/page. htm.

第四章

教育救助法律主体

完善教育救助法制，目的在于通过教育救助制度程序化、法定化，切实保障公民教育救助权利的实现。从现实的情况来看，现行法律法规对于教育救助法律主体权利、义务的规定还存在不足：国家的教育救助责任尚不明晰，教育救助涉及的各方主体的权利与义务还不明确，尤其是有关教育救助对象权利与义务的规定十分模糊，教育救助主体之间的法律关系也未理顺。因此，有必要基于权利与义务的视角，对教育救助法律主体加以分析探讨，为完善教育救助法制提供理论支持。

一、教育救助的责任主体

《社会救助暂行办法》明确了教育救助的责任主体主要是国家。教育救助是由国家主导的社会救助制度体系中的一项制度安排，国家自然是最主要的责任主体。随着社会的变迁和市场经济的不断发展，市场的负外部性逐渐暴露，自由市场必然导致资源分配不均，甚至陷入贫富差距不断扩大的深渊。社会救助是确保社会公平，维护社会和谐稳定的重要手段。“宪法规定了社会救助属于国家的基本职责范围，国家是社会救助的责任主体”①，因而也成为教育救助的责任主体，而且是教育救助责任的最基本承担者。即使现代国家社会救助的模式，逐渐从“单一的国家力量”转变为“整合国家力量和社会力量”，强调建立了多元化的救助格局，目的是以社会力量弥补政府救助之不足，使社会救助有效实现，但教育救助法定责任主体仍是国家，

① 蒯小明．中国农村社会救助发展中的国家责任研究［M］．北京：首都经济贸易大学出版社，2009：65.

这是生存权作为基本权利的性质使然。虽然，国内也在“积极引导和支持社会力量共同参与来解决贫困问题，充分动员各级党政机关、民主党派、社会组织、企事业单位和志愿者参与到贫困治理中来，既是政策上所倡导和鼓励的方向，也是提升我国贫困治理行动效能的客观要求”。① 但社会救助资源和力量的参与只能是一种补充，是道义上的救助而非法定义务，包括教育救助在内的社会救助法制应当强调国家责任。“对处于社会底层的弱势群体，应倾听其有关基本生活的诸种诉求，维持其体面的、有尊严的最低限度的基本生活，这是现代国家的文明底线和义不容辞的责任。为此，社会救助法应更新生存权理念，代之以维护人的尊严理念，并基于该理念确立国家责任原则，保障贫困者过上具有人的尊严的基本生活。”② 在教育救助中，国家是最基本的救济主体和最主要的救助力量，提供教育救助的法律支持和财政支持，并依法规范教育救助相关法律关系（包括社会主体参与的教育救助活动在内）。

（一）国家的教育救助责任

1. 国家教育救助责任的法定化

“国家社会救助责任的落实以及公民社会救助权的实现，都需要社会救助的法治化。”③ 社会救助制度虽然名为“社会”救助，实则是一项被法律所确认的国家责任。该项责任是基于人之生存所必需的、基本的、不可剥夺的权利。经济、社会、文化权利的实现离不开国家对其的尊重、保护和实现义务。④ 凯尔森认为，“法律权利预定了某个别人的法律义务。这在我们说对别的某个人的行为的权利时是不证自明的。”⑤ 国家作为教育救助的责任主体，为了保障教育救助对象的相关权利，其所应当履行的义务是我们需要探

---

① 王杰秀，关信平．社会救助在贫困治理中的作用研究［M］．北京：中国社会出版社，2017：213.

② 韩君玲．论我国社会救助法的基本原则——基于社会主义核心价值观融入的视角［J］．行政管理改革，2021（1）：26-34.

③ 李长勇．管仲的社会救助思想及其现代意义［J］．齐鲁学刊，2017（04）：23-28.

④ 刘艺．给付行政的法律特质——以《社会救助法》（草案）为示例［J］．河北法学，2010（11）：83-92.

⑤ ［奥］凯尔森．法与国家的一般理论［M］．北京：商务印书馆，2017：127.

讨的重要问题。有学者指出国家在促进和保护受教育权方面承担着一般义务、具体义务、核心义务和特别义务。而且国家还承担采取措施为其管辖下的所有的人提供中等教育、高等教育和基本教育等“即刻性”的义务。[①] 另有学者指出，“教育人权所要求的国家义务可分为优先义务和核心义务，渐进义务和即刻义务，尊重、保护、给付和促进义务几方面。”[②] 前文已经论述了受教育权具有自由权和社会权的双重性质，是宪法规定的公民基本权利，受教育自由权方面强调公民享有自由选择教育机构或教育形式等自由，受教育社会权方面强调公民有要求国家给付教育资助、提供和配置教育资源等权利。[③]

“作为政府的当然责任，社会救助是保障公民生存与发展权、维护社会公平与正义、促进国家经济发展的重要法制因素。特别是社会转型时期，面对庞大的被救助群体，家庭（族）救助功能日渐式微，社会力量羽翼未丰，而政府控制了大多数社会资源，因而在立法中强调政府的责任主体地位、确立国家责任原则显得尤为重要。”[④] 包括教育救助在内的国家社会救助责任随着社会权的观念被法律认可而逐渐达成共识。例如，“德国联邦宪法法院和联邦行政法院历来判决认为，由社会国原则连结基本法第 1 条第 1 项（人的尊严）与第 2 条（人格自由发展），要求国家直接赋予公民生活保障的给付请求权。国家之所以扬弃自由主义自我克制的国家观，而积极承担社会任务，乃是对时代及社会条件的回应。故社会救助成为国家典型的社会任务，并非出于偶然”[⑤]。国家通过立法将保障社会权的义务在全社会中进行二次分配，使得特定的行政机关、法定的或被委托的社会组织成为保障社会权的直接义务主体，代表国家履行保障社会权实现的义务。该义务的履行具有行政给付的性质，为公法属性的义务，社会权本源意义上的义务主体仍是国家。

---

① 杨成铭．受教育权的国家义务研究［J］．政法论坛：中国政法大学学报，2005（02）：62.

② 齐延平．人权研究［M］．济南：山东人民出版社，2016：91.

③ 史小艳．受教育权的国家义务研究［J］．公法评论，2016（01）：306-307.

④ 蒋悟真，游川．论国家作为社会救助主体的法律责任［J］．江海学刊，2016（05）：127-132.

⑤ 许瑞麟．我国社会救助法制之研究——以德国联邦社会救助法为借镜［D］．台中：中兴大学，1999：15-19.

向上述直接义务主体行使给付请求权，实质上是向国家主张权利。[①] 自第一次世界大战以来，资本主义所造成的经济矛盾、都市化现象及至今劳动收入与资本收入两极化（或称“M 型社会”说），造成贫富差异日益悬殊，许多现代政府职能已从夜警国家，转向有给付任务的国家角色。[②] 在这一过程中的公民社会权利逐步丰富和发展，逐渐被法律所确认。公民的社会权利具有受益权功能，这种受益权功能就是公民基本权利所具有的请求国家作为某种行为，从而享受一定利益的功能。因此，公民社会权利的受益权功能对应的是国家的给付义务。这里的给付义务，一般是指国家以积极作为的方式为公民提供某种利益的义务。给付的内容可以是物质性的利益，可以是法律程序，也可以是服务行为。[③] 在我国，《社会救助暂行办法》第 33 条明确了国家的教育救助责任，《社会救助法（草案征求意见稿）》第 32 条提出了国家的教育救助责任。

2. 国家教育救助责任的内容

教育救助法制要求国家为保障教育救助对象的权利而履行相应的保障责任和义务。国家必须承担为公民真正、平等地享有上述权利提供教育条件和教育环境的义务，并承担不断改善教育的条件和环境的责任。除义务教育之外，高层次的教育（特别是高等教育）也应当向全社会每个公民平等开放，每个公民有权接受任何形式、任何水准的教育的权利。[④] 国家应当保障公民的受教育权不因为贫困而遭受侵犯或剥夺，必要时应当施以援助，必须平等地维护和保障每个救助对象的人权、尊严，不能因其接受教育救助而受到权利侵害。

在教育救助法律关系中，国家的教育救助责任主要体现在以下几个方面。

---

① 郑尚元，李海明，扈春海．劳动和社会保障法学［M］．北京：中国政法大学出版社，2008：432.

② 黄鼎馨．给付抑或不给付？——从宪法受益权、社会权保障功能论社会救助给付行政之目的及正当程序［D］．台北：东吴大学，1996：47-48.

③ 张翔．基本权利的受益权功能与国家的给付义务——从基本权利分析框架的革新开始［J］．中国法学，2006（01）：21-36.

④ 唐代兴．生境伦理的制度规训［M］．上海：上海三联书店，2014：230.

第一是法律制度设计，应主要由中央政府承担制定规范教育救助法律关系的规范性文件，包括制定教育救助内容的《社会救助法》，以及完善教育救助相关配套制度的立法的职责。

第二是财政支持，应该由立法确定教育救助资金的承担，中央政府及地方政府都要承担相应的比例。这里要突出强调国家在救助资源配置方面的公平问题。在教育救助法律制度建设过程中必须保障三个层面的资源配置公平：一是地区间教育救助资源配置的均衡，如发达地区与欠发达地区资源的均衡；二是高校之间教育救助资源配置的均衡，如公立高校与民办高校的均衡；三是不同群体之间教育救助资源的均衡，比如不同专业、不同年均、不同班级之间教育救助资源的均衡。

第三是规范教育救助实施，也就是需要规范在教育救助行政给付过程中的各个环节，保障制度规范运行。

第四是监督义务，主要有两个方面。一是对教育救助实施主体进行监督。这里主要监督教育救助对象认定和教育救助物资发放，例如监督相关救助机关或者授权组织及其工作人员是否违法进行教育救助对象认定、违反法定程序发放救助物资（延迟或拖欠救助物资），违法提高或降低救助标准等。二是对社会救助对象进行监督。教育救助过程中发现存在主体不适格的情形，则应当停发、减发或收回救助资金，情节严重的则应追究其相应法律责任。

（二）教育救助实施主体：政府及相关部门

在教育救助活动中，教育部门是主要负责教育救助的行政机关。在社会救助实践中，主要由政府代表国家作为教育责任主体实施具体的教育救助行为，由中央政府和地方政府共同分担履行教育救助职能。从中央到地方有不同层级的行政机关，各级行政机关共同构成教育救助法制的执行主体，需要履行教育救助保障、执行、监管等具体职能。在实践中，教育救助的管理职责主要由各级政府下设的各管理职能部门承担。上述政府各职能部门即社会救助具体管理部门，在这些主管部门中，民政部门是社会救助的主管部门。

有学者认为，目前我国教育救助的具体负责部门是教育部门，而教育救助的主管部门应当是民政部门还是教育部门，还值得进一步探讨。[①]《社会救助暂行办法》第 3 条规定，“国务院民政、应急管理、卫生健康、教育、住房城乡建设、人力资源社会保障、医疗保障等部门，按照各自职责负责相应的社会救助管理工作。县级以上地方人民政府民政、应急管理、卫生健康、教育、住房城乡建设、人力资源社会保障、医疗保障等部门，按照各自职责负责本行政区域内相应的社会救助管理工作”。此外，《国务院关于建立健全普通本科高校高等职业学校和中等职业学校家庭经济困难学生资助政策体系的意见》规定，“财政部、教育部等要密切配合，制订相关管理办法，指导、检查和督促地方开展工作……教育部门要将学校家庭经济困难学生资助工作情况纳入办学水平评估指标体系”。在教育部官方网站公示的“教育部职能”中也有“参与拟订教育经费筹措、教育拨款、学生资助的方针、政策”[②] 一项。综合以上情况，基本可以判断教育部门是教育救助的实际主管部门。

当前，一些国家和地区都以政府教育部门为主实施教育救助。以我国台湾地区为例，其“各级学校扶助学生就学劝募条例”第 2 条规定：“本条例之主管机关：在中央为教育部；在直辖市为直辖市政府；在县（市）为县（市）政府。”日本是由文部科学省（兼有教育部职能）具体负责该国教育救助相关法律制度和政策的落实。2020 年，日本改革后的“高等教育修学支援新制度”也是由文部科学省负责实施。[③] 我国现行的《社会救助暂行办法》第 3 条第 1 款规定：“国务院民政部门统筹全国社会救助体系建设。国务院民政、应急管理、卫生健康、教育、住房城乡建设、人力资源社会保障、医疗保障等部门，按照各自职责负责相应的社会救助管理工作。”进一步讲，教育部及地方各级人民政府教育部门作为教育救助具体管理部门，应当根据法律法规的授权实施教育救助行政行为，且不能超越法律法规的界限。从教育救助法制层面来看，教育部门发布了教育救助相关重要的部门规

① 朱勋克．社会救助法新论［M］．北京：中国社会出版社，2015：184.

② 教育部．国务院办公厅关于印发教育部主要职责内设机构和人员编制规定的通知［EB/OL］．（2021-08-18）［2008-07-10］．http：//www.moe.gov.cn/jyb_ zzjg/moe_ 188/202006/t20200604_ 462577.html.

③ 京都大学官网．关于新的高等教育学习支持系统［EB/OL］．（2020-07-23）［2020-09-26］．https：//www.kyoto-u.ac.jp/ja/education-campus/tuition/support.

章和规范性文件，例如，《普通高等学校学生管理规定》《教育部等六部门关于做好家庭经济困难学生认定工作的指导意见》等制度文件在教育救助实践中发挥了重要规范作用。

在教育救助活动中，除了有相关主管行政机关作为责任主体之外，还有一类重要的责任主体——法律法规授权的组织，由于行政活动的广泛性及复杂性，经常出现某项行政事务可能由非行政机关承担的情形，这些组织是因为法律法规的授权而参与到教育救助活动中。① 这些由法律法规授权的组织一般包括各级各类学校及其他一些具有教育救助管理职权的组织。

一般来说，对学校的定义有两种：一是学术意义上的定义，二是法律意义上的定义。从学术意义上讲，学校一般是指开展教育活动的场所，如根据《教育大辞典》，学校是指“按照一定社会的需要，有目的、有计划、有组织地对年轻一代进行培养和教育的场所”②；而法律意义上的定义则是为了探讨作为教育机构的学校，其所应具有的法律义务法律责任及依法所应享有的权利等，③ 2015 年修订后的《教育法》规定，学校是由国务院或者由国务院授权教育行政部门批准设置，登记注册，以履行学制系统内基本教育职能的非营利组织机构。一般来讲，行政授权是法律、法规、规章对一个无独立行政职权的机构或组织，授予行政职权，从而使其具备行政主体资格的行为。④ 因此，理论上学校可以成为法律法规授权的组织。然而，从现行法律法规看，《社会救助暂行办法》第 36 条的规定能够说明学校是教育救助的实施主体，但学校是否有审批管理权限《社会救助暂行办法》并未作明确说明。由于《教育部等六部门关于做好家庭经济困难学生认定工作的指导意见》中明确规定“各高校要健全认定工作机制，成立学校学生资助工作领导小组，领导、监督家庭经济困难学生认定工作”，“各中等职业学校、普通高中、初中、小学、幼儿园要成立家庭经济困难学生认定工作组，负责组织实施本校家庭经济困难学生认定工作”，而且还明确了在工作程序中由“学校认定”

① 吴佳敏．行政法知识简明读本（上）［M］．北京：中国民主法制出版社，2012：22.
② 顾明远．教育大辞典（第 1 卷）［M］．上海：上海教育出版社，1990：14.
③ 黄欣．教育法学［M］．上海：上海教育出版社，2011：50.
④ 林鸿潮．行政法入门［M］．北京：中国法制出版社，2012：14.

家庭经济困难学生。因此，虽然缺乏法律法规授权，但是学校实际履行着教育救助审批管理职能。

从国内实践来看，其他具有教育救助管理职权的组织是承担行政管理职能的事业单位——“学生资助管理中心”①，其性质一般为全额拨款事业单位，目前已经建立起从中央到地方的“国家—省—市—县”四级学生资助管理中心组织机构体系。学生资助管理中心相关职权依据的是《教育部　财政部关于要求县级教育行政部门成立学生资助管理中心的紧急通知》，而《社会救助暂行办法》和教育法律法规未对学生资助管理中心作出授权规定，因此，学生资助管理中心所履行的教育救助管理职能也缺乏法律法规的明确授权。

由于教育救助其本质上是一种行政给付，必须严格遵守行政法相关原则及规定，因而，对于由非行政机关实施的教育救助应该给予更多的关注。任何行政行为的实施都必须严格遵守行政法和相关法律法规的规定，由教育救助行政管理部门实施的教育救助行政给付能够在行政法意义上得到保障，由法律法规授权组织实施的教育救助行政给付也不应例外，“缺少相应的行政法规的规范，行政行为就是无本之木，无源之水”②，因此，尽快完善教育救助相关立法，从法律层面明确学校和学生资助管理中心在教育救助中的职能和权限，只有如是才能有效约束行政权力，从行政法层面规范行政权力的正当行使，充分保障教育救助对象权利。

二、教育救助的对象

教育救助法制中最重要的内容之一是关于教育救助对象及给付的提供。一般情况下，凡符合教育救助法律、法规所规定之受益条件，而由教育救助机关给予救助者，可以称为教育救助的对象，因此，教育救助对象范围的界

---

① 1999年9月，经中央机构编制委员会办公室批准，在教育部成立“全国学生贷款管理中心”，负责落实国家助学贷款政策，同时作为国家助学贷款部际协调小组的日常办事机构。2006年2月，为进一步做好各级各类教育家庭经济困难学生资助工作，中央机构编制委员会办公室批准，将“全国学生贷款管理中心”更名为“全国学生资助管理中心”，其主要职能是：参与研究制定国家学生资助政策措施；负责推动落实高等教育、中等职业教育、普通高中教育、义务教育和学前教育学生资助政策；指导、监督、检查地方和学校学生资助工作；协助教育部相关部门开展国家资助政策宣传工作。

② 刘夏．犯罪的行政从属性研究［M］．北京：中国法制出版社，2016：6.

定，关系到救助的提供是否能为有效的救助。由于有救助需求的学生个人及其家庭情况均不一致，若能以准确的认定方式来界定该给予谁给付，才能确保认定的对象即为应当救助的对象，也才能达成教育救助的目的。以下将分别就教育救助对象范围、认定、分类及其权利义务作一般性研究，以期了解法制现况，并找出教育救助法制所面临的难题。

（一）教育救助对象的范围

教育救助对象的范围直接关系到国家应当给予哪些群体适当的扶助与救济，以保障其顺利完成学业。《社会救助暂行办法》规定了社会救助制度要坚持“托底线、救急难、可持续”的总体原则，教育救助对象的范围应当与社会救助水平与经济社会发展水平相适应。根据《社会救助暂行办法》的规定，教育救助对象主要包括义务教育阶段的家庭经济困难学生和非义务教育阶段的家庭经济困难学生。

1. 义务教育阶段的救助对象

《社会救助暂行办法》第33条第1款规定：“国家对在义务教育阶段就学的最低生活保障家庭成员、特困供养人员，给予教育救助。”一些法律法规及规范性文件也将残疾家庭子女、残疾学生、烈士子女、孤儿、因受灾（疾病）等原因导致家庭不能维持基本生活的家庭子女等纳入教育救助范围。[①] 目前，国家为义务教育阶段的家庭经济困难学生提供了多种形式的教

① 《残疾人保障法》第21条第4款规定：“各级人民政府对接受义务教育的残疾学生、贫困残疾人家庭的学生提供免费教科书，并给予寄宿生活费等费用补助；对接受义务教育以外其他教育的残疾学生、贫困残疾人家庭的学生按照国家有关规定给予资助。”《烈士褒扬条例》第22条第2款规定：“烈士子女接受学前教育和义务教育的，应当按照国家有关规定予以优待；在公办幼儿园接受学前教育的，免交保教费。烈士子女报考普通高中、中等职业学校、高等学校研究生的，在同等条件下优先录取；报考高等学校本、专科的，可以按照国家有关规定降低分数要求投档；在公办学校就读的，免交学费、杂费，并享受国家规定的各项助学政策。”《民政部、最高人民法院、最高人民检察院等关于进一步加强事实无人抚养儿童保障工作的意见》（民发〔2019〕62号）要求：“将事实无人抚养儿童参照孤儿纳入教育资助范围，享受相应的政策待遇。优先纳入国家资助政策体系和教育帮扶体系，落实助学金、减免学费政策。”《财政部、教育部关于对玉树地震重灾区学生实施特别资助政策的通知》规定：“对继续在灾区就读的义务教育阶段学生，执行现有的经费保障和补助政策。全面免除城乡义务教育阶段学生学杂费，对农村学生和享受城市居民最低生活保障政策家庭的学生继续免费提供教科书，对家庭经济困难寄宿学生补助生活费。”

育救助，如为农村义务教育阶段寄宿生提供免费住宿，并为家庭经济困难寄宿生提供生活补助；为贫困地区农村义务教育阶段学生提供营养膳食补助；对于符合条件的义务教育阶段的救助对象，减免学杂费，对其中特困家庭学生免费提供教科书。义务教育阶段相较于其他教育阶段而言，具有普及性和基础性的基本特征，而且还具有义务性特征。接受义务教育阶段的教育，既是公民的法定权利，也是公民的法定义务。《义务教育法》第 6 条规定，国务院和县级以上地方人民政府应当“保障家庭经济困难的和残疾的适龄儿童、少年接受义务教育”。保障家庭经济困难学生接受义务教育，这不仅是由义务教育的地位、作用和属性决定的，更是国家履行教育救助责任的体现。

《社会救助暂行办法》第 33 条第 2 款还规定将“不能入学接受义务教育的残疾儿童”作为救助对象，这一类救助对象群体也处于义务教育阶段。2020 年，中共中央办公厅、国务院办公厅印发的《关于改革完善社会救助制度的意见》中将此类救助群体表述为“因身心障碍等原因不方便入学接受义务教育的适龄残疾未成年人”，从表述上更为科学。在地方性法规中，也将“不能入学接受义务教育的残疾儿童”纳入救助对象范围，如《浙江省社会救助条例》第 27 条第 2 款规定：“对不能入学接受义务教育的残疾儿童，提供送教上门、远程教育或者其他适合残疾儿童特点的服务。”

2. 高中教育（含中等职业教育）、普通高等教育阶段的救助对象

《社会救助暂行办法》第 33 条第 2 款规定，国家“对在高中教育（含中等职业教育）、普通高等教育阶段就学的最低生活保障家庭成员、特困供养人员，以及不能入学接受义务教育的残疾儿童，根据实际情况给予适当教育救助”。这里提出的“给予适当教育救助”与第 33 条第 1 款中使用的“给予教育救助”在表述上存在明显差异。“适”字本身有符合、切合、恰好的意思，[①]“适当”一词在《新编现代汉语词典》的解释为“恰当”。[②] 根据文意解释方法，《社会救助暂行办法》第 33 条第 2 款的规定是说国家可以根据救

① 唐文辞书编委会．实用新华字典［M］．长沙：湖南教育出版社，2018：502.
② 字词语辞书编研组．新编现代汉语词典［M］．长沙：湖南教育出版社，2016：1152.

助对象的经济条件、困难程度等实际情况给予恰当的教育救助，说明第 2 款所说的教育救助是一种附条件的教育救助，与第 33 条第 1 款未附条件的教育救助相比在程度上较轻，因而表达出的国家救助责任要稍逊于第 33 条第 1 款的规定。可以这样理解，对于“在义务教育阶段就学的”救助对象，第 33 条第 1 款表达了一种确定性的指引，指定了一种只能为的行为，不存在其他合法的选择，即国家对这一群体必须给予救助；第 33 条第 2 款则表达了一种不确定的指引，存在多种合法的选择，即国家可以对这一群体给予救助，也可以不给予救助，给予救助的程度也可以有多种选择。

在高中教育阶段，《普通高中建档立卡家庭经济困难学生免除学杂费政策对象的认定及学杂费减免工作暂行办法》规定，将建档立卡家庭经济困难学生、非建档立卡的家庭经济困难残疾学生、农村低保家庭学生、农村特困救助供养学生作为救助对象，其在范围上比《社会救助暂行办法》的规定更为广泛。根据《社会救助暂行办法》的规定，高中阶段教育救助对象仅为最低生活保障家庭成员、特困供养人员，而《普通高中建档立卡家庭经济困难学生免除学杂费政策对象的认定及学杂费减免工作暂行办法》将建档立卡家庭经济困难学生和非建档立卡的家庭经济困难残疾学生纳入救助范围。《国务院关于建立健全普通本科高校高等职业学校和中等职业学校家庭经济困难学生资助政策体系的意见》也对高等学校、中等职业学校教育救助对象作出了规定，提出“切实解决家庭经济困难学生的就学问题”，将教育救助对象的范围界定为“家庭经济困难学生”，而至于家庭经济困难学生的标准则未明确规定，而是授权相关部门制定具体标准。据此，国务院各部委和各级地方政府也制定了相关规定，进一步确定了以“家庭经济困难学生”为教育救助对象，如《教育部等六部门关于做好家庭经济困难学生认定工作的指导意见》将“家庭经济困难学生”作为教育救助对象，且规定了家庭经济困难学生包括“建档立卡贫困家庭学生、最低生活保障家庭学生、特困供养学生、孤残学生、烈士子女、家庭经济困难残疾学生及残疾人子女”；《广东省社会救助条例》第 38 条规定“最低生活保障家庭成员、特困供养人员，不能入学接受义务教育的残疾儿童，以及其他家庭经济困难学生”为教育救助对象，将“其他家庭经济困难学生”作为救助对象，扩展了教育救助对象的范围。

3. 学前教育阶段的救助对象

根据《财政部　教育部关于建立学前教育资助制度的意见》《中共中央　国务院关于学前教育深化改革规范发展的若干意见》，国家将家庭经济困难儿童、孤儿和残疾儿童等纳入教育救助范围，保障其接受学前教育。学前教育并不属于义务教育范畴，这两个意见要求将处于学前教育阶段的生活困难儿童纳入教育救助的范围，说明在政策层面教育救助的范围比《社会救助暂行办法》规定的范围更广。非义务教育阶段的教育救助，体现出我国教育救助在一定程度上遵循了积极救助的理念，既保障教育救助对象接受基础的义务教育的权利，同时也保障其接受具有发展性的非义务教育的权利，促进教育救助对象提高自身能力素质，这种制度安排有助于保障人的全面发展。

通过对上述教育救助对象范围的分析，不难发现教育救助对象的范围有扩张之趋势，除了《社会救助暂行办法》规定的“在义务教育阶段就学的最低生活保障家庭成员、特困供养人员”和“高中教育（含中等职业教育）、普通高等教育阶段就学的最低生活保障家庭成员、特困供养人员，以及不能入学接受义务教育的残疾儿童”之外，实际上已经将家庭经济困难学生纳入教育救助的范围，同时，还将教育救助扩展至学前教育阶段。

（二）认定教育救助对象的考量因素

教育救助对象的认定标准在全国范围内应当是统一的。在任何一个国家都存在着不同程度的经济社会发展不平衡问题，因而在制定标准时就存在着差异，为了保障教育公平，教育救助对象的认定标准在特定时间和区域内应当是统一的。这并不意味着认定标准的僵化或“一刀切”，而是说具体认定标准可以在统一标准原则下进行适当调整。根据财政部、教育部等部门发布的《本专科生国家助学金实施细则》第2条之规定，国家助学金的基本申请条件包括六个方面：“（一）具有中华人民共和国国籍；（二）热爱社会主义祖国，拥护中国共产党的领导；（三）遵守宪法和法律，遵守学校规章制度；（四）诚实守信，道德品质优良；（五）勤奋学习，积极上进；（六）家庭经济困难，生活俭朴。”《教育部等六部门关于做好家庭经济困难学生认定工作的指导意见》中规定，认定家庭经济困难学生主要依据包括“家庭经济因素、特殊群体因素、地区经济社会发展水平因素、突发状况因素、学生消费因素、其他影响家庭经济状况的有关因素”。从中不难发现，我国教育救助对象的认定标准既有经济因素，也有非经济因素。

在经济因素方面，主要考察学生家庭的收入、财产、债务以及家庭负担等情况。在我国教育救助实践中，经济因素常常会与特殊群体相关，一般情况下建档立卡贫困家庭学生、最低生活保障家庭学生、特困供养学生、孤残学生、烈士子女、家庭经济困难残疾学生及残疾人子女等，这些特殊群体都伴随着家庭经济困难的情况。在我国台湾地区也有将特殊群体认定为教育救助对象的做法，其“军公教遗族就学费用优待条例”第 3 条规定：“军公教人员因作战或因公死亡，依法领受抚恤金之遗族就学，给与全额公费优待；因病或意外死亡，依法领受年抚恤金之遗族就学，给与半额公费优待；抚恤期满及领受一次抚恤金之遗族，依主管教育行政机关规定，得予减免学杂费之优待。”此外，“原住民学生就读专科以上学校学杂费减免办法”第 3 条也规定“原住民学生在学校修业年限内，得减免学杂费。”此外，在经济因素方面，还应当考察经济发展水平问题，主要指学校所在地与生源地经济发展水平、居民最低生活保障标准的差距等情况，这些会直接影响到认定教育救助对象的标准。在突发状况因素方面，主要是由于突发状况导致学生家庭遇到突发性经济困难，如学生家庭或本人遭受重大自然灾害、重大突发意外事件等情况，不同于常态化情况下的教育救助，在出现突发状况时，主要考量相关群体的受灾害影响情况，根据实际情况实施紧急救助措施，帮助受灾害影响的学生恢复正常学习生活。如《国务院关于支持舟曲灾后恢复重建政策措施的意见》规定“对恢复重建期内迁出舟曲县就读的普通高中灾区学生，从 2010 年秋季学期起全部免除学费和住宿费，并发放生活费补助”。

除此之外，实践中还有一些特殊因素在教育救助对象的认定过程中发挥着实际影响。例如，学生个人消费情况、学业情况以及学生是否有违纪违法犯罪行为等。[①] 例如，“佩尔助学金”作为目前美国高等教育阶段最主要的

① 毕鹤霞．高校贫困生认定理论变迁述评［J］．现代教育管理，2012（06）：92-96.

联邦助学金项目，其申请条件为：必须是拥有规定公民身份的贫困学生；所在教育机构必须获得政府认可，并以获得学位或证书为目的学习；必须具有高中毕业证书或者政府认可的同等学力；必须在中学后教育中保持令人满意的学业进步；保证不拥有或买卖毒品；无贷款不良记录；18—25周岁男性青年必须到“选择性服务系统”注册；全日制或在职大学生均可获得资助；无接受年限政策限制；被政府刑事处分的不得接受资助；家庭收入在1.5万美元以下。① 可见，佩尔助学金在规定救助对象资格方面，除了考察申请人经济因素，还考察申请人的犯罪记录等其他因素。在消费因素方面，应当如何考量是存在较大争议的，有学者认为若要精准确定救助对象消费的合理性，有三个方面的因素需要考量：一是必须明确学习期间的“高消费”概念是相对的不是绝对的，例如在20世纪初手机在校园内普遍被认为是奢侈品，而到了2020年，手机几乎人手一部，已经不能再算作奢侈品，除非这部手机的价格高得“离谱”；二是消费观念需要与时俱进，例如不能传统地认为家庭经济困难学生只能购买价格实惠的食堂饭菜才是合理的，受救助的学生合理改善伙食也不应视为“越界行为”；三是需要综合考察救助对象消费与学习之间的关联度，如果这种消费比较高昂，但是属于学习范畴也应属于合理范围，如艺术专业学生根据教学安排需要购买景区门票到景区写生。② 需要指出的是，对于教育救助对象的认定所进行的相关信息采集，不应当成为侵害救助对象隐私权和人身自由的理由。在实践中，对于救助对象消费因素的考量很容易成为侵害救助对象隐私权和干预救助对象自由的根源，如郑州某高校曾规定教育救助对象“必须生活俭朴，不抽烟，不喝酒，不使用手机（毕业年级学生除外），不铺张浪费”③，这种规定明显侵害了救助对象的自由权利。不应当将一种侵害教育救助对象权利的因素作为认定依据，所以，笔者并不赞同将消费因素作为教育救助对象的考量因素。在学业因素方面，

---

① 杨克瑞．战后美国联邦政府大学生资助政策研究［M］．北京：北京师范大学出版社，2008：119.

② 耿华昌，夏民．高校贫困生资助中若干法律问题探析［J］．江苏高教，2017（10）：99-101.

③ 曹林．“不能使用手机”不应成贫困生获资助的前提［EB/OL］．（2005-08-29）［2021-05-25］．http：//www.moe.gov.cn/srcsite/A05/s7505/201701/t20170122_295524.html.

有些国家或地区作出了教育救助资格认定的相关规定。例如，我国台湾地区“社会救助法”第16条规定，将“低收入户或中低收入户”的家庭成员作为救助对象，提供教育救助。在有关教育救助的具体规定，如“大专校院弱势学生助学计划”中，对助学金申请资格作出学业方面的限定：“前一学期学业成绩平均低于60分（新生及转学生除外，另论文撰写阶段学生如因前一学期未修习课程致无学业成绩可采计，得以最近一学期学业成绩计算）。”[①]

有学者提出，“家庭经济状况是学校认定家庭经济困难学生的唯一法定标准”。[②]《教育部等六部门关于做好家庭经济困难学生认定工作的指导意见》中规定“认定家庭经济困难学生要从客观实际出发，以学生家庭经济状况为主要认定依据”。教育救助是对家庭经济困难的学生提供的以经济手段为主的援助，目的是保证公民平等地享有教育权，这种权利的享有不因经济条件的差异而受限制，也不应有任何歧视性规定。因此，教育救助对象的认定标准应为纯粹的经济标准，并应从家庭的总收支情况中全面调查是否符合救助对象标准。此外，不应再有其他条件或限制，否则教育救助制度将失去其初衷，偏离社会救助的本质属性。其他条件可以作为学生接受教育救助所应当履行的义务，而非准入条件。

（三）教育救助对象的分类

由于教育救助资源有限，因此必须厘清教育救助对象中的不同群体，根据各群体之特殊情况给予相应的救助措施，而不可“大水漫灌”。从上文分析中我们可以发现，经济因素是影响教育救助对象认定的关键因素，因此，我们不妨从经济视角来研究教育救助对象的分类。学术界通常以贫困线为标准，将经济贫困划分为绝对贫困与相对贫困，[③] 并以此作为对社会救助对象

---

① 中国台湾“卫生福利部社会救助及社工司”．社会救助法规汇编［G］．中国台湾：“卫生福利部”，2015：75.

② 张永然，周佳磊，安朔．高等学校学生管理法治化案例评析和实务指导——法理与情怀［M］．北京：知识产权出版社，2018：20.

③ 毕鹤霞．高校贫困生认定理论变迁述评［J］．现代教育管理，2012（06）：92-96.

进行分类的依据。若以贫困线为标尺，我们可以将学生教育救助对象划分为“特别贫困学生”“一般贫困学生”和“临时困难学生”。所谓“特别贫困学生”，也就是入学前生活在贫困线以下的学生，这是一种还未达到最低生活标准的状态，又称“生存性贫困”（通常是指最低基本生活没有得到保证、温饱问题尚未解决）。所谓“一般贫困学生”，就是入学前生活在贫困线以上的学生，这些学生经济条件虽然高于社会认可的一般贫困基准，但是由于难以承受教育费用（尤其是高等教育费用）负担，因此会出现因学致贫的问题。能否承担教育费用成为衡量一般贫困学生的重要标准。据此，可以对教育救助对象给出基本的群体划分，对不同经济困难程度的学生应该在制度设计时考虑给予不同的政策支持。“临时困难学生”是指学生本人或其家庭遭受重大自然灾害、重大突发意外事件、疾病等情况，导致出现突发性、临时性、特殊性经济困难的学生群体。为了从经济上给予学生必要的支持，及时帮助学生解决生活困难而有必要实施救助。

（四）救助对象的权利与义务

教育救助法律关系中的权利义务具有不对等性，但这并不意味着教育救助对象只享有权利而无须承担任何义务。实践中，由于权利与义务对等基本原则的模糊，导致一些乱象，因此在教育救助过程中必须坚持权利与义务对等性，即在实现责任主体与救助对象平等的基础上，通过明确责任主体与救助对象双方的权利与义务，建立教育救助的权利保障和义务约束机制。首先，明确教育救助对象的权利是受助者有尊严地获取教育救助的前提，从而减少直至消除施舍和凌驾的成分。“现代社会救助制度明显区别于传统社会以恩赐、施舍为特征的慈善或救济活动，而是具有法律规范并高度社会化的社会政策。它与其他各项社会保障制度一样，都是维护社会公平、和谐的重要制度安排。”① 其次，明确救助对象的义务是保证教育救助法制有效实施的重要内容，教育救助对象应切实履行自身的义务，避免违反法规的行为发生，保障权利和义务对等关系的维系。

① 张民省．新编社会保障学［M］．太原：山西人民出版社，2015：158.

教育救助对象的权利可以概括理解为享受国家教育救助接受相应学段教育的权利。这里既包括平等受教育权、受救助权等基础权利，也包括知情权、尊重权等衍生权利。

平等受教育权是指为了实现公民平等地享有受教育的基本权利，公民可以要求国家采取某些行动，即公民有权从国家获得平等的教育条件和机会。[①]我国《宪法》第46条规定了中国公民有受教育的权利和义务。同时，《教育法》第9条规定了公民不分种族、性别、职业、财产状况、宗教信仰等，依法享有平等的受教育机会。德国宪法第2条规定了人人有自由发展个性权，成为受教育权更为深层的法理基础与宪法依据。[②] 虽然在许多国家高等教育已经超出了义务教育的范围，但是从法律意义上讲，学生的平等受教育权不应由于各种原因而受到影响，其中包括物质贫困。

受救助权是指救助对象者在经济条件难以保障其受教育权利时，可享有获取来自国家和社会的教育救助的权利。意大利宪法第34条规定："共和国公民有享受免费义务教育的权利。共和国通过竞争考试发放奖学金、家庭补贴以及其他资助，以确保上述权利的实施。"我国的《高等教育法》第9条也作出了类似规定："国家采取措施，帮助少数民族学生和经济困难的学生接受高等教育"。

知情权是指受救助学生在学校学习期间，有权利及时了解国家救助政策、救助项目的具体规定和申请程序，以确保其不因为信息不对称而丧失参加各种救助项目申请的机会。学生有权了解国家的各种教育救助政策和措施，了解具体的要求和程序，并根据自己的情况选择相应的救助项目，并准备好履行与权利相对应的义务。这里强调学生知悉相关政策事项的及时性，也就是说学生不仅应知悉相关情况，还应在恰当的时间点知悉。这就要求教育救助机关，必须以恰当的方式履行相应的告知义务。受尊重权是指学生在接受教育救助的过程中享有人格尊严不被侵犯的权利和隐私得到保护的权利。教育救助实施过程中必须保障教育救助对象的人格尊严和相关权利，不

---

① 张培华．论高校国家助学贷款学生的权利与义务［J］．齐齐哈尔大学学报（哲学社会科学版），2007（05）：65-66.

② 秦前红．宪法［M］．武汉：武汉大学出版社，2018：116.

能因为救助行为而侵权。

教育救助对象的义务是其享受国家教育救助权利的同时所应当履行的责任。“权利与义务一直都是相互依存、相互作用的，受助者在享受社会救助的同时也应当履行其义务。”① 2020 年 9 月，由民政部、财政部发布的《社会救助法（草案征求意见稿）》第 23 条之规定，在一定程度上明确了各类受助对象的义务。② 我国《高等教育法》第 55 条也规定“获得贷学金及助学金的学生，应当履行相应的义务”。这说明在实践中教育救助对象的义务已经被法律予以明确规定。

首先，教育救助对象必须履行诚实信用义务，具体而言，教育救助对象必须向教育救助机关如实提供个人相关信息，在申请各种教育救助项目时要保证其申请材料的真实性和完整性。受助者履行诚实信用义务不仅对于教育救助法制而言至关重要，对于整个社会救助法制而言也不可或缺。有学者提出，“应该推行社会救助对象的诚信积分制度，对社会救助申领者在申领过程中的诚信状况建立积分档案，诚信积分档案与是否获得领取社会救助的资格直接挂钩”③。在社会救助实践中，一些地方政府出台规范性文件，以约束受助对象履行诚信义务，如《江西省社会救助对象失信惩戒和守信激励办法》中规定了江西省范围内申请“最低生活保障、特困人员救助供养、临时救助以及教育救助、医疗救助、住房救助、受灾人员救助、就业救助等专项救助”的申请者必须作出“诚信承诺”。

其次，教育救助对象的义务还包括合理使用救助物资，具体是指教育救助对象应将受救助款项首先用于其基本学习生活所需，不应出现明显过度消费的行为或者挪作他用的行为。教育救助物资主要用于支付学生在校期间的学费、住宿费和生活费等。合理使用救助物资应以保证救助对象的基本学习生活为原则，具体来说，这意味着教育救助的接受者应首先将资金用于基本

① 吕学静．中日社会救助制度比较研究［M］．北京：首都经济贸易大学出版社，2017：61.

② 《中华人民共和国社会救助法（草案征求意见稿）》第 23 条：“社会救助对象应当根据自身能力参加劳动，自助自立，勤俭节约，努力提高生活水平。社会救助对象中有劳动能力和就业条件的，应当积极就业；未就业的，应当接受公共就业服务机构等提供的免费培训、介绍的工作；无正当理由，不得拒绝接受与其健康状况、劳动能力等相适应的工作。”

③ 丁建定．中国社会保障与社会服务研究［M］．武汉：华中科技大学出版社，2017：87.

的学习和生活，并且不应有明显的过度消费行为或挪用行为。教育救助物资的使用范围应主要包括学费、住宿费和在校学习期间的基本生活费（如餐费、学习用品费用等）。

再次，教育救助对象应当履行相关约定的义务，也就是说教育救助对象在教育救助过程中必须按合同约定履行相关义务。不同的救助形式有所差异，某些教育救助项目需要救助对象与相关资助组织或个人就教育救助关系签订或达成协议，其中比较有代表性的是助学贷款合同关系。

最后，教育救助对象还应履行及时告知和接受监督的义务，也就是教育救助对象在自身经济条件或者其他条件发生变化可能影响到教育救助资格的情况下，应当及时向教育救助机关告知的义务，同时在接受教育救助期间应当接受教育救助机关监督。①

① 凌峰．基于权利与义务对等的高校学生资助模式刍议［J］．高教发展与评估，2010（05）：48-53.

第五章

教育救助给付

国家作为教育救助给付义务的主体，基于公民教育救助权利的实现，采取积极行为方式，依法承担给予特定救助对象物质权益或与物质有关的非物质权益。教育救助给付在形式和内容上具有多样性，体现在教育救助的形式呈现出多样化，如教育救助给付有助学金、助学贷款、学费减免等形式，当前教育救助法制内容体系中，对于教育救助给付的规定并不统一，呈现出混乱的情况。随着教育救助面临的社会环境变迁和教育救助对象需求的变化，面向未来，教育救助给付也应当不仅仅关照救助对象基本学习生活物质需求，为教育救助对象提供发展型给付也显得越发重要。

一、教育救助给付的性质和特征

（一）教育救助给付的性质

在前文中已经探讨了教育救助本质上是为保障符合一定条件的公民（家庭经济困难学生）社会权利，由行政机关或法律法规授权组织实施的一项授益行政行为。“社会救助的本质是公共物品，是政府的一种行政给付行为”,[①] 教育救助给付同其他社会救助给付一样，应当具有行政给付的性质。有学者指出，学术界对于行政给付的概念有多种界定，一般而言最广义的行政给付包括“供给行政”“社会保障行政”“行政补贴”三部分内容。本书所讨论的行政给付定义于狭义的行政给付，即姜明安所认为的“行政给付即行政物质帮助。是指行政机关在公民年老、疾病或丧失劳动能力等情况或其

① 喻少如．论社会救助制度中的行政给付程序［J］．法学评论，2011（04）：21-28.

他特殊情况下，依照有关法律、法规、规章或政策等规定，赋予其一定的物质权益或与物质有关的权益的具体行政行为”①。而对于行政给付的性质探讨，有学者指出，主要有“恩赐论”“授益说”“公法债权债务说”“国家责任说”和“职责说”等观点。② 柳砚涛对行政给付的性质进行了比较全面的探讨，在他看来行政给付的性质主要有三方面内容：其一，行政给付的行为结果具有授益性；其二，行政给付具有综合性，涵盖政治、经济和文化等多项行政职能，而不仅仅是一种经济行政行为；其三，行政给付是集国家、政府义务和受益人权利于一体的行政活动。③ 循着这一线索，我们对教育救助给付的性质进行进一步分析。

第一，教育救助给付是授益性行政行为，对“弱者”提供了机会平等的发展利益。首先，根据《社会救助暂行办法》和其他法律法规的规定，教育救助是由行政机关或者法律法规授权的组织（学校等）依法实施的社会救助行为，其代表国家具体实施的保障家庭经济困难学生基本生活学习的行为应属于行政行为。其次，行政给付作为授益性行为，其中的“益”应当包括教育救助权利与法律上的利益。④ 行政机关或者学校向救助对象给付助学金或者其他形式的给付行为是按照国家法律法规，给予符合救助条件的学生物质利益，帮助其克服经济上的困难，保障了家庭经济困难学生平等享有受教育的权利，从而顺利完成学业，而且提供各种物质帮助和服务使学生获得实实在在的利益。再次，由于教育救助给付是一种授益性行政行为不具有强制性，救助对象对救助权利的放弃并不会危害他人和社会，也不影响公共利益、法律秩序和公平正义等理念，因此，教育救助对象可以放弃救助利益。⑤ 有学者指出，权利人所享有的行政给付请求权“作为一项权利，权利人既有行使权利的自由，也有放弃权利的自由。权利人可以在福利给付申请批准之

① 姜明安．行政法学［M］．北京：法律出版社，1998：114-117.

② 喻少如．行政给付制度研究［M］．北京：人民出版社，2011：33.

③ 柳砚涛．行政给付研究［M］．济南：山东人民出版社，2006：33-34.

④ 柳砚涛，刘宏渭．行政给付的性质界说［J］．东岳论丛，2006（01）：189-192.

⑤ 蔡洁．我国高校学生助学贷款制度的行政给付之性质探讨［J］．现代教育科学，2007（09）：36-39.

前撤回申请，也可以在福利给付实施过程中通知福利机关终止福利给付”[①]。最后，教育救助给付与其他类型的社会救助给付有所不同，教育救助给付给予救助对象的利益是一种发展利益，为教育救助对象提供了平等享受教育的机会，本质上是帮助个人实现自由而全面地发展。教育公平是社会公平的重要基础，公正合理地进行教育资源的配置，为每一个人提供相同的发展机会，让每一个人内在的潜质得到充分展现，体现了对社会公平正义的维护和保障。[②]

第二，教育救助给付体现行政给付综合性的行政救助功能，除了对救助对象的物质保障，更突出对其“精神文化贫困”的补足。“以往学界大都在行政物质帮助意义上研究行政给付标的仅限于物质权益或者与物质有关的权益”,[③] 但经济行政不是行政给付的唯一属性，教育救助给付尤其体现出这一性质。传统生存权保障理念，关注对人的基本生存的保障，甚至是对人的生命维持的保障。然而，“生存权是发展变化着的权利。在温饱问题解决之后，财富贫乏对人生存的威胁已降为次要地位”[④]。环境、健康、尊严、发展等成为生存权的当代内容，国家与政府对生存权的保障义务也开始趋向全方位与综合性，而不仅仅是关注物质生存层面。在日本，有学者从广泛意义上来理解行政给付，认为其是指“通过公共设施、公共企业等进行的社会、经济、文化性服务的提供，通过社会保障、公共扶助等进行的生活保护、保障，以及资金的交付、助成等，即通过授益性活动，积极地提高、增进国民福利的公行政活动”。[⑤] 可见，学者们最终将行政给付的落脚点定位于提高公民的福祉，而非保障其基本生活。“随着社会发展和人类进步，人的需求发生了根本性的变化，‘经济人’已进化为‘社会人’，单纯的物质需求已转变为涵

---

① 这里的福利所指的是社会保障。徐显明．人权研究（第8卷）[M]．济南：山东人民出版社，2009：297.

② 曹洪滔．基于社会正义角度下的高校贫困生教育救助探析 [J]．经济与社会发展，2016(04)：120-124.

③ 柳砚涛．行政给付制度研究 [D]．苏州：苏州大学，2005：18.

④ 韩德培．人权的理论与实践 [M]．武汉：武汉大学出版社，1995：388.

⑤ 转引自杨建顺．日本行政法通论 [M]．北京：中国法制出版社，1998：329.

盖精神、尊严等在内的全方位的综合需求。”① 我国社会主要矛盾也已经转换，全面小康社会建成，“弱有所扶”成为社会救助事业发展的新目标，我国社会主要矛盾已经转化为人民日益增长的美好生活需要和不平衡不充分的发展之间的矛盾，社会救助从主要面对绝对贫困人口转向面对相对贫困群体。② 对于贫困群体而言，“更好的教育和医疗保健不仅能直接改善生活质量，同时也能提高获取收入并摆脱收入贫困的能力。教育和医疗保健越普及，则越有可能使那些本来会是穷人的人得到更好的机会去克服贫困”③。

第三，教育救助给付反映的是国家的教育救助义务与公民的教育救助权利之间的关系。一方面，教育救助给付的基础是国家义务，要求国家积极作为。教育救助权利与具有防卫属性的自由权、财产权不同，教育救助权利的实现有赖于国家的积极作为，教育救助给付的法律义务主体是国家，而非其他组织或个人。教育救助是一项国家义务，以国家履行教育救助给付责任为前提。当国家从“守夜人”的消极角色转换为积极的“福利”国家时，作为第二代人权，不同于纳税和服兵役义务，社会救助义务的履行须以国家给付为前提，表现为立法机关制定法律，设定具体标准，行政机关实施法律、拨付经费，只有当国家制定法律之后，公民教育救助权利才可仰仗着国家的积极行动而实现。④ 为了履行教育救助给付职能，国家行政权力需要在一定程度上有所扩张，然而，如果行政行为不能依法进行，很可能会出现行政权力扩张、滥用、越权等行政腐败现象，这将直接危害教育救助对象权利的实现和社会的安定。因此，有必要通过法律手段对教育救助给付的方式、方法，为行政机关的管理活动提供法律依据；同时要对行政权的行使规定合理限度、限制和程序，从而在实体上和程序上防止教育救助给付过程中滥用行

---

① 柳砚涛．行政给付制度研究［D］．苏州：苏州大学，2005：18.

② 林闽钢．中国社会救助高质量发展研究［J］．苏州大学学报（哲学社会科学版），2021（04）：25-31.

③ ［印］阿马蒂亚·森．以自由看待发展［M］．任赜，于真译．中国人民大学出版社，2002：88.

④ 蔡洁．我国高校学生助学贷款制度的行政给付之性质探讨［J］．现代教育科学，2007（09）：36-39.

政权，保证教育救助给付的正确行使。[①] 另一方面，教育救助给付是对教育救助对象权利实现的保障。权利义务具有对应性的特征，与国家的教育救助给付义务相对应的就是教育救助对象的权利。而国家与救助对象的权利和义务又呈现出不对等的特征，“国家承担救助贫困社会成员的责任，而救助对象享有获得社会救助的权利，社会救助是国家和社会不容推卸的责任”[②]。但这种不对等性不应该成为权利滥用的理由，“目前实施的救济制度在一定程度上还表现出‘政府只管花钱、救济对象只管享受’的消极特征，给部分申请者的动机带来不良影响，并在客观上扩大了资金需求”[③]。在保证教育救助对象权利的同时，应当根据对等原则，相应设置救助对象应履行的义务，并明确救助对象的法律责任，这是为了维持权利义务的均衡性，而不是合同法上追求权利义务的对价，因此，这种义务的设置要严格控制在合理限度内。虽然，在《社会救助暂行办法》中提到救助对象“应当按照规定如实申报家庭收入状况、财产状况”，但这种义务是救助过程中所应当履行的诚信义务，与国家提供的教育救助给付的初衷并不对应，因此，有必要围绕教育救助对象的自立自强的目标设置相应的对等义务，避免“福利依赖”的产生。

（二）教育救助给付的特征

首先，教育救助给付是教育救助行政主体所作出的一种具体行政行为。教育救助是由国家机关或者法律法规授权组织具体承担的一项职能。《社会救助暂行办法》规定民政、应急管理、卫生健康、教育、住房城乡建设、人力资源社会保障、医疗保障等部门，按照各自职责负责相应的社会救助管理工作，教育救助由有关行政机关和法律法规授权的学校等实施主体具体实施，代表国家履行教育救助职能，具有行政行为的性质。由于教育救助给付一般是由行政机关或学校进行的救助行为，是针对家庭经济困难学生进行的，在行为的内容和方式上，均不具备普遍约束力，由此决定了其属于具体

---

① 石茂生．法理学教程［M］．北京：高等教育出版社，2002：167.

② 吕学静．社会保障基金管理［M］．北京：首都经济贸易大学出版社，2014：265.

③ 吕学静．社会保障基金管理［M］．北京：首都经济贸易大学出版社，2014：165.

行政行为的范畴。具体行政行为一般是指“行政主体针对特定的或者已经特定化的行政相对人所作的行政行为。具有设定、变更、消灭或确认特定行政法关系的特点”①。具体行政行为具有可诉性，一般是一国行政诉讼的直接对象，我国《行政诉讼法》第2条规定，公民、法人或者其他组织认为行政机关和行政机关工作人员的行政行为侵犯其合法权益，有权依照本法向人民法院提起诉讼。而且这种可诉的行政行为，包括法律、法规、规章授权的组织作出的行政行为。这就意味着，当教育救助对象认为在教育救助给付过程中，行政机关或者学校有侵犯其合法权益的行为时，可以提起行政诉讼。

其次，教育救助给付的对象主要是符合一定条件的特定公民。教育救助给付在一般情况下，只对出现了特殊困难和特殊情况的公民个人作出，其对象是特定的。正如有学者指出的社会救助对象具有全民性和特定性属性，“在社会救助政策面前，全体公民是平等的。不会以社会成员的职业性质、阶层作为依据。实施对象又是特定的，即已经陷入困境的人群，受政府社会救助的对象要经过资格认定程序”②。《社会救助暂行办法》第33条规定：“国家对在义务教育阶段就学的最低生活保障家庭成员、特困供养人员，给予教育救助。对在高中教育（含中等职业教育）、普通高等教育阶段就学的最低生活保障家庭成员、特困供养人员，以及不能入学接受义务教育的残疾儿童，根据实际情况给予适当教育救助。”可见，教育救助给付的对象是特定的，而且仅面向个人，而不是面向单位或者组织。对于满足怎样的条件才能获得教育救助给付，我们已经在“教育救助对象”部分进行了探讨。国家通过教育救助给付赋予特定教育救助对象一定的利益，帮助其克服学习生活层面的困难，帮助其实现发展是不附加等价条件的。凡是属于教育救助范围内的特定社会成员，国家都应该以教育救助给付的形式对其实施救助，并不以接受救助的对象支付一定的金钱或履行一定的义务为条件。这是由社会救助在整个社会保障体系中处于最基础、最基本的保障地位决定的，作为一种基础的低水平的保障，它是社会安全的最后屏障，如果社会救助给予的物质

---

① 李绍平．行政法与行政诉讼法学［M］．北京：中国民主法制出版社，2008：101.

② 冯英，聂文倩．外国的社会救助［M］．北京：中国社会出版社，2008：12.

帮助也附有一定的等价条件，必然导致仍然有一批社会成员得不到救助。①因此，作为最基础层次的社会救助项目之一，教育救助给付在利益赋予上也是不预设对价义务的。但这种不设对价义务，并不意味着教育救助对象绝对的无义务。前文已经分析了，应当设置必要的对等义务，以防止教育救助对象绝对权利带来的消极、懒惰等弊病。

由于教育救助给付是面向特定对象的，有必要从反面强调一下，当公民丧失法律规定的救助资格时，其就不应该再获得救助。举例而言，若是某一名家庭经济困难学生获得了企业家的大额捐款而足以支撑其完成学业，则该学生从经济条件的视角已经不再是家庭经济困难学生，则应当丧失救助资格。有学者指出，在社会救助领域存在着一种重复享受救助福利的问题，例如，最低生活保障政策与其他社会保障政策被捆绑在一起形成了“福利叠加”现象，这种政策捆绑的“福利叠加”现象的成因表现在道德和技术两个层面：在道德层面，最低生活保障是一项伦理性制度，最低生活保障对象在其获得“低保”资格的同时，又获得了弱势群体的道德优势，进而具备了其他社会保障政策例外对待的合法性；在技术层面，为了节省信息成本，政策制定者直接将最低生活保障资格作为享受其他社会保障政策的信息通道。②“作为一项选择性社会保障制度，准确瞄准救助对象并确保‘应救尽救’是社会救助保证公平公正的必然要求。”③ 这种“福利叠加”显然降低了通过主动作为增加收入或提高自助能力的激励，容易产生福利依赖。在教育救助制度安排中，需要避免由于“福利叠加”而导致的有限救助资源浪费或者过度集中于特定群体，合理配置救助资源，更重要的是能够以有限资源为需要帮助的学生提供救助，防止出现“应助未助”情况，保障教育救助的公平公正。为了实现救济的公正性，提高救济的准确性，必须从制度设计上避免重复获取救助资源的可能。

与“福利叠加”问题类似，由于教育救助制度的发展，而产生了多元化

---

① 魏星河，陈洪生．政府责任与地方治理［M］．北京：中共中央党校出版社，2005：205.

② 安永军．农村低保政策中的“福利叠加”现象及成因［J］．西北农林科技大学学报（社会科学版），2017（5）：121-125.

③ 林闽钢．中国社会救助体系的整合［J］．学海，2010（04）：55-59.

的救助方式，于是产生了重复保障的可能，这便需要辨别何种救助叠加应当避免，而何种叠加是制度所容忍的。应该说不同性质的教育救助具有不同的功能面向，而同种性质的教育救助其功能面向是一致的，仅是在形式或程度上有所差异，因此应该明确同种性质的教育救助不可以叠加，而不同性质的教育救助可以交叉，这就是所谓的同质救助不叠加原则。例如，我国台湾地区“低收入户学生及中低收入户学生就读高级中等以上学校学杂费减免办法”第7条规定：“第三条减免之学杂费，于学生享有政府其他相关学杂费减免、补助或与减免、补助学杂费性质相当之给付者，除法令另有规定外，应择一申请，不得重复。”

同质救助不叠加至少应包含以下几层含义：其一，这一要求肯定了教育救助对象在自身条件、救助需求方面的差异化，因此在教育救助制度设计方面提供了“一揽子”救助方案，以保证救助方案能覆盖救助需求。而“同质”则是指具有同一救助性质的救助制度，在制度设计上具有相同的救助目标和相同的救助对象群体，例如国家针对不同贫困程度的学生设置了不同等级的国家助学金，这些不同等级的助学金可以说是“同质”。其二，对于同一救助对象的同一救助理由，在同一时间段内，不得给予两次以上同种性质的教育救助援助。这里的同一救助理由，是指救助对象在构成要件上仅符合一个救助行为的特征，如果符合两个及以上救助行为的构成要件，则不属于“同质不叠加”的范畴。其三，“不叠加”强调救助机关应当将救助对象“持续的状态”和“变化的状态”相区分，不能将连续的经济状况（如连续多个学期家庭经济困难）视为两个或两个以上的独立受助理由，实施多种救助行为，也不能将已经发生变化的经济状况（如救助对象家庭受到严重自然灾害）视为同一救助理由。

最后，教育救助给付是依据法律法规所实施的行政行为。“行政救助依法进行是其要点之一，由法律规定，按法律、法规规定实施，决定了行政救助行为的法律属性。”① 教育救助给付是依法作出的具体行政行为，因此，教育救助给付必须按照法律、法规、规章以及其他有关规范性文件作出，不得

① 胡建淼．中国行政法学论纲［M］．杭州：杭州大学出版社，1998：237.

任意给付，这就决定了教育救助给付的法律属性。这一属性既是为了保障教育救助对象的权益，也是为了保证教育救助给付行为的合法性，避免给付行为因非法而无效。具体来说，主要有四层含义。

第一，教育救助给付需要按照法定的救助权限实施。教育救助给付依据不同的法律规范由不同的行政主体实施，法律规范应当明确规定实施教育救助给付行为的行政主体有哪几类，这些行政主体有哪些权限。只有具备法律规定教育救助给付权限的行政主体，才能实施教育救助给付，否则，这种给付行为就是非法的，不具有法律效力。

第二，教育救助给付需要以法定的救助形式作出。《社会救助暂行办法》第 34 条规定："教育救助根据不同教育阶段需求，采取减免相关费用、发放助学金、给予生活补助、安排勤工助学等方式实施，保障教育救助对象基本学习、生活需求"。教育救助的形式较多，不同的学习阶段的教育救助对象依据不同的法定条件获得不同形式的帮助。教育救助给付的形式，必须符合法律法规规定，否则将会影响教育救助对象权益的实际取得。而且，教育救助给付的形式也应当随着教育救助对象需求的变化而适当调整，避免教育救助给付与救助对象需求不对应。从实践情况来看，一些教育救助给付形式并没有纳入法律法规的规定之中（如助学贷款作为重要的教育救助给付形式并未在《社会救助暂行办法》中得以体现），因而其合法性存在问题，需要在完善教育救助法制过程中丰富完善教育救助给付的形式。

第三，教育救助给付必须按照法定的救助给付程序作出。教育救助给付作为一种法律行为，须遵循程序正义原则，按法定程序实施。不同的法律、法规中，对不同的行政救助均作了一些规定，这些规定概括起来看，主要有：申请、审查、批准、实施等，并要求书面形式。[①] 教育救助给付程序具有重要的作用，为教育救助对象权利的实现保驾护航，"社会救助实体规范主要是规定社会救助各方主体，尤其是救助者与被救助者之间的权利（力）义务；程序规范主要是规定社会救助在实施救助行为、处理相应权利义务时的过程、方式和关系。从规范的作用来看，社会救助实体规范是社会救助主

---

① 沈荣华．现代行政法学［M］．天津：天津大学出版社，2003：251.

体权利（力）的一种宣示，‘并非主体真正拥有的权利’；社会救助程序规范在于保障救助实体权利的实现，促进实体法的完善与遵守”①。

第四，教育救助行政给付以依申请为原则、依职权为例外的行为。除由于自然灾害等紧急情况应由行政主体主动实施教育救助给付之外，其他绝大多数教育救助给付都应以相对人的申请为前提。因为获得教育救助给付，对于符合教育救助条件的公民而言是法律上的一项权利，权利的行使或是放弃这一权利，应当由权利人自行决定。某些高校通过大数据寻找家庭经济困难学生，通过算法计算识别出符合教育救助给付条件的学生，主动为这些学生的饭卡里充值，那么这种行为是对“依申请为原则”的违背吗？② 可以说，当家庭经济困难学生存在主观或者客观方面的困难时，学校可以主动实施救助，这并不是对“依申请为原则”的违背。由于学生在学校申请教育救助给付时存在“被公示”“被标签化”等问题或者对于救助政策不了解，一些家庭经济困难学生出于种种顾虑没有去申请救助，但这并不意味着这些学生不愿意申请救助，而是申请存在困难，学校的做法是通过技术手段帮助其克服申请存在的困难。

二、教育救助给付的分类

随着教育救助制度的发展，教育救助给付形式日趋多元化。在各种教育救助模式交织的情况下，应当厘清各种教育救助给付的分类，以及不同形式给付之间的关系。通过对教育救助给付进行分类，有助于发现教育救助给付的内容要素和典型特征，揭示其内在规律；有助于分析不同给付之间的合法性与合理性要件，从法学层面有针对性地进行分析探讨；有助于从理论上划清不同教育救助给付之间的关系，为教育救助实践提供指引。

按照高校学生教育救助制度的起源来分类，可以将教育救助制度分为原生教育救助制度与派生教育救助制度（或衍生教育救助制度）。所谓原生教育救助制度就是指最基本的、最初的教育救助模式，具有代表性的是助学金

① 刘白明．留守儿童社会救助制度研究［M］．长春：吉林大学出版社，2015：10.

② 搜狐网．大数据又立一功，让贫困生更有尊严［EB/OL］．（2021-08-19）［2017-07-17］．https：//www.sohu.com/a/157756694_161245.

给付和困难补助给付，这些给付形式产生的时间较早，可以说是伴随着济贫制度而产生的。而派生教育救助制度主要有助学贷款、勤工助学等，这些教育救助给付是随着社会发展进行创新而形成的救助手段。原生教育救助能够在保障学生基本学习生活方面发挥重要作用，而派生教育救助在增加救助资源、扩大救助范围方面发挥了重要作用。原生教育救助一般是以行政给付为特征，由国家无偿为教育救助对象提供帮助，而派生教育救助则并不一定都是以行政给付的形式提供救助。

根据教育救助给付标的的不同，可以将教育救助给付分为物质给付和非物质给付。物质给付主要是现金给付、实物给付等形式，典型的现金给付如助学金、学习用品等。实物给付则是提供救助物资如发放慰问品，以及设置一般经济困难学生可使用的公共设施等。日本《生活保护法》第 13 条规定："教育扶助是对因贫困无法维持最低限度生活者，在下列所载事项的范围内进行：一、伴随义务教育所必需的教科书及其他学习用品；二、伴随义务教育的必要上学用品；三、学校伙食及其他伴随义务教育的必要品。"① 这里规定的教育救助给付则是以物质给付方式为主。我国《教育部　财政部关于全面实施城乡义务教育教科书免费提供和做好部分免费教科书循环使用工作的意见》中也规定了以免费提供教科书的形式提供教育救助。非物质给付主要是精神救助和能力救助方面等，具体表现为服务提供。服务提供的范围更加广泛，例如技能培训、心理咨询、就业培训等。有学者认为，"行政给付制度发展的一个趋势就是给付标的种类的多样化，其出发点在于更加尊重相对人的选择权，更加注重济贫与预防贫困的结合……行政给付制度从生存权的经济性层面的历史起点出发，日益深入到生存权的文化性层面。"②

根据教育救助给付的不同目标，可以将教育救助给付分为生存型给付与发展型给付。生存型给付的目标是满足教育救助对象的基本生活和学习需要，如保障学生就读期间基本生活的助学金以及解决学生遭遇重大突发事件的临时困难补助。生存型给付是对家庭经济困难学生最基本的保障，也是最

① 转引自韩君玲．日本最低生活保障法研究［M］．北京：商务印书馆，2007：192.
② 喻少如．行政给付制度研究［M］．北京：人民出版社，2011：57.

低限度的保障，应当适用法律保留原则，对于责任主体、救助对象的范围以及救助标准应通过法律予以明确规定。发展型给付的目标则是给予教育救助对象更加优质的学习生活条件以及其他形式的帮助，以促进其个人发展，如具有助学性质的奖学金，以及各高校开展的面向家庭经济困难大学生的计算机技能培训和心理健康服务等。对于发展型给付，不必严格适用法律保留原则，而是应当给予教育救助机关以及高校更为宽泛的自由裁量权。①

根据教育救助给付主体的不同，可以将教育救助给付分为直接给付和间接给付。教育救助直接给付就是教育救助主管机关或者法律法规授权组织（学校）直接对教育救助对象实施的援助，如发放助学金和困难补助。教育救助间接给付就是教育救助主管机关或者法律法规授权组织（学校）并非由自己直接对教育救助对象提供救助，而是通过某种方式转由其他主体提供给付，如通过银行发放助学贷款。随着教育救助实践的发展，教育救助主管机关以及学校越来越多地运用社会的力量参与教育救助。严格意义上讲，学校并非行政主体，法律法规授权高校作为教育责任主体本身也是一种间接给付。通过间接的方式为学生提供基本学习生活条件给付，体现了社会保障领域的社会化发展趋势。以助学贷款为例，充分体现了德国法所称的“担保给付行政”②，这种以助学贷款形式实施的教育救助给付，具有间接性特征，行政主体自己并不直接实施给付，而是通过各种方式由具备相应优势条件的金融机构提供给付。间接给付的出现，发挥了政府和市场之间的优势互补关系。

三、教育救助给付的现行规定

（一）教育救助给付的相关规定

目前，《宪法》中没有规定教育救助给付的内容，有关教育救助给付的相关规定主要体现在法律、行政法规的条款中。《社会救助暂行办法》第34条规定：“教育救助根据不同教育阶段需求，采取减免相关费用、发放助学

① 刘平．行政执法原理与技巧［M］．上海：上海人民出版社，2015：174.

② ［德］汉斯·J. 沃尔夫，奥托·巴霍夫，罗尔夫·施托贝尔．行政法［M］．高家伟译．北京：商务印书馆，2002：11.

金、给予生活补助、安排勤工助学等方式实施，保障教育救助对象基本学习、生活需求。”《社会救助暂行办法》的规定确立了教育救助给付的法律依据，明确了教育救助给付的主要形式和内容。《教育法》第 38 条规定了国家对符合入学条件、家庭经济困难的儿童、少年、青年，提供各种形式的救助，而对于救助的具体形式和内容没有明确规定。《义务教育法》第 44 条规定了对家庭经济困难的适龄儿童、少年免费提供教科书以及补助寄宿生生活费等给付形式。《高等教育法》第 54 条、第 55 条和第 56 条规定国家救助家庭经济困难学生接受高等教育的内容，明确了教育救助给付的形式主要包括补助、减免学费、贷学金、勤工助学等，为教育救助给付提供了更为明确的法律依据。《国务院关于建立健全普通本科高校高等职业学校和中等职业学校家庭经济困难学生资助政策体系的意见》中也规定建立健全家庭经济困难学生救助体系，设立国家励志奖学金（面向家庭经济困难学生）、国家助学金、国家助学贷款教育救助给付形式，还规定各学校应当设置学费减免、勤工助学、校内无息借款、校内奖助学金和特殊困难补助等教育救助给付形式。综上所述，从现行法律法规的规定来看，我国国家层面的教育救助给付主要包括学费减免、助学金、助学贷款、困难补助和勤工助学等形式。

为落实国家法律法规有关教育救助给付的相关规定，各省级单位也通过制定地方性法规或地方政府规章等具体形式进一步明确了教育救助给付的地方性相关规定，根据当地经济社会发展情况，增加教育救助给付的具体措施。以浙江省为例，2020 年，浙江省人民代表大会制定了《浙江省社会救助条例》，该条例根据教育救助对象所处的不同教育阶段，分别给予不同教育救助给付形式，主要包括：对学前教育阶段的救助对象减免保育教育费；对义务教育阶段的救助对象免除住宿费，根据实际情况给予营养餐等生活补助；对高中教育阶段（含中等职业教育）的救助对象免除学费、发放国家助学金；对普通高等教育阶段的救助对象根据实际情况分别给予发放国家助学金、发放临时困难补助、减免学费、安排勤工助学等救助或者提供国家助学贷款；对不能入学接受义务教育的残疾儿童，提供送教上门、远程教育或者其他适合残疾儿童特点的服务。地方的教育救助给付形式，相较于国家教育救助形式更为丰富而具体，包括“送教上门”“远程教育”等。

（二）教育救助给付的不足与反思

当前，教育救助给付制度体系基本形成，但教育救助给付法制化明显滞后。

首先，教育救助给付内容在各类法规、规章、规范性文件的规定上并不统一。教育救助给付是以《社会救助暂行办法》为主导，在行政法规层面建立了教育救助给付的基本框架，明确了基本内容。但是，其他法规、规章以及其他规范性文件对教育救助给付作出的相关规定，与《社会救助暂行办法》规定的内容并不一致。例如，《国务院关于建立健全普通本科高校高等职业学校和中等职业学校家庭经济困难学生资助政策体系的意见》作为国务院发布的在教育救助领域的重要规范性文件，其将国家励志奖学金和国家助学贷款纳入教育救助给付的范畴，在给付形式上比《社会救助暂行办法》的规定更为广泛。此外，财政部、教育部、人力资源社会保障部等制定的《学生资助资金管理办法》属于部门规章性质，其规定了国家励志奖学金和学费补偿国家助学贷款代偿的教育救助给付内容，这也超越了《社会救助暂行办法》规定的给付内容范围。

其次，教育救助给付国家与地方二元结构十分明显，中央所属高校与地方所属高校在给付待遇上差别很大，在不同地域、不同高校之间的教育救助给付也存在严重的不平衡现象。根据《学生资助资金管理办法》的规定，例如，研究生国家助学金，中央高校博士研究生每生每年 15000 元；地方所属高校博士研究生每生每年不低于 13000 元，二者相差 2000 元；对到中西部地区和艰苦边远地区基层单位就业的中央高校应届毕业生实行学费补偿或国家助学贷款代偿，本专科生每生每年最高不超过 8000 元，研究生每生每年最高不超过 12000 元，而对于地方高校未作相关教育救助给付规定。同为地处北京的高校，不同高校有 500 元/月、600/月、900/月的差异。[①]

最后，同一地区的公办学校和民办学校在教育救助给付形式和内容方面的差异也十分明显。从形式上看，公办学校学生和民办学校学生都能获得教

---

① 搜狐网．研究生福利：全国著名高校助学金一览表；比比谁家最“土豪”［EB/OL］．（2020-08-05）［2021-05-05］．https：//www.sohu.com/a/411476221_120012603.

育救助。如《学生资助资金管理办法》第3条规定该办法所称各类学校“包括民办普通高校（含独立学院）、民办中等职业学校和民办普通高中”。但是，根据对该办法的分析并结合教育部新闻发布会的解释，则可以发现公办学校与民办高校在教育救助给付方面存在不同，主要体现在两个方面。一是公办学校和民办学校学生获取教育救助给付的条件不同。公办学校就读的学生只要符合条件即可获得教育救助，而民办学校学生，尤其是高校学生，除了其本人需要满足救助条件之外，还需要其就读学校满足一定条件，才有可能获得给付。教育部相关负责人指出，民办学校要按照国家有关规定规范办学，举办者要按照一定比例从事业收入中足额提取经费，《学生资助资金管理办法》第21条规定了“民办学校应从学费收入中提取不少于5%的资金”。根据教育部新闻发布会公开信息，民办学校具体如何享受国家奖助学金制度，由各个地方负责制定具体的办法，国家部委的相关文件只是确定了原则性规定，而没有更为具体的可操作性规定，具体哪些民办院校可以获得教育救助给付，可以获得多少，由于民办学校的管理属于地方事务，包括中央所属高校的二级学校、独立学院，也是由当地的地方政府负责管理，因此并没有统一规定和明确标准。[①] 二是公办学校和民办学校学生获取教育救助给付的内容不同。目前，公办学校学生能够获得的教育救助给付是多元的，既有国家励志奖学金、国家助学金、学费减免，也有助学贷款等其他给付。而民办学校的教育救助给付，从《学生资助资金管理办法》的规定来看只有国家励志奖学金和国家助学金。

从教育救助给付的形式多样、内容复杂来看，制定统一的教育救助单行条例难度较大。目前，相关规定教育救助给付的规定整体性和规范性不足，可行的办法是在社会救助综合立法中完善相关内容，而目前最可行的方案是在制定《社会救助法》时适时修订教育救助给付相关的规定，明确教育救助给付的内容和形式，在当前民政部、财政部发布的《社会救助法（草案征求意见稿）》第32条规定了“减免相关费用、发放助学金、安排勤工助学岗

① 学信网．民办高校享受国家奖助学金政策须符合相关规定［EB/OL］．（2007-07-03）［2021-05-28］．https：//www.chsi.com.cn/gjzxdk/news/200707/20070703/966168.html.

位、送教上门”等教育救助给付方式，但仍有一些问题未作明确规定，如未能将实践中已然存在的国家励志奖学金、助学贷款等教育救助给付纳入调整范围，也未明确民办学校学生教育救助给付问题。因此，《社会救助法》在正式施行前，需要充分征求意见，完善相关教育救助给付内容，整合分散的教育救助给付规定，统一教育救助给付标准。

四、教育救助给付的形式

（一）教育救助给付的传统形式

1. 教育救助性质的奖学金

除了有面向所有学生的奖学金之外，还存在专门面向家庭经济困难学生的、具有教育救助性质的奖学金。具有教育救助性质的奖学金主要是用于激励并救助家庭经济困难的高校学生顺利完成学业，鼓励其以优异的成绩完成学业。这种具有教育救助性质的奖学金至少有两个鲜明特征：其一，该奖学金面向的对象是特定的，必须为家庭经济困难的高校学生；其二，该奖学金面向家庭经济困难学生中成绩优异者，因此获奖者还需要达到一定的学业水平。作为日本国家层面高等教育支持新制度之一，日本学生支援组织提供福利型奖学金，以保证有求学意愿和能力的年轻人不因经济原因放弃继续升学和继续接受教育，获得由政府资助的福利奖学金的学生必须努力学习，如果学习成绩低于相关标准，奖学金可能会被停发。此外，如果学生学习成绩极差，且没有正当理由，或者如果学生被学校开除，则可能需要将其归还。申请福利型奖学金设置了具体而明确的标准，主要包括学习成绩相关标准和家庭经济标准两个方面。在学生学习成绩标准方面，除规定了准入标准外，还规定了“停止”和“警告”标准，明确了灾害、受伤或者其他不得已的事由出现时可以免除责任。在家庭收入方面，根据家庭构成、有无残疾人、各种保险费的支付情况等设置相应标准。①

① 日本文部科学省官网．高等教育的修学支援新制度［EB/OL］．（2020-01-01）［2020-10-5］．https：//www. mext. go. jp/a_ menu/koutou/hutankeigen/index. htm.

在我国具有教育救助性质的奖学金是高校学生教育救助体系的重要内容之一，根据《国务院关于建立健全普通本科高校高等职业学校和中等职业学校家庭经济困难学生资助政策体系的意见》和《本专科生国家励志奖学金实施细则》的相关规定设立的“国家励志奖学金”就是典型的教育救助性质的奖学金。根据《本专科生国家励志奖学金实施细则》的相关规定，国家励志奖学金是为在普通高等学校、高等职业院校就学的家庭经济困难学生提供的一项与学习相关的教育救助措施。这一救助政策与日本的福利型奖学金政策相类似，对于申请者的学业水平提出了一定要求，不同的是这项政策只面向大学二年级以上（含二年级）的全日制普通本专科在校生，要求申请者在校期间学习成绩优秀且满足家庭经济困难的条件。根据《学生资助资金管理办法》规定，国家励志奖学金救助覆盖范围约为全国普通高校全日制本专科在校生总数的3%，每生每年5000元，救助资金由中央政府和地方政府按比例分担。

2. 助学金

助学金主要用于救助家庭经济困难学生在各教育阶段的学习、生活费用等开支。助学金面向的是家庭经济困难学生，并且获取助学金与学业成绩并不直接挂钩，这也是与各类型奖学金的重要区别。助学金具有保障基本的功能，也就是维持家庭经济困难学生的基本学习生活费用支出，由于助学金是由国家财政支持，具有一定的稀缺性，因此，通常会根据不同的家庭经济状况设置不同层次的助学金。例如，我国台湾地区的助学金根据家庭经济状况分为五级，同时还根据学生所就读学校为私立或公立分为两类。在英国，既有由政府提供的助学金，也有由学校提供的助学金。政府提供的助学金称为“生活费助学金”或“生活费补助”，用以帮助家庭经济困难学生解决就读期间学习生活困难，救助标准由政府根据家庭收入状况确定。对于来自低收入家庭的全日制学生而言，可以申请到相应的助学金。每年有一半以上的全日制学生会得到助学金全额补助，如在2016—2017学年，有40%符合资格的补助金申请人获得全额助学金支持，有14%的申请人获得部分助学金支持。然而，自2016—2017学年以后，全日制新生将不能获得基于需求的助学金，而是只能获得生活费贷款。①

根据《本专科生国家助学金实施细则》，国家助学金主要救助对象为家庭经济困难的全日制本专科生，而且国家助学金与奖学金并非互斥的，在同一学年内，申请并获得国家助学金的学生，也可同时申请并获得国家奖学金或国家励志奖学金。根据《学生资助资金管理办法》规定，国家助学金覆盖全国普通高校全日制本专科在校生总数的20%，其比例远高于国家励志奖学金，平均资助标准为每生每年3000元，具体标准由高校在每生每年2000—4000元范围内自主确定，并可以根据实际情况再划分为2—3档。同时，国家对于中央高校硕士研究生和博士研究生也设置了相应的助学金，金额高于本科生，地方所属高校研究生国家助学金资助标准由各省财政部门会同教育部门确定，并规定了最低标准。

3. 助学贷款

助学贷款是借助金融机构的力量解决学生教育救助资金来源的重要途径，是国家通过行政干预，利用市场经济手段开展教育救助的重要方式。很多国家以助学贷款的形式为家庭经济困难学生提供救助，在英国有一个类似国内“绿色通道”的教育救助制度，即“先上学，后付款”政策，主要有两种助学贷款类型：学费贷款和生活费贷款。学费贷款的金额由所在大学的学费收费标准决定，通常是贷款金额等于学费金额，这也同我国的助学贷款类似。全日制大学生有权申请助学贷款，获得批准后，贷款款项不会划入学生本人账户，而是直接转到学生所在的大学账户，用于支付学费。生活费贷款是根据学生所在家庭的贫困程度提供的贷款，因此会因人而异。贷款额度主要参考三个指标：家庭收入、大学所在地的生活费用标准、学生是否住在学校。② 在日本，政府提供的助学贷款有“第一种贷款”和“第二种贷款”（也称为“希望21”）之分。③ “第一种贷款”始于1943年，为无息贷款，

① EACEA. National student fees and support systems for higher education in Europe - facts and figures (2017-2018) [R]. Luxembourg: European Union Publications Office, 2017.

② 刘青瑞，李晓璐．英国高校家庭经济困难学生援助服务体系研究［J］．东北大学学报（社会科学版），2012（03）：268-271.

③ 张正武．国外资助贫困大学生的经验及其启示——基于英、日、美三国资助模式的比较研究［J］．人民论坛（中旬刊），2010（07）：192.

最初由政府设立的日本育英会（后更名为日本学生支援机构）实施，主要面向家庭经济困难的优秀学生提供无息借贷，其基本申请条件包括高中成绩优异、家庭年收入不超过规定额度等，如果满足相应条件可以申请延长还款期限，对于成绩非常优秀的研究生还可以申请全部或部分免还。“第二种贷款”始于1984年，实行变动利息，但低于商业贷款利息，主要满足家庭经济相对困难且大学成绩在平均水平以上的学生申请。① 这两种助学贷款资金主要来源于政府拨款、财政融资、发行债券等，由具有独立行政法人资格的日本学生支援机构（JASSO，2004年日本育英会和其他机构合并而成）负责贷款的筹措、发放、管理、回收等工作，由学生所在学校组织实施。

助学性质奖学金和助学金一般情况都是无偿的，助学贷款通常情况并不是无偿的，随着各国教育救助水平的提升以及教育救助政策的丰富和发展，助学贷款也存在着越来越多的政府贴息或者政府代偿的情形。如日本在1953年实行了助学贷款的还款特别豁免政策，还款特别豁免针对第一种无息贷款的大学毕业生，毕业后如果从事教育或研究工作达到政策规定的工作年限，可以申请享受贷款的全额豁免或部分豁免。1998年还款特别豁免的对象收窄，仅限于硕士及以上学历的研究生，2004年研究生还款特别豁免政策被优秀研究生奖励特别豁免政策所取代。② 我国财政部、教育部等部门联合下发的《基层就业学费补偿国家助学贷款代偿实施细则》也有类似规定，对到中西部地区和艰苦边远地区基层单位就业的中央高校应届毕业生实行国家助学贷款代偿。根据现行规定，我国当前实施的助学贷款政策是由国家提供信用担保，学生本人只需要提供相应的学生身份证明材料、家庭经济状况的证明材料，并不需要提供类似商业贷款的担保或抵押，但需要签订相关承诺书，并按照贷款合同约定按期还款。申请助学贷款的学生在读期间一般免收利息，在毕业后开始计息，并约定在毕业后规定的时间内完成还款。助学贷款能在很大程度上帮助学生解决学费和住宿费等较大金额的费用支出，能够切

---

① 湖南省学生资助研究会．新时代 新资助 湖南省学生资助研究优秀论文集［C］．长沙：湖南师范大学出版社，2018：80-81.

② 徐国兴．中美日大学生资助政策新动向的比较研究［J］．复旦教育论坛，2008（02）：71-74.

实解决高校学生的经济困难，同时助学贷款的有偿性也在一定程度上激励学生努力完成学业。在我国助学贷款主要有校园地国家助学贷款和生源地信用助学贷款，二者在申请程序上稍有不同，前者需要到家庭所在县（市、区）的学生资助管理中心提出贷款申请，后者则可以直接到就读高校学生资助部门申请。为保证专款专用，银行会将一个学年内的学费、住宿费贷款一次性发放，直接划转学校账户。根据《教育部 财政部 中国人民银行 银保监会关于调整完善国家助学贷款有关政策的通知》（教财〔2020〕4号），助学贷款期限从学制加13年、最长不超过20年调整为学制加15年、最长不超过22年，助学贷款还本宽限期从3年延长至5年，宽限期内只需还利息、不需还本金。①

4. 减免学费

作为学生教育救助的主要措施之一，学费减免和助学贷款在政策和操作等很多方面都比较类似。很多国家和地区都在高等教育阶段制定了学费减免政策，即使是世界上最贫困国家之一的孟加拉国也实行了比较有特色的学费减免政策，如孟加拉国南北大学学生教育救助的主要形式就是学费减免，覆盖范围为注册学生的8.27%，其学费减免分四个等级：100%减免、75%减免、50%减免和25%减免。② 在日本，国立大学可在学校学费收入的10%以内减免学费，减免对象是家庭经济困难学生和品学兼优的学生，家庭收入低于一定标准时学生可分别申请减少或免除学费。③ 日本也通过颁布《大学等修学支援法》规定，自2020年起，对年收入低于380万日元（约合人民币23.7万元）的低收入家庭学生实施高等教育学费减免优惠政策。④ 我国台湾

① 搜狐网．重磅消息！国家助学贷款政策大调整！还款期限从3年延长至5年！［EB/OL］.（2020-07-27）［2020-10-6］. https：//m. sohu. com/a/410058743_ 221645/.

② 冯涛．国家助学贷款制度研究［M］．上海：上海社会科学院出版社，2009：85-86.

③ 花鸥，吴旭东，尹祥．美日英三国高校学生资助制度的比较研究［J］．当代职业教育，2012（11）：93-96.

④ 日本5月新法《大学免费化法案》全剖析［EB/OL］．（2019-05-20）［2020-10-6］．https：//www. sohu. com/a/315212593_ 157309. 与日本《生活保护法》第13条教育救助规定的救助对象“因贫困而无法维持最低生活者”不同，《大学等修学支援法》将教育救助对象扩展到低收入家庭成员，并且救助也不仅是义务教育阶段，而开始面向高等教育阶段，《大学修学支援法》既有教育救助的特征，同时也具有一定的社会福利性质。在2017年12月8日，日本内阁会议通过的“新经济政策包”中，制定“造就人的革命”计划，提出了幼儿教育及高等教育的无偿化政策。参见［日］久保田贡．日本教育政策研究动向［J］．日本教育政策学会年报，2016（23）：182-189.

地区“社会救助法”第16条第2款规定了减免学杂费的内容，“低收入户及中低收入户之家庭成员就读国内公立或立案之私立高级中等以上学校者，得申请减免学杂费；其减免基准如下：一、低收入户学生：免除全部学杂费。二、中低收入户学生：减免学杂费百分之六十。前项学杂费减免之申请方式及其他应遵行事项之办法，由各该主管教育行政机关定之。其他法令有性质相同之补助规定者，不得重复领取”。我国高等教育实行的学费减免政策主要面向高校学生中的特殊群体，一部分是由于经济条件存在困难被纳入教育救助范围的群体，如家庭经济特别困难学生、孤残学生等；另一部分是由于某种条件获得优待的群体，如烈士子女、优抚家庭子女等。对家庭经济困难学生的学费减免与对烈士子女、优抚家庭子女的学费减免在性质上存在一定差异。前者是基于对于经济困难群体生存权的保障而实施的救助措施，属于社会救助的范畴；后者是对为国家和社会作出特殊贡献的特殊人群及其家属实施的一种带有褒扬、优待、抚恤和安置性质的特殊社会保障制度，属于社会优抚的范畴①。学费减免主要包括全部减免和部分减免，减免范围限于学校统一收取的学费，各高校根据学生经济困难实际情况，采取免收全部学费，或者适当减收部分学费的措施。

5. 勤工助学

勤工助学是指学生在读期间，利用课余时间通过自己的劳动获得相应报酬，用于改善自己学习和生活条件的社会实践活动。从世界范围来看，国外高校也都把勤工助学作为一项重要的教育救助形式。②

在美国，勤工助学计划又称工读计划，联邦政府、州政府和高校为家庭经济困难的学生提供校园工作和校外社区服务机会，从而让学生获得一定数量的资金用于支付教育费用。工读计划于1964年启动，该计划规定参与勤工助学的学生由学校负责统一管理，学生在学校或到社区、州、联邦政府及私立非营利机构参加公益性工作，可获得“工读计划”提供的薪酬工资，以

① 王德高，张秀丽，熊宇虹．社会保障学［M］．武汉：武汉大学出版社，2018：258.
② 漆小萍，王自成．高校学生勤工助学实用指南［M］．广州：中山大学出版社，2007：3.

满足学习之需。工读工资最低不得低于联邦政府规定的“最低工资标准”①，本科生、研究生、全日制以及非全日制学生都可以获得资格参加工读计划。学生工资发放所需资金的80%来源于联邦财政拨款，20%由各高校自行筹集。

早在1993年，我国国家教委、财政部就下发了《关于进一步做好高等学校勤工助学工作的通知》，要求高校把勤工助学活动作为“改革的配套措施”。1994年，国家教委、财政部又下发了《关于在普通高等学校设立勤工助学基金的通知》，对普通高等学校设立勤工助学基金、经费来源、经费使用和管理等作出了明确规定。②

作为一项教育救助制度的勤工助学，与一般意义上的勤工助学有所区别，作为教育救助一项制度的勤工助学是指在学校组织下学生参与的能够获取合法报酬的社会实践活动。勤工助学也分为两种情况，一种是学生在校内参加勤工助学，另一种是学生到社会上参加勤工助学。这两种勤工助学在法律关系上略有不同，前者是学生与学校之间的法律关系，后者是学生与用人单位之间的法律关系。由于学生并非法律意义上的劳动者，因此，对学生权益保护需要尤为关注。首先，学生必须在学有余力的前提下，才能参加勤工助学，且需要接受必要的岗前培训和安全教育。其次，学生参加劳动期间，高校或者其他用人单位应当提供相应的健康安全保障，不得违反法律规定安排学生参加有毒、有害和危险的生产作业以及超过身体承受能力、有碍健康的劳动。最后，学生参加勤工助学活动，都应当在学校备案，征求学校意见后方可决定去否，否则学校将难以保障学生合法权益。学生在参加由学校组织的校外勤工助学活动时，用人单位应与学生协商确定酬金标准，工作报酬不应低于有关部门规定的最低工资标准。

6. 临时困难补助

临时困难补助是面向一些遭遇到突发性、临时性、特殊性情况的“临时

① 牛磊磊．美国联邦学生资助的类型、特点及启示［J］．教育教学论坛，2013（46）：151-152.

② 杨国洪．大学生资助体系的国际比较与借鉴［M］．广州：中山大学出版社，2013：58.

困难学生”，由政府或高校通过一定程序，予以物资救助的制度。例如，在新冠肺炎疫情期间，日本创设“学生支援紧急补助金”以保障遭受疫情影响的学生能顺利完成学业，日本文部省从2020年4月开始，从确保未来经济社会发展出发，为学生“继续学习”创设必要的“学生支援紧急补助金”，对经济困难学生提供临时困难补助。① 我国的临时困难补助主要是由财政拨出专款，以帮助由于遭遇突发事件、意外伤害、重大疾病或其他特殊原因导致基本生活暂时陷入困境的学生。各高校也可根据实际情况制定本校的临时救助措施。困难补助具有临时性，而并非常态化的救助模式，所针对的情况具有突发性，例如学生家庭遇到海啸、地震等自然灾害。困难补助应当以满足学生基本学习生活需求为限，根据学生家庭的困难程度，分档次分别给予一定金额的物质帮助。如果由于特殊情况导致学生家庭经济状况在短期内难以得到改善，那么在临时困难补助措施结束后，学生可申请其他教育救助给付，以便获得更为稳定和长期的救助，充分保障其生活学习基本需求。

除了以上几种教育救助给付形式之外，我国还建立了服兵役学费代偿、免费师范生等专项教育救助形式，在此不一一列举。

（二）关于新型教育救助给付形式的探讨

2020年我国脱贫攻坚任务基本完成，现行标准下9899万农村贫困人口全部脱贫，832个贫困县全部摘帽，12.8万个贫困村全部出列，区域性整体贫困得到解决，完成了消除绝对贫困的艰巨任务。② 这也意味着教育救助将面临救助背景环境从绝对贫困到相对贫困的转变，这就对教育救助给付方式提出了新的挑战，以往的传统教育救助给付将难以适应未来教育救助实践的新情况。传统的、以物质帮助为主的教育救助给付模式无法满足新时期低收入家庭经济困难学生对救助政策的需求，必须对教育救助给付进行调整以因应教育救助实践需求。

---

① 日本文部科学省官网．「学びの継続」のための『学生支援緊急給付金』~学びの継続給付金~［EB/OL］．（2020-05-20）［2020-10-6］．https：//www.mext.go.jp/a_ menu/koutou/hutankeigen/mext_ 00686.html.

② 数据来自国务院新闻办公室4月6日发布的《人类减贫的中国实践》白皮书。

1. 传统的教育救助给付形式的消极性

传统的教育救助给付形式是适应绝对贫困社会背景的产物，教育救助给付是以物质给付为主。在特定的社会环境背景下，保障生存的救助理念占主导地位，其在保障教育救助对象摆脱生存危机和就学危机方面起到了关键作用。但这种救助理念下产生的教育救助给付也存在“消极性”特征，主要体现在以下几个方面。

第一，片面强调教育救助对象生存的物质需要，而在很大程度上忽视了人的全面发展的多元需要，传统的教育救助给付，仅关注教育救助对象基本生活的维持，忽略了学生本身对于人的尊严、心理和精神方面的价值追求。

第二，关注教育救助对象的物质帮助和支持，忽视教育救助对象这一弱势群体在摆脱“社会排斥”危机方面对于能力建设、素质提升等重要需求。

第三，仅注重教育救助对象在读期间基本生活需要的保障，忽视了学生群体本身具有的人力资本优势，忽略了对其未来发展的考虑。

因此，在保障生存的教育救助理念下，教育救助主要是满足家庭经济困难学生的低层次的学习需求和生存需求（主要是学习费用以及衣食住行等方面费用），以应对因经济问题导致的学业危机。这种教育救助方式带有一定的消极性，因为它侧重“输血”，仅能满足救助对象最基本的温饱和学习方面的最低需要，无法满足人的全面发展之所需。在这种理念的指导下，教育救助给付的基本功能只能是提供托底保障，其功能无法得到拓展，这不利于教育救助对象全面发展和充分融入社会。目前，随着脱贫攻坚任务的完成，以保障生存为主设置的教育救助给付内容，已明显与社会情况脱节，如不及时完善相关制度设计，这种制度与实践的“不适应”将越发凸显。

2. 家庭经济困难学生心理和需求的特殊性

由于家庭经济困难的原因，很多来自低收入家庭的学生心理方面极为敏感，缺乏社会交往的能力，容易产生悲观主义情绪或是陷入严重焦虑、抑郁情绪中，造成抑郁甚至自我孤立。“对于高校贫困生来说，他们不仅面临着贫困所带来的经济拮据，而且还面临着由经济贫困所带来的学习贫困、技能贫困和就业贫困等，继而产生一定的心理压力，产生了诸如自卑、抑郁、焦虑、孤僻、人际关系敏感、自我封闭等一系列的心理问题和心理障碍，对他们的学习、生活、性格等诸多方面造成了不同程度的影响。”①

从国际视野看，单纯的“耻辱感”会造成对于救助制度的“不接受”（nontake-up）的问题，还可能产生适得其反的效果，如家庭经济困难学生虽无经济能力维持学业但仍不去申请救助。② 因此，许多国家在提供社会救助时，也注重帮助受助者树立信心，激发其改变自身境遇的上进心，甚至改变对救助的宣传策略。比如，“新西兰为了促使受助者摆脱福利依赖，在公共宣传中改变了对救助的提法，强调救助只是人们无法养活自己时为他们提供的暂时援助，有劳动能力的人应该抓住一切机会在他们力所能及的时候尽快接受工作；英国等福利国家在实施‘从福利到工作’计划的时候，注意到了受助者面临的长期失业和社会排斥问题，这些受助者在进入劳动力市场的过程中，既缺少能力技术，又没有志向和工作伦理，因此为了激发受助者的上进心，使工作福利政策更好地发挥效果”③。进入新时代，家庭经济困难学生在需求方面也发生了变化，他们对于自身可行能力的实现、体面生活及社会融入的需求更加迫切，因此，需要在做好教育救助物质给付的基础上，为教育救助对象创造和提供平台、机会与条件，满足其发展需求，注重救助对象心理素质和综合能力的提升，帮助他们全面发展。

3. 建立积极的、发展型教育救助给付方式

为了更好地应对新时代社会变迁带来的挑战，积极消除社会排斥，充分保障公民的教育救助权利，需要进一步完善教育救助给付制度。基本教育救助理念应当在保障教育救助对象基本生活的前提下，进一步促进其全面发展，建立和完善积极的、发展型教育救助给付方式，消除维持基本生存和事后补偿的弊端。要从“消极”救助转向“积极”救助的思路，为此，需要培育并加强发展型教育救助给付，进而拓展教育救助的基本功能，除了让其发挥保障家庭经济困难学生的基本生活需求功能外，还要发挥其促进教育救

① 吴建章．高校贫困生问题研究［M］．济南：山东人民出版社，2016：57.

② Gustafsson B. Assessing non-use of social assistance［J］. European Journal of Social Work，2002（2）：149-158.

③ 张浩淼．发展型社会救助研究：国际经验与中国道路［M］．北京：商务印书馆，2017：240.

助对象积极融入社会的基本功能。因此，在完善教育救助给付制度时，应积极构建心理救助和能力救助等发展型救助方式，引入专业化心理救助资源，解决救助对象心理发展需求；为教育救助对象提供技能培训、就业服务、学业辅导等能力救助，促进其全面发展。

无论从历史经验看还是从国际视野考察，完善发展型教育救助给付都需要以权利本位的视角，重新认识教育救助对象，不能把其当成教育救助的“客体”，而是作为权利的“主体”，需要在制度上把外在附带的“耻辱感”①转化为内在激发教育救助对象摆脱贫困的能力和信心。

---

① 为防止社会救助的滥用，政府在出台最低生活保障制度的同时，也附加了救助对象的责任和义务条款，在教育救助申请审核过程中，一般都要求对申请人家庭经济状况相关信息在公共空间进行公示，公示内容包括申请人姓名、家庭收入信息、拟救助金额等，限制救助对象的各种消费行为，如不得购买手机、电脑等。这种方法是一把“双刃剑”，虽然发挥了监督作用，其实却附带了“耻辱感”，让救助对象的隐私暴露在众人面前，这种“耻辱感”使很多救助对象面临较大的心理压力。此外，在某些情况下，为便于工作开展，会对与救助对象相关的材料做标记，如发放带有“爱心书包”标签的学习用品，让救助对象定期参加感恩教育。实际上给救助对象贴了标签，把救助对象与其他群体区别开来，在无形中也造成了社会排斥，让救助对象产生“耻辱感”。参见陈泽群．“低保养懒人!”：由指控低保户而显露出的福利体制问题［J］．社会保障研究（北京），2007（01）：128-136. 慈勤英．福利依赖：事实抑或建构［M］．武汉：武汉大学出版社，2013：244.

第六章

教育救助标准

教育救助的标准是教育救助法制体系中的核心要素，是划定救助范围、核定救助对象和实际救助水平、落实救助资金的重要依据，这一问题切实关系到教育救助的实际效果。[①] 教育救助标准不宜过高，也不宜过低，由于救助资源总量在一定时间段内是一定的，如果教育救助水平过高且救助范围过宽，则国家的救助资源难以持续；若教育救助的水平过低，则难以解决救助对象的实际困难。从这个意义上说，应当科学制定教育救助标准，综合平衡救助能力和救助需求，以确保教育救助系统的良性运行。[②] 就目前我国教育救助标准的现状而言，存在着教育救助标准制定主体不明、不同区域差异较大、保障标准的内容过于单一等突出问题。那么，由谁来制定教育救助的标准，以及科学制定这一标准应当考量哪些因素，成为需要探讨的问题。

一、教育救助标准的制定主体

救助标准制定主体的层级高低，关系到教育救助标准的科学性和权威性。因此，我们十分有必要探讨应该由谁来行使制定教育救助标准的权力，以及应发布何种规范性文件公示教育救助标准。教育救助标准制定主体的层级高低，既反映了一个国家对于教育救助的重视程度，也能体现整个社会对于教育救助投入的保障力度。承载教育救助标准的规范性文件层级也直接影响到教育救助标准的权威性和稳定性，越是高位阶的规范性文件，其制定程

① 朱勋克．我国社会救助正当程序之实践及修正［J］．社会保障研究，2011（06）：72-83.

② 民政部低收入家庭认定指导中心．世界银行TCC6子项目“社会救助瞄准与居民家庭经济状况核对体系研究”成果汇编［M］．北京：中国社会出版社，2018：42.

序越严格，法律效力也就越高，意味着拘束力更强，适用范围更广泛，这就有利于教育救助标准的适用、执行和遵守。

（一）法律法规关于教育救助标准制定主体的规定

当前，《教育法》《高等教育法》《义务教育法》等法律虽然规定了教育救助的内容，但是并未对教育救助标准相关内容作出明确的规定。由于《社会救助法》尚未出台，《社会救助暂行办法》目前仍是我国社会救助领域最重要的法律规范性文件，这也成为探究现行法律制度体系下教育救助标准制定主体法律依据的重要规范来源，但从法律位阶来看，《社会救助暂行办法》是国务院制定的行政法规，其效力不及法律。《社会救助暂行办法》规定了包括教育救助在内的共八项社会救助内容，其中有六项救助规定了救助标准制定主体，而受灾人员救助和就业救助，未规定救助标准制定主体，其规定的社会救助标准制定主体并不统一，且在某些救助领域，救助标准制定主体层级较低。

《社会救助暂行办法》第35条规定了教育救助标准由省、自治区、直辖市人民政府制定。从表面上看这一规定比较明确，但比照教育救助实践，该项规定明显存在规范“漏洞”，教育救助的标准制定主体并不十分明确。实践中，我国已经建立起从中央到地方的多层次教育救助体系，《社会救助暂行办法》仅规定了地方教育救助标准的制定主体，而没有对国家层面的教育救助标准制定主体予以明确。因此，导致在实践中会出现不同主体对教育救助标准进行制定或者调整的情形。例如，2019年4月财政部、教育部、人力资源和社会保障部、退役军人事务部、中央军委国防动员部等部门联合发布《学生资助资金管理办法》，规定了国家励志奖学金、国家助学金、免学（杂）费补助资金、服兵役国家教育资助资金、基层就业学费补偿国家助学贷款代偿资金、国家助学贷款奖补资金等教育救助项目的标准。而仅仅两个月后，即2019年6月，国务院又作为标准制定主体，决定调整国家助学金学生补助标准。

可以说，国家层面的教育救助标准制定主体并没有明确的法律规定。《学生资助资金管理办法》虽然规定了教育救助标准，但该办法所提出的按照《中华人民共和国预算法》《国务院关于建立健全普通本科高校高等职业学校和中等职业学校家庭经济困难学生资助政策体系的意见》等文件以及预算管理有关规定，制定本办法，法律依据并不充分。

（二）地方性法规、地方政府规章、规范性文件关于教育救助标准制定主体的规定

《社会救助暂行办法》颁布后，各省、自治区、直辖市等省级人民政府纷纷制定了当地的规范社会救助内容的地方性法规和地方政府规章，以“社会救助实施办法”“社会救助条例”等形式颁布。在各省级单位施行的《社会救助实施办法》中，大多对教育救助标准进行了规定。各地方基本规定由省级人民政府制定教育救助标准，例如，《贵州省社会救助实施办法（暂行）》第35条规定：“教育救助标准，由省人民政府根据经济社会发展水平和教育救助对象的基本学习、生活需求确定、公布……”《北京市社会救助实施办法》第24条第2款规定：“教育救助的具体标准由市教育、财政、民政等部门，根据本市经济社会发展水平和教育救助对象的基本学习、生活需求拟定，报市人民政府批准、公布。”还有一些地方规定由省级人民政府制定，市、县人民政府可以在此基础上提高标准，例如，《辽宁省社会救助实施办法》第22条规定：“教育救助标准由省教育行政部门提出方案，报省人民政府批准后公布。市、县人民政府可以根据当地经济社会发展水平和救助对象情况，扩大教育救助范围，提高教育救助标准。”此外，有些省份未明确规定教育救助标准的制定主体，例如四川省、河北省。

目前，由于《社会救助暂行办法》仅规定了教育救助标准的制定权由省级地方人民政府行使，而忽略了国家层面教育救助标准的制定主体，加上各地方出台具体实施办法时关于标准制定主体的细化规定又有所不同，就立法技术而言需待完善。由于各地经济发展水平和学生高等教育支出需求不同，以省级行政区为单位，由省、自治区、直辖市人民政府制定辖区内的教育救助标准虽然比较合理，但是中央政府应适时出台教育救助标准制定的具体指导意见或国家教育救助最低标准框架，以防止各地教育救助标准差距过大而有失教育救助公平。

二、教育救助标准制定的影响因素

教育救助标准的具体测定方法，涉及经济学、财政学、统计学等多学科知识，具有一定的专业性和复杂性，且随着社会经济的发展，给付水平也会出现波动，各国法律往往不会明文规定，但会对教育救助标准测定的考量因素等作出概括性规定。从总体上把握教育救助标准制定需要考量的因素，对于科学制定教育救助标准，切实保障救助对象受救助权利具有重要意义。

（一）救助资源层面

“救助直接影响的利益主体是多元的，而救助资源却是有限的，利益主体的多元性与救助资源的有限性是社会救助的根本矛盾，在这一矛盾作用下，实现救助过程的利益衡量显得尤为重要。”① 由于我国现行法律法规没有对社会救助标准的内容进行明确的分类和细化，且未明确规定是否考虑被救助者的性别、年龄及家庭的实际状况等因素，② 因此，在实践中，社会救助领域的实际救助标准并不统一，救助标准的制定调整往往由各地方政府根据实际情况确定，缺少相应的理论指导和统一的规范，在制定程序上也各不相同。有些学者认为，各地救助标准的制定有抽样调查、部门协商、参照制定、主观判断等方法。③ 有的地方政府直接规定，社会救助标准要依据“经济发展水平和财政承受能力，随着本市生活必需品的价格变化和人民生活水平的提高适时调整”④。在实践中，根据当地财政负担“以钱定人”是非常普遍的做法。那么，由于财政资源上的差异，具有相同需求的救助对象理论上可能获得不同水平的救助给付，从而产生区域之间的不公平。一些地方政

---

① 蒋悟真，陈陌阡．社会救助措施的立法现状及其走向［J］．社会保障研究，2014（03）：74-78.

② 韩君玲．我国最低生活保障标准的法制现状与完善［J］．法学杂志，2008（01）：93-96.

③ 雷晓康，王茜．中国最低生活保障制度现状与回顾［J］．社会保障研究，2019（02）：45-55.

④ 《北京市实施〈城市居民最低生活保障条例〉办法》第7条规定：“城市居民最低生活保障标准，按照维持本市城市居民基本生活所必需的衣、食、住费用，并适当考虑水电燃煤（燃气）费用以及未成年人的义务教育费用确定；并根据本市经济发展水平和财政承受能力，随着本市生活必需品的价格变化和人民生活水平的提高适时调整。”

府通常会根据当地经济社会发展水平确定教育救助标准，如《天津市社会救助实施办法》第 4 条第 1 款规定："市人民政府根据本市经济社会发展水平，制定、公布本市最低生活保障、特困人员供养、自然灾害救助、医疗救助、教育救助和住房救助的标准，并适时调整。"因此，更多的研究者主张，有必要通过加大财政转移支付来实现地区间社会救助标准的统一，而不是坐视基于政府财政能力而产生的不平等。① 相关的实证研究也表明，中央财政的介入是推动横向公平的最关键因素，能够在一定程度上均衡地区间社会救助财政能力。② 在经济欠发达地区提高救助标准有赖于加强转移性支付，从而加强来自国家层面的财政支持，这说明政府的财政实力对确定救助标准具有重要影响。有学者指出，在一般情况下，国家救助的标准受政府的财政能力、居民消费水平、救助对象的数量和救助需求等因素影响。③ 现行的《社会救助暂行办法》第 35 条规定：教育救助标准，由省、自治区、直辖市人民政府根据"经济社会发展水平"和"教育救助对象的基本学习、生活需求"确定、公布。实践中，由于区域经济社会发展水平的差异，导致救助资源和救助能力的差异，最终体现在各地教育救助的标准参差不齐。

（二）救助对象层面

教育救助标准制定时应考虑教育救助对象方面的诸多因素，只有瞄准教育救助对象才能确保家庭经济困难学生群体的学习生活得到真正保障。由于教育救助标准并不是简单的一个数量，而是一套复杂的系统。因此，需要对教育救助对象因素的不同面向予以考量，通过制定合理、科学的救助标准体系，对不同教育救助对象适用相应的救助标准，促进救助标准的层次化。

1. 科学划分教育救助对象的类别

对教育救助对象进行分类，目的是因人施策，精准救助，更深入地研究

---

① 林鸿潮，侯佳儒．公共突发事件的国家救助：标准确定与制度改革［J］．系统工程理论与实践，2015（10）：2621-2629.

② 范酉庆，顾昕，高梦．中国城乡社会救助项目绩效评价研究——基于筹资水平的横向公平性分析［J］．财经研究，2007（10）：16-27.

③ 与怀德．非常规突发事件应急管理的法律问题研究［M］．北京：中国法制出版社，2015：102.

教育救助对象不同侧面、不同种类的具体特征，从而揭示其广泛性和复杂性等规律，进一步分析科学制定教育救助标准的合法性、合理性要件，以便在完善教育救助法制时有针对性地进行分类规范，对不同的救助对象施以相应的救助标准，避免“一刀切”问题的出现。

建立多层次的、科学的教育救助标准体系，就需要针对救助对象本人情况、家庭经济困难程度、学业负担等情况，合理划分教育救助对象类别，并提供不同层次的教育救助标准。根据不同的划分标准，教育救助对象可以划分为不同的类别。根据《社会救助暂行办法》第 33 条之规定，将教育救助对象分为最低生活保障家庭成员、特困供养人员和不能入学接受义务教育的残疾儿童三个类型，提出要根据“教育救助对象的基本学习、生活需求确定”救助标准。根据《学生资助资金管理办法》之规定，在国家教育救助标准层面又根据教育救助对象所处的学习阶段进行了划分，规定普通高校本专科生国家助学金平均资助标准为每生每年 3000 元；研究生国家助学金中央高校硕士研究生每生每年 6000 元，博士研究生每生每年 15000 元，地方高校硕士研究生每生每年不低于 6000 元，博士研究生每生每年不低于 13000 元；中等职业学校助学金标准每生每年 2000 元；普通高中国家助学金标准每生每年 2000 元。在前文“教育救助对象的分类”内容分析中，我们依据经济困难的程度将教育救助对象划分为“特别贫困学生”“一般贫困学生”和“临时困难学生”三类。针对特别贫困学生的教育救助标准，既要保障其最低生活，同时又应当保障其学习期间的经济负担。针对一般贫困学生，主要保障其教育费用（尤其是高等教育费用），其救助标准要比特别贫困学生低。针对临时困难学生，要具体问题具体分析，根据其家庭遭受重大自然灾害、重大突发意外事件、疾病等严重程度，对应不同救助标准，保障其正常生活学习状态。

2. 合理划定教育救助对象的覆盖范围

同等救助资源下，救助对象数量的多少必然会影响到教育救助水平的高低，教育救助对象覆盖范围的大小，直接影响着教育救助标准的高低，因此，需要合理划定教育救助对象的覆盖范围，避免盲目扩张或者极度紧缩，导致教育救助标准失衡。教育救助对象覆盖范围的盲目扩大不仅不能提高救助水平，可能还会带来其他负面影响。教育救助范围越大，其覆盖的救助对象数量越多，会对教育救助资源形成“稀释”效应。有学者指出以底线人群作为目标对象，是社会保障制度“底线公平”的必然要求，“只有将保障范围锁定在底线人群，才能使有限的资源被最大效率地使用，并将资源限定在维持农民基本生存权利的限度上，从而将救助给予‘有需要’和‘最需要’的人。相反，一旦保障对象超过了底线人群，受惠者过多，那么就稀释了最有需求者的救助资源”①。现行教育救助制度目标定位于保障家庭经济困难学生基本学习生活，一旦将目标群体过度扩大，很有可能令有限的救助资源向非绝对贫困群体过度倾斜，破坏教育救助制度的公平性。基于此，我们不宜过度扩张教育救助对象的范围，但同时也应考虑教育救助解决特定群体因学致贫、因学返贫的问题，改进贫困身份前置做法，以事后贫困状态作为受助资格条件，将难以负担教育费用的特定群体纳入教育救助对象范围。

3. 合理考量对教育救助对象权利和需求的保障

制定教育救助的标准，需要考量的重要因素还包括救助对象的权利保障和需求保障。在个人权利保障与国家救助能力上找到平衡的支点是极为重要的，具体来说既不能不切实际过度地主张权利，也不能完全由国家从管理的视角制定标准，需要以社会公正为基准，采行分配正义的方式制定教育救助标准。

在理论探讨部分我们已经认识到：获得教育救助是公民的一项权利，而不是国家的施舍。从这个角度考虑，教育救助的标准应当以保障权利人的权利为限，教育救助标准应当是使得权利人“得其所得”。“实际上，公平和法这两个词从词源上讲是相互联系的。公平的效用在于使每个人获得属于他的东西。法则是达到这一公平的科学和艺术。更具体地讲，法是个体之间财产分配的‘尺度’；它甚至是‘每个人，如果他想得到相对于他人而言恰当的位置的话，都应该遵守的确切尺度’。”② 从权利保障的视角出发，教育救

① 仇叶，贺雪峰．泛福利化：农村低保制度的政策目标偏移及其解释［J］．政治学研究，2017（03）：63-74.

② ［法］雅克·盖斯旦，吉勒·古博．法国民法总论［M］．谢汉琪等译．北京：法律出版社，2004：9.

助标准强调的是保障“每个人”的应得，而不是从国家或政府的角度以“想给予”或“能给予”来定义救助标准，这预示着对“弱者”保护是站在权利本位的立场。换句话说，得其所得的“应得”主要考虑的是基于人的教育救助权利所进行的教育救助资源的分配，而不是根据国家抑强扶弱的制度安排。当然，也不能孤立地看待教育救助标准，或者社会公正问题，而是将正义的视角引入对“弱者”整体权利保障的视野之中，国家在通过教育救助维系社会公正中占据必不可少的主导地位，从客观实际出发，整体上考量救助资源，也有利于“弱者”救助作为一个整体，使正义标准的确立（具体到救助标准的确立）有了坚实的社会基础。

教育救助对象“应得”的救助主要表现在其救助需求层面。实践中，教育救助对象的需求与有关部门制定的教育救助标准之间是存在差距的，但为了切实发挥教育救助制度的保障效果，尽量缩小二者之间的差距。救助对象的需求本身也受很多因素的影响，包括学习生活消费支出情况和当地物价水平等条件。在制定教育救助标准时，应当确保以学生基本学习生活需求为标准的给付，对学生个人的教育救助主要包括基本生活、学习用品、教材等项目，以及合理范围内的其他需求项目，如学校提供伙食费用、交通费等。① 这些学习生活需求项目是立法者心目中为维系最低学习生活所不可或缺的需求种类，因此，标准给付内容至少必须涵盖为满足各项目最低需求所需金额。

以上两个因素的引入，实际上修正了简单的平均主义因为忽略了救助对象的类型和救助资金的购买力而导致的实质不平等。因此，人们通常情况下所期望的国家平等给付，并不是对教育救助中的每一个学生给予同等的救助，而是对具有相同需求的学生给予同等效用的救助。综合来看，教育救助标准的应然状态至少与经济发展水平和救助对象学习生活需求密切相关，而政府的财政能力会直接影响教育救助标准的实际状态。至于不同地区政府财力的强弱，以及不同地区救助对象的多寡而造成的救助标准高低有别，则毫

① 日本《生活保护法之保护基准》第三章有关教育救助基准的内容中规定教材费、学校伙食提供费、上下学交通费等内容纳入教育救助标准计算范围。

无疑问对横向公平造成了损害，但正如众多研究者所主张的那样，这完全可以通过加大中央政府的统筹力度和增加财政转移支付来获得解决。[①]

三、教育救助标准的动态调整

教育救助标准的动态调整是指依据社会经济发展水平以及受救助群体的学习生活需求变化，综合考虑居民收入与物价水平，及时调整教育救助标准。教育救助水平在一定程度上受制于经济发展水平，高校学生各方面生活需求在动态变化，而且持续增长，并且在教育救助标准的具体测定时，居民收入与物价水平是核心考量因素，因此，教育救助标准应适时调整。应当建立科学合理的动态调整机制，在教育救助法制建设中应将救助标准的动态调整作为一项基本内容予以规定。[②]

教育救助标准的动态调整，可以借鉴最低生活保障标准的动态调整机制，国务院规定“动态、适时调整最低生活保障标准”，这种规定比较模糊抽象，既没有确定调整的固定周期，也没有提出确定调整幅度区间。因此，各地区对社会保障救助标准的调整规定不一。如广西壮族自治区规定每 3 年调整最低生活保障标准，“以 2013 年最低生活保障标准为基准，每 3 年调整 1 次城乡最低生活保障标准”；吉林省规定每年调整最低生活保障标准，“低保标准每年根据当地生活必需品价格变化和经济发展水平、财政状况等因素适当调整”；很多地方则是模糊规定“动态、适时调整”最低生活保障标准。[③] 我国台湾地区“社会救助法”第 11 条规定：“第一项现金给付所定金额，每四年调整一次，由中央、直辖市主管机关参照中央主计机关发布之最近一年消费者物价指数较前次调整之前一年消费者物价指数成长率公告调整之。但成长率为零或负数时，不予调整。”

综合上述分析，我们不难发现教育救助标准的调整应至少考虑以下几个因素。第一，社会经济发展水平因素。当一个社会的生产力水平提高时，大

---

① 林鸿潮．我国非常规突发事件国家救助标准制度之完善——以美国“9.11 事件”的救助经验为借鉴［J］．法商研究，2015（02）：24-34.

② 李天博．社会救助标准的法律问题研究［D］．北京：北京理工大学，2017：24-25.

③ 朱勋克．社会救助法新论［M］．北京：中国社会出版社，2015：159.

多数人的生活水平也会随之提高，教育救助的标准应伴随着社会人均收入水平的提高而提高。如果不调整教育救助的标准，学生的实际需求与教育救助给付之间的鸿沟就会加大，教育救助对象的经济压力和心理压力也会相应增大，从而增加学生完成学业的难度。所以，应随着经济社会发展水平的提高而提高教育救助的标准，使贫困学生也能共享经济社会的发展成果。第二，社会物价因素。同一标准的教育救助购买力，在不同的物价水平下享受的物质生活和服务水平也不尽相同。为了维持家庭经济困难学生的学习生活，必须根据物价上涨的幅度，主动适时地调整教育救助标准。第三，学生的经济需求因素。不同时期学生的经济需求也不尽相同，在基本免学费的阶段，经济困难学生的需求主要是生活费，而高校普遍收费之后，学生的经济需求除了生活费需求之外更主要的是学费需求，各高校也在不定期调整收费标准，因此，需要根据学生实际需求调整救助标准。①

① 凌文豪．社会保障概论［M］．郑州：河南大学出版社，2013：133-134.

第七章

教育救助程序

作为过程的给付行政需要法律程序作为载体，作为结果的给付行政需要程序作为保障。通过行政程序对给付行政的过程和结果进行约束是控制公权力保障私权利的有效措施。[①] 在美国，法院通过个案指出“实体性福利权利是伴随着程序性保护的”[②]；在德国，学者通过归纳提出“保留于程序法的给付”[③]。完善教育救助法制离不开正当程序的保驾护航，正当的程序控制是约束和规范教育救助的重要工具，是保障教育救助给付合理合法的关键一环，有必要基于现有的救助程序并加以改进，使之成为保障教育救助公平公正的重要载体。教育救助给付的对象是家庭经济困难学生，这一群体属于社会弱势群体，如果给付决定错误，将导致他们得不到相应的援助，陷入难以完成学业的困境，并有可能将有限的救助资源错误配置。实践中已经出现了由于教育救助程序不规范而导致的救助目标偏离、权利侵害等诸多问题。所以，应当为教育救助给付设置严格的法律程序，以切实约束公权力主体的权力，同时切实保障救助对象的权利。在我国，目前尚未制定统一的“行政给付法”，有关行政给付程序的规定散见于不同的法律、法规、规章以及政策性规定之中。一般而言，行政给付需要经过相对人的申请、行政主体的审查、行政主体的批准以及实施行政给付等步骤。另外，有的法律、法规、规

① 黄锴．论给付行政的程序控制——以行政救助中的“经济状况调查”为分析对象［J］．时代法学，2016（04）：39-47.

② ［美］保罗·布莱斯特等．宪法决策的过程：案例与材料［M］．陆符嘉，等，译．北京：中国政法大学出版社，2002：1378.

③ 江必新，邵长茂．共享权、给付行政程序与行政法的变革［J］．行政法学研究，2009（04）：3-12+103.

章等还规定了一定的财物、物品等登记和交接程序。①

一、教育救助认定程序

（一）认定依据

教育救助对象资格的认定是进行教育救助的第一步，也是最为关键的内容。《社会救助暂行办法》第六章的内容没有明确教育救助对象认定的依据，但其第33条规定的“最低生活保障家庭成员、特困供养人员、残疾儿童”已经由相关部门作出了认定结论，在教育救助对象认定时可以作为有效依据，有必要讨论其他未持有相关证明材料，但也需要救助的家庭经济困难学生如何进行识别的问题。

1. 教育救助对象认定依据的基本规定

①学前教育阶段。

《国务院关于当前发展学前教育的若干意见》并没有明确规定学前教育阶段教育救助对象的认定依据，仅提出了原则性规定。各地方政府根据实际情况制定了本地区的相关制度规范，作出了较为明确的规定，如《淄博市学前教育阶段家庭经济困难儿童认定办法（暂行）》（淄教计字〔2012〕4号）第二章明确了家庭经济困难儿童认定条件，第5条规定“全市学前教育阶段家庭经济困难儿童认定档次按困难程度设置为‘A、B、C’三个档次(其中C档为特别困难)。对孤儿、残疾儿童、低保家庭儿童可直接认定为家庭经济特别困难儿童”。孤儿、残疾儿童、低保家庭儿童家庭一般会持有民政、医疗、残联等部门出具的相关证明材料，而其他家庭经济困难儿童则可能没有相关部门提供的证明材料，而是需要向有关部门申请或者提供其他相应证明材料。该办法第6条规定，各区县充分调研、测算，根据本地的最低生活标准和上年度城市、农村的人均收入情况制定学前教育阶段家庭经济困难儿童三个认定档次的认定标准，主要考量区域经济社会发展水平和家庭经济状况。

---

① 江国华．中国行政法（总论）[M]．武汉：武汉大学出版社，2017：235.

②义务教育阶段。

《社会救助暂行办法》《教育部办公厅关于进一步规范义务教育阶段家庭经济困难学生生活补助工作的通知》等法规和规范性文件没有明确规定义务教育阶段教育救助对象的认定依据。各地在实施教育救助过程中，依据相关法规的规定，制定了地方性规范性文件，明确义务教育阶段救助对象认定依据。如《湖北省义务教育阶段家庭经济困难寄宿生生活费补助资金管理办法（试行）》（鄂财教规〔2017〕6号）第13条规定学校受理学生递交的“一补”申请表（《湖北省义务教育家庭经济困难寄宿生生活费补助申请表》）和相关佐证材料，相关材料主要涉及家庭成员情况和家庭经济情况。此外，第13条还规定，在评审过程中，同等条件下，对以下学生优先评定：“1、革命烈士子女、孤儿、残疾学生、少数民族贫困家庭子女；2、精准扶贫‘建档立卡’家庭子女；3、父母一方死亡、离异的单亲贫困家庭子女；4、享受最低生活保障家庭子女；5、因天灾人祸造成重大经济损失的家庭子女；6、父母因重大疾病丧失劳动能力的家庭子女；7、其他特殊原因造成经济困难的家庭子女。”上述群体中，有些困难家庭已经持有相关部门提供的证明材料，如“建档立卡”家庭，而因“其他特殊原因造成经济困难的家庭”则需要提供相应的证明材料，而其需要提供哪些证明材料作为认定依据，正是我们需要探讨的内容。

③高中教育阶段。

《普通高中建档立卡家庭经济困难学生免除学杂费政策对象的认定及学杂费减免工作暂行办法》规定，高中阶段教育救助对象包括“建档立卡”等家庭经济困难学生，也包括非“建档立卡”的家庭经济困难残疾学生、农村低保家庭学生、农村特困救助供养学生。该办法在救助对象认定依据上未作明确规定，提出了原则性要求：“做好政策对象的认定、审核及免除学杂费工作。按地方标准认定的建档立卡家庭普通高中学生免学杂费问题，由地方负责解决。”可见，在国家层面对于高中阶段的救助对象认定依据未予以明确规定。从地方层面看，有两种情况。第一种情况是直接以有关部门发给的相关证明作为认定依据，如《北京市普通高中资助管理办法（修订）》（京财教育〔2018〕2026号）规定，持有《扶贫手册》《北京市城市（农村）居民最低社会保障领取证》《北京市城市居民生活困难补助金领取证》《北京市特困人员救助供养证》《北京市低收入家庭救助证》《中华人民共和国烈士证明书》《儿童福利证》《残疾人证》的普通高中学生认定为救助对象，而没有规定其他可以认定为救助对象的情形。第二情况是规定某些情况可以直接认定为救助对象，其他需要救助的则由教育主管部门或学校根据申请人的材料具体认定。如《海南省普通高中家庭经济困难学生国家助学金管理实施细则》（琼教勤助〔2017〕61 号）第 5 条规定，家庭经济困难学生分为困难和特殊困难两种情形。其中，孤残学生、烈士子女；家庭成员长期患重病需支付大额医疗费用的学生；遭遇重大自然灾害或突发性事件，造成家庭经济困难的学生；家庭无经济来源，经济特别困难的学生，可认定为特殊困难情形。对困难情形的认定由市县教育主管部门或学校根据当地经济发展水平、家庭收支等情况，并结合学生日常消费水平自行制定认定标准。

④高等教育阶段。

在 2019 年以前，大部分高校对于教育救助对象的认定主要是依据学生家庭所在地政府部门开具的“贫困证明”和入学时填写的《大学生家庭经济状况调查表》，评定是否贫困以及贫困等级。[①] 2019 年教育部发布《教育部关于取消一批证明事项的通知》（教政法函〔2019〕12 号）取消了《教育部　财政部关于认真做好高等学校家庭经济困难学生认定工作的指导意见》以及《教育部办公厅关于进一步加强和规范高校家庭经济困难学生认定工作的通知》规定的，高校学生申请资助时需由家庭所在地乡、镇或街道民政部门对学生家庭经济情况予以证明的环节，改为申请人书面承诺。新规定出台之后，各地根据上级文件精神修改了地方性法规、规章或规范性文件。总体上看，在高等教育阶段教育救助对象的认定，主要依据两方面内容，一方面是学生所在家庭已经由民政、农业农村局、残联、扶贫办等部门作出了认定结论；另一方面是影响家庭经济状况的各种因素。如《北京市教育委员会、北京市财政局、北京市民政局等关于做好北京市家庭经济困难学生认定工作的指导意见》（京教财〔2020〕7 号）规定“各区、校在认定家庭经济困难

① 汪霏．发展型救助视角下贫困大学生教育救助问题研究［D］．安徽：安徽大学，2017：21.

学生时，以民政等部门认定结果为基本依据，以影响家庭经济状况的因素为参考依据”①。

2. 影响教育救助对象认定的因素

根据上述对各学段教育救助对象的认定条件分析，不难发现，持有民政等部门认定结果的即可认定为教育救助对象，通常无须再次进行证明，如最低生活保障家庭学生、特困供养学生、残疾学生等。但还存在着一些待认定的家庭经济困难学生，需要有有关部门或者学校根据申请人提交的材料进行认定，因此有必要对这些认定依据作出进一步分析。围绕着依据什么来识别教育救助对象这一核心问题，应综合考虑可能涉及的各种因素，主要包括以下几个方面。

第一，家庭经济状况因素，主要包括家庭成员每年能够获得的经济收入，家庭的现有财产情况，家庭的负债情况等，简言之就是要评估家庭的“收入情况”和“资产情况”。在日本确定家庭经济状况的实际操作中，综合考虑了家庭的缴税情况、保险情况，明确了家庭“收入标准”的概念，以及职工工资收入的计算和个体经营收入的计算方式。同时，为了简便测算，还研发了“预付金模拟器”来检查学生家庭是否符合“家庭收入标准”。②

第二，区域经济与社会发展水平情况，主要考虑学生家庭所在地和学校所在地之间经济发展水平的差距、居民收入的差距。例如，边远贫困地区农村家庭的经济条件虽然能够满足家庭成员在当地生活的需要，但是很难满足

---

① 《北京市教育委员会、北京市财政局、北京市民政局等关于做好北京市家庭经济困难学生认定工作的指导意见》（京教财〔2020〕7号）规定：“各区、校在认定家庭经济困难学生时，以民政等部门认定结果为基本依据，以影响家庭经济状况的因素为参考依据，从以下两个方面来认定：(一）民政、农业农村局、残联、退役军人事务局、京外扶贫办等部门管理的学生群体，主要指符合国务院扶贫办发布的《扶贫开发建档立卡工作方案》相关规定、在全国扶贫开发信息系统中建立电子信息档案、持有《扶贫手册》的建档立卡贫困家庭学生，最低生活保障家庭学生，特困供养学生，孤儿，享受定期抚恤补助的优抚对象及其子女，领取生活困难补助金对象及其子女，残疾学生及残疾人子女，烈士子女，因公牺牲民警子女，低收入家庭学生，低收入农户学生等。(二）影响家庭经济状况的因素。1. 家庭因素。主要包括家庭收入、财产、债务等情况。2. 地区因素。主要指生源地区经济社会发展水平、城乡居民最低生活保障标准，学校收费标准等情况。3. 突发因素。主要指遭受重大自然灾害、重大突发意外事件等情况。4. 消费因素。主要指学生消费的金额、结构等是否合理。5. 其他。主要包括家庭负担、劳动力及职业状况等。”

② 日本文部科学省官网．高等教育的修学支援新制度［EB/OL］．(2021-05-18)［2021-5-29］．https：//www.mext.go.jp/kyufu/index.htm.

其家庭成员到北京、上海等经济发达地区接受高等教育。

第三，突发情况因素，主要是指救助对象本人及其家庭遭受不可预测的重大自然灾害、重大事故、重大疾病或其他特殊原因导致的经济困难。有学者围绕上海市高校学生教育救助工作开展了关于困难学生科学化认定指标体系的研究，其中二级指标就是考察困难学生的家庭支出因素，以及突发性事件导致家庭经济损失。①

第四，申请人的消费因素，主要考察申请人的消费总量和消费结构是否合理。这里需要合理区分"教育救助申请人"的消费情况和已经获得教育救助资格的救助对象的消费情况，前者是考察教育救助申请人是否真实符合教育救助条件而决定是否准予其救助资格，后者是考察救助对象是否遵守救助对象义务，进行合理消费，而决定是否取消其救助资格。对于教育救助的申请人是否进行合理消费，其本质上和家庭经济状况因素如出一辙，都是在考察申请对象的真实经济情况，因此，需要在实践中综合把握其经济状况是否符合救助标准，而不能武断地因申请人某一项消费行为直接作出教育救助资格的否定评价。例如，西安某学院因学生购买笔记本电脑，而认定其不具备救助资格，明显存在"一刀切"问题。学校应当综合了解学生家庭经济状况再作出认定。②

除以上所列因素外，还有一些其他影响教育救助对象认定的因素，如家庭负担、家庭劳动力以及救助对象本人的学业情况、不良行为情况等，这里主要探讨一下"学业因素"和"行为因素"的问题。"学业因素"一般是指救助对象的学业成绩需要达到一定的水平，如学习成绩必须达到合格水平，我国台湾地区规定获得助学金需要学业成绩达到60分以上。"不良行为因素"一般是指救助对象是否有违法或者犯罪情节，一些高校规定了一旦学生出现违法或者违规行为将取消其贫困生资格。如《曲阜师范大学贫困学生注册工作实施办法》规定："已注册的学生在校期间如有违法违规者，将取消

---

① 柯心．高等教育学生资助法律研究［M］．北京：中国法制出版社，2018：213.

② 高杨．大学生因买电脑不算贫困生 七成网友认为标准一刀切欠妥［EB/OL］．（2016-09-22）［2021-05-02］．http：//china. cnr. cn/xwwgf/20160922/t20160922_ 523154880. shtml.

其贫困生资格。”[①] 至于，“学业因素”和“不良行为因素”是否可以作为认定依据，笔者认为这些因素不是学生取得救助资格的基本条件，而是与家庭经济状况不直接相关的附加条件，需要慎重设定。从教育救助制度设计的目的来看，教育救助是政府或社会采取各种手段和措施为家庭经济困难学生提供物质帮助，以协助其顺利完成学业，保障经济困难群体享有公平的教育，使处于不利地位的公民得以充分而自由地发展。从现行教育救助法律规范来看，《社会救助暂行办法》和《教育法》没有规定学生获得教育救助的限制性条件，也就是家庭经济困难学生所享有的获得教育救助的权利是不设前提的，不问其在学业上是否合格或是否有违法违纪情形。然而，这种附加条件的设定并非完全不合理，教育救助之目的在于帮助家庭经济困难学生顺利完成学业，若救助对象在接受教育救助之后而因主观原因背离完成学业的核心目标，则有违制度设计初衷。但是，这种附加条件的设定，需要在制度设计方面考虑周全，要赋予救助对象充分权利保障（如申辩权利），以保证相关决定是在听取其充分的陈述和申辩之后，根据相关规定作出。如果学生因病或意外事件导致成绩不合格者，应当给予其补考机会，补考成绩合格则应当继续提供教育救助。此外，所设定的消极条件不能超出合理限度，学业条件、违法违规条件应当根据相关法律规范和教育救助对象的实际情况设置，而不得随意设置。

（二）认定程序

教育救助认定程序是在求得政策规定与事实确定性基础之上的规范与事实之统一，从而确定教育救助对象。正当程序有助于教育救助认定过程中对政策条款的准确把握和对事实信息的全面掌握。教育救助认定程序是确保确定性证明的客观性手段，程序正义本身就是实现实质正义的内在要求，是保护合法权利的必要条件，因此认定活动过程中就存在着实质与程序、目的与手段之紧张关系。结合目前已有的教育救助给付的规定和行政法相关理论，

---

① 曲阜师范大学官网．关于组织开展贫困生认定工作的通知［EB/OL］．(2016-10-14)［2020-10-7］．https：//gl. qfnu. edu. cn/info/1039/1976. htm.

对教育救助程序的各个环节进行探讨。

1. 教育救助信息的提前告知程序

在教育救助申请开始前的准备阶段，教育救助机关或者作为法律法规授权组织的学校有义务通过多种途径和方式，确保提前向学生告知教育救助相关工作事项，例如家庭经济困难学生认定的开始时间，以及申请教育救助需要提交的材料。有学者指出，“基于行政给付的适用对象往往是社会的弱势群体，他们对行政给付的相关法律及政策一般了解不多，更难以知晓行政给付的相关程序，因此，行政主体负有信息提供义务，以便相对人清楚掌握行政给付的内容、主体、程序等信息，从而保障其对于行政给付申请的自主性。”① 所以，教育救助相关信息的公开是教育救助机关和学校的一项基本义务。德国《联邦行政程序法》第 25 条规定，“明显因疏忽、不知情而未提出声明、申请或提交不正确声明、申请时，行政机关应提醒参与人提出声明，提交申请或对声明、申请予以更正。有需要时，行政机关应告知参与人在行政程序中享有的权利和应负的义务”。教育救助机关或高校告知的信息必须准确，而且必须以教育救助对象能够正确理解的方式告知，以方便其及时作出申请或者不申请的判断。在告知的对象范围方面，不仅包括教育救助给付的相对人，也包括其他利害关系人，比如学生家长，此外，教育救助机关还应当以“广而告之”的形式向不特定的公民、法人和其他组织进行告知，这种告知既是广泛征求意见和接受公众监督的必要，也是向潜在的受救助对象进行有效告知的必要。在告知的内容方面，需要包括进行教育救助机关和高校的职责和义务，更要包括教育救助的具体内容（申请条件、申请程序、申请材料等），另外还需要明确教育救助对象的权利和义务。②

2. 教育救助的申请程序

即教育救助给付的申请程序，是指学生依据有关教育救助法律法规的规定，为了保障在校期间的学习生活得到基本保障，要求国家给予教育救助给付的一种行为。教育救助给付程序中的申请，是法律法规赋予学生可以自主

---

① 刘平．行政执法原理与技巧［M］．上海：上海人民出版社，2015：181.

② 杨小君．试论行政机关的告知义务［J］．国家行政学院学报，2003（01）：71-74.

决定要求或不要求教育救助行政给付的一种行为自由。教育救助的给付应该以申请给付为原则，职权给付为例外。《社会救助暂行办法》第 36 条规定了“申请教育救助，应当按照国家有关规定向就读学校提出”，这一规定是原则性的，因此有必要探究该条款所指向的“国家有关规定”，即从国家层面的教育救助申请程序现行规定进行分析。

在学前教育阶段，可依据的法律法规、部门规章和规范性文件较少，在对学前教育阶段教育救助作出基本规定的《财政部　教育部关于建立学前教育资助制度的意见》中，并没有对申请程序作出规定，而是将相关事项授权给地方，规定“各级财政、教育部门要结合当地实际，制定切实可行的实施方案”。在教育部 2020 年 9 月发布的《学前教育法草案（征求意见稿）》中，也没有对申请程序作出规定。在义务教育阶段，《教育部办公厅关于进一步规范义务教育阶段家庭经济困难学生生活补助工作的通知》也没有规定教育救助申请程序，而是规定“各地要按照报财政部、教育部备案的贫困面，结合实际合理确定‘一补’政策覆盖范围，精准识别资助对象”。《国务院关于进一步完善城乡义务教育经费保障机制的通知》和《城乡义务教育补助经费管理办法》（财教〔2019〕121 号）等文件也没有就申请程序问题进行明确规定。在高中阶段，《普通高中建档立卡家庭经济困难学生免除学杂费政策对象的认定及学杂费减免工作暂行办法》中规定了申请程序为“学生提出申请并填写《普通高中免学杂费申请表》”。此外，《普通高中国家助学金实施细则》第 4 条规定由学校“结合实际细化《家庭经济困难学生认定申请表（样表）》，组织申请学生认真填写”。在高等教育阶段，根据《教育部等六部门关于做好家庭经济困难学生认定工作的指导意见》，申请教育救助由学生本人或监护人自愿提出申请，如实填报综合反映学生家庭经济情况的认定申请表，对于申请的具体程序和步骤也没有作进一步规定和说明。

综上，《社会救助暂行办法》第 36 条中所规定申请教育救助所应当依据的各学段“国家有关规定”具有原则性特征，可操作性不强，同时有关部门又将相关具体规则制定的权限下放给地方。由于没有法律法规的统一规定，以致申请程序不规范、不统一现象频出，不仅损害了教育救助法制的权威，也影响了教育救助的实际效果，公平性难以保证。例如，《湖北省家庭经济困难学生认定工作实施办法》（鄂教助〔2020〕1号）第14条规定有六类家庭经济困难学生，由学校向学生或监护人逐一发放《确认表》，并指导填写而无需申请；其他家庭经济困难学生，由学生本人或监护人自愿提出资助申请，填写《申请表》。而《陕西省家庭经济困难学生认定工作实施办法》（陕教规范〔2019〕15号）第11条和第12条规定，学生（或监护人）自愿如实填写《申请表》（可附已有的相关证明），并向学籍所在学校提出认定申请，学生（或监护人）应当对所填申请信息的真实性负责。同是教育救助申请程序，而两地的规定存在明显差异。实践中，也出现了由于申请程序不规范而导致的问题。如河南洛阳某中学学生家长反映，在申请国家助学金时“班长让自己报名，谁先报谁有，真正家庭困难的很多没报上”。当地教育局的答复反映出相关制度的不健全，“今年是高中国家助学金实施第一年，文件精神学校向班主任进行了传达。因涉及资助学生人数多，涉及面广，时间紧，在统计调查核对过程中，可能会存在极个别班的班长在协助班主任工作时采取的方式、方法不恰当，使一些与事实不符的情况出现。为此，我们将根据您反映的情况进行继续调查核实，处理好此事”①。

因此，有必要对教育救助申请程序进行深入分析，从而探讨制度的应有状态。在完善法律制度时，应当明确学生向学校提出教育救助给付申请所应提交的材料和应当遵守的程序。

关于申请程序，申请人应当将申请的事项、理由和有关证明提交给教育救助机关或学校。第一，教育救助的申请必须是向教育救助机关或者法律法规授权组织（学校）提出。行政相对人的申请应当向法定的有权实施授益行政行为的行政机关或者法律法规授权的组织（学校）提出。可以由学生本人或法定监护人自愿提出申请。而具有教育救助管理职能的高校应当建立相关的专业受理部门，接受学生的申请。第二，教育救助的申请形式应当以书面形式作出。对于申请的形式不应设置过多障碍，“申请程序不宜过于复杂，要考量行政效率，因为行政相对人属于社会弱者，情势危急，如果申请周期

① 百姓呼声网．洛阳理工学院附中助学金申请不规范［EB/OL］．（2011-03-17）［2021-05-30］．https：//people. lyd. com. cn/wenti/20110317232057559/？info_ id=20110317232057559.

过长、申请程序过于复杂，往往会造成当事人错失申请资格”①。教育救助机关和学校应当为申请人提出申请提供便利条件，如提供示范文本和解释说明等。申请内容应当包括基本家庭收入情况和财产情况等基本信息。第三，应当适当提供相应信息的证明材料，并遵守诚信原则。“信赖保护和持续给付是以受给人所提供的真实、全面的相关信息为基础的，所以，申请人应当如实向行政给付主体提交有关材料和反映真实情况，并对其申请材料实质内容的真实性负责。受给人的相关情况发生变化的，应当及时向行政给付主体反映。”② 这里强调“适当提供”证明材料，是由于教育救助申请一方难以获取充足的证明材料，以往实践中的证明材料也是通过向家庭所在地政府部门开具的贫困证明等形式获取，其证明力有限，甚至被多方诟病。日本、美国等国家，通过建立跨部门间的信息共享实现对申请人家庭财务的信息全面掌握。③ 因此，对于申请人提交信息的真实性考量，应以公权力机关之间的信息共享为主，以申请人提供的证明材料为辅。教育救助的申请应当由本人提出，对于学前教育阶段、义务教育阶段和高中教育阶段，当然也可以由其监护人提出，并不要求必须由本人申请。

3. 教育救助申请的受理与审核程序

受理，主要是指“行政主体接受相对人就某一特定事项提出的申请，并准备予以审定的行为”④。从现有规定来看，《社会救助暂行办法》并未对教

① 杨东升．行政给付程序论［J］．上海政法学院学报（法治论丛），2014（01）：74-79.

② 陈光．宪法与行政法学［M］．北京：北京邮电大学出版社，2016：230.

③ 日本《青少年培养支援推进法》要求各政府多个部门在教育、福利、就业等相关领域共同创建良好社会环境。2017 年至 2018 年开展的《家庭、教育和福利部门合作的三角项目》，着力构建信息充分共享的家庭监护、教育部门、福利部门相互合作的三角模型。参见日本文部科学省官网．家庭、教育和福利合作“三角”项目［EB/OL］．（2018-09-28）［2021-02-07］．https：//www.mext.go.jp/a_menu/shotou/tokubetu/material/1404500.htm. 在美国，为了统一标准，其教育部设计了几乎所有联邦学生申请奖助学金时必填的表格“FAFSA（联邦学生补助免费申请表）”，其背后是美国成熟的税务征管制度，美国实行自行申报纳税方式，联邦各州和地方的税法要求包括总统在内的所有纳税人必须填写年度所得税纳税申报表，报告其应税所得、应纳税额。美国不仅可以通过其缴纳的个人所得税记录准确地查询家庭经济情况，还可以通过其家庭非劳动收入资产做到对家庭经济的全面了解，力求做到准确无误，把救助资金公平地分配给有需要的学生。参见王丽琼．美国联邦学生补助免费申请表（FAFSA）对我国高校贫困生认定的启示［J］．长沙铁道学院学报（社会科学版），2011（02）：235-236.

④ 钟佳平．行政法学新论［M］．贵阳：贵州人民出版社，2006：179.

育救助申请的受理与审核程序作出规定。《教育部等六部门关于做好家庭经济困难学生认定工作的指导意见》中规定“学校根据学生或监护人提交的申请材料，综合考虑学生日常消费情况以及影响家庭经济状况的有关因素开展认定工作，按规定对家庭经济困难学生划分资助档次。学校可采取家访、个别访谈、大数据分析、信函索证、量化评估、民主评议等方式提高家庭经济困难学生认定精准度”。显然，该意见中也未能对受理环节作出明确规定，而仅就审核程序作出了规定，而且根据对现行教育救助相关规定的梳理，教育救助的申请分为向学校提出申请和向教育救助机关提出申请两种情况，上述规定显然存在明显缺失。向行政机关提出的教育救助申请可以依照行政程序的相关规定进行审核，因此，本书将重点分析向学校提出教育救助申请的程序。

根据受理程序的一般原理，接受申请的教育救助机关或学校，应当对申请人所提供的申请及其证明材料形式要件进行审查，应当在法律法规规定期限内进行审查，根据审查结果及时作出是否受理的决定。这里主要涉及四种情况：一是限期补充材料，如果申请人提供的申请资料不完整的，应通知其在规定期限内补全；二是要求及时改正，如果申请材料中出现表达不清晰、文字错误等问题的，应及时告知申请人予以修正；三是作出受理决定，如果申请人提交的申请材料完备，符合法定形式要件的，应作出受理决定；四是不予受理，如果申请人提交的材料明显不符合申请条件的，可以作出不予受理决定，并应当告知申请人理由。受理申请的机关和工作人员应当及时（合理期限内）对申请作出处理，不得无故拖延，损害申请人权益，否则应当承担相应法律责任。相关程序的时限要求在《社会救助暂行办法》和其他教育救助规范中也未作明确规定，存在明显的程序性缺失，需要在完善教育救助法制时予以完善。

申请被受理之后，已经受理的申请材料将进入实质审核环节，即进入实质调查、核实阶段，这是作出教育救助给付决定的关键环节，具有承上启下的重要作用。在确保有效行使教育救助给付申请权的同时，也必须通过有效手段调查和确认申请材料的真实情况，确保教育救助认定的准确性。教育救助审核认定直接关系到教育救助对象的切身利益以及利害关系人的利益，而且教育救助的实质审查具有一定的专业性，为避免“假贫困生”现象的出现，教育救助认定的审核程序应该由专业人员进行，主要进行实质审查，而实践中却往往是以形式审查替代实质审查，导致教育救助对象的错误认定，即使是反复多次的形式审查也不等同于实质审查。在实践中，出现了以学校自行规定的“民主评议方式”替代实质审查的情况，采用民主投票的方式来确定学生是否具备救助对象资格，以申请人获取票数的多寡来确定救助的等级，既违背了法治精神，也不能科学地识别真正需要救助的对象。

有学者认为，从行政法的角度看，形式审查与实质审查的区别主要集中在审查范围、审查内容、审查方式与审查权限等方面：形式审查的范围一般限于申请登记的材料，审查的内容为申请人提供的申请材料是否完整齐备以及各登记材料在形式上是否符合法定的形式和要求，在审查方式上实行书面审查，行政机关一般没有权力也没有义务对申请的书面材料与实际情形是否一致进行审核；实质审查的范围不仅限于当事人的申请材料，还包括申请登记所反映出的事实，审查内容不仅包括申请材料是否完整齐备以及各登记材料在形式上是否符合法定的形式和要求，还要审查申请材料所反映出的事实是否存在，实质审查不仅要实行书面审查，还要实际调查，包括要求当事人补充提供相关的材料、对当事人的询问、对申请材料真实状况进行调查等。[①]

从《社会救助暂行办法》第 36 条的规定来看，受理教育救助申请的学校承担着申请材料的审核责任，这在其他规范性文件中也有进一步的说明。如《教育部等六部门关于做好家庭经济困难学生认定工作的指导意见》规定，学校应综合评估学生日常消费情况以及影响家庭经济状况的有关因素，可采取“家访、个别访谈、大数据分析、信函索证、量化评估、民主评议等方式提高家庭经济困难学生认定精准度”。实践中存在着两种情况，一种是已经由相关部门信息比对确认的学生，对于这部分学生应当直接认定为家庭经济困难学生，如《湖北省家庭经济困难学生认定工作实施办法》第 14 条规定“对已经相关部门信息比对确认的学生，直接认定为家庭经济困难学生”；另一种是其他需要通过调查情况进行认定的家庭经济困难学生，这部

① 中国法学会行政法学研究会．财产权与行政法保护［M］．武汉：武汉大学出版社，2008：610.

分学生则应当由受理的教育救助机关或者学校根据认定标准和程序进行认定。鉴于学校作为非行政机关在获取其他机关或部门协助过程中存在困难，不具备查清学生家庭经济情况的能力和条件，因此，申请人信息的审查核实应由教育救助机关配合完成为宜，由教育救助机关向有关部门提出核查申请，调取与认定教育救助资格相关材料，并将相关材料提供给学校作为审核认定的重要依据。除了向相关部门调取资料外，学校也可以根据实际需要要求申请人进一步补充相关材料，但这种补充材料的要求不能超过合理限度。在审核认定过程中应当特别注意对学生权利的保障，防止当众诉苦、互相比穷等侵害学生权利的现象发生，充分保护学生的自尊和隐私，在审核认定程序设置中避免使用主观评价，不得将师生评议或主观猜测作为认定的事实依据，不得设置“民主投票”等方式选举贫困生，而是应当根据客观事实进行认定。

4. 教育救助决定的作出程序

有学者指出在授益行政行为中，行政主体在法定期限内作出决定不仅体现了行政程序法对行政效率的追求，而且有助于对行政相对人合法权益的维护。[①] 教育救助对象认定决定的作出，主要包括决定的形式、决定的方式以及相关主体的附随义务。

首先是教育救助决定的作出形式。如果将行政决定按照是否以规定形式作出，则可分为要式决定与非要式决定。教育救助决定的作出是指教育救助机关或学校经综合审查之后，以特定形式呈现其作出的判断和结果，这直接影响申请人的利益，具有重要意义。因此，法律法规对教育救助认定决定的作出应当规定法定形式。“行政决定有多种表现形式，如口头、书面、动作、默示以及其他形式等。”[②]《社会救助暂行办法》和《教育部等六部门关于做好家庭经济困难学生认定工作的指导意见》对教育救助决定的作出形式并没有作出规定，这也反映出教育救助法制存在一定不足之处，实践中有学生申请教育救助而迟迟等不到结果。依据现代行政法理念，教育救助机关或学校应当通过书面形式将作出的决定告知申请人。

---

① 章剑生．行政程序法［M］．北京：中国政法大学出版社，2004：146.

② 解志勇．法学基础教程［M］．北京：中国法制出版社，2008：153.

其次是教育救助决定必须是经形式审查和实质审查综合判断的结果。教育救助行政给付决定不仅在作出的形式上应注意，而且根据程序的进展对决定作出方式也必须严格要求。在作出认定决定确定申请人是否有资格接受教育救助时，教育救助机关或学校必须以调查事实为基础，确认申请材料的真实性，并且以教育救助法律法规为规范依据，根据申请人不同情况提供适当内容的教育救助。《教育部等六部门关于做好家庭经济困难学生认定工作的指导意见》提出“坚持定量评价与定性评价相结合。既要建立科学的量化指标体系，进行定量评价，也要通过定性分析修正量化结果，更加准确、全面地了解学生的实际情况”。而实践中的问题在于教育救助相关制度规范并未规定“量化指标体系”的具体内容，因此，相关科学性要求只能停留在口号上，而难以付诸实践。

再次是教育救助决定的内容。教育救助对象的认定即意味着向申请人提供教育救助给付，一般情况下包括三种情况：一是接受申请，作出认定，即根据材料审查情况认定符合教育救助的法定条件，确认申请人符合救助对象资格；二是拒绝申请，即根据材料审查情况，发现材料虽然属实，但不满足救助条件或者发现材料不实等情况，确认申请人不具备救助对象资格；三是对申请进行调整，根据审查情况发现申请人虽然符合救助条件，但其提出的救助标准高于法律规定的相应救助标准，因而确认申请人符合救助对象资格，但是调整相应救助标准的情况。《社会救助暂行办法》及其他法律法规未规定教育救助决定的内容，导致实践中学校一般只对“接受申请”作出决定，而对拒绝申请和需调整的申请不作出决定，如《福建师范大学家庭经济困难学生认定办法（修订）》第 12 条对家庭经济困难学生认定程序仅规定了接受申请的情形，如果学生申请之后未被认定则只能在公示中去查询结果，提出异议，而不会接到学校的相关决定①。

---

①《福建师范大学家庭经济困难学生认定办法（修订）》第 12 条规定：“学院按‘福建助学App’流程，对申请困难认定的学生从在校表现、日常消费情况等方面，审核学生提交资料的真实性、完整性，组织民主评议并计算排名差异。学院学生资助小组审核通过后，要将家庭经济困难学生名单及档次，以适当方式、在适当范围内公示 5 个工作日，公示内容严禁涉及学生个人敏感信息及隐私。学生对公示结果如有异议，可提出质疑，学院学生资助工作小组应在接到异议材料的 5 个工作日内予以答复。公示无异议后，将相关材料按要求报送至学校学生助学管理中心。”

最后是教育救助的附随义务。孟德斯鸠认为，“在人类社会早期已有预言说，拥有权力的人均容易滥用权力，掌握权力的人们在使用权力时对于权力的范围会直到有界限的地方。”① 他对于权力滥用的现实直言不讳，时至今日，权力滥用现象仍然存在。教育救助程序的设置，一方面赋予了教育救助机关和学校相应的权力，另一方面也对其科加了相应的义务。“行政程序设置的根本问题就是对一种约束制度的设置。其目的在于缩减官僚武断和超越职权现象的发生概率，又可以保持行政管理部门所需的行政活动的灵活性。”②

教育救助行政机关和学校应该在作出决定过程中遵守相应的附随义务，主要包括以下三项内容。其一，明确告知教育救助申请人决定内容的义务。这里告知的内容至少应该包括教育救助认定的结果、认定依据以及给付的内容。其二，向教育救助申请人说明理由的义务。根据行政法理论，行政主体在作出对行政相对人合法权益不利的行政决定时，除法律有特别规定外，应当向相对人说明理由。③ 向行政相对人及时说明理由，既能够防止行政机关的专断妄为，以使其在作出具体行政行为时保持审慎态度，也能让相对人及时了解相关决定作出的合理性和合法性，从而促进政策和法律的实施。④ 是否可以在教育救助管理中解释原因和说明理由是教育救助机关和高校依法进行教育救助管理行为的重要方面，对于可以公开的涉及申请人重大利益关切的信息，教育救助机关和高校应当进行说明，既包括对被认定为救助对象群体的情况说明，也包括对未被认定为救助对象群体的告知理由。其三，教育救助机关和学校必须遵守时限义务。有学者强调，应该为审核主体“设置合理的审查期限，超过期限则认定行政主体不作为而构成违法，以解决不作为和缓作为的问题出现”⑤。德国法谚有云，给得快等于给双份。行政机关遵守时限、提升效率具有重要的意义和价值。在教育救助给付决定作出时久拖不

① ［法］孟德斯鸠．论法的精神［M］．张雁深，译．北京：商务印书馆，1962：154.

② ［美］欧内斯特·盖尔霍恩等．行政法和行政程序概要［M］．黄列，译．北京：中国社会科学出版社，1996：254.

③ 章剑生．行政程序法［M］．北京：中国政法大学出版社，2004：157.

④ 王名扬．美国行政法（上）［M］．北京：中国法制出版社，2005：514.

⑤ 刘平．行政执法原理与技巧［M］．上海：上海人民出版社，2015：182.

决，将会导致家庭经济困难学生的生活学习无法得到保障。现行《社会救助暂行办法》和教育救助相关规章以及规范性文件没有规定教育救助的附随义务，这也是在完善教育救助法制过程中需要补足的重要方面。

5. 教育救助对象认定结果的公示

"行政决定作出后应当及时公开、公布，一般性事项应当公告，使得一般公众知悉，同时相对人、相关人应当得到书面通知；对于涉及国家秘密、商业秘密、个人隐私的事项则应当至少让相对人、相关人知悉，而且上述通知应当是要式的。"①《社会救助暂行办法》对教育救助决定是否公示未作规定，但《教育部等六部门关于做好家庭经济困难学生认定工作的指导意见》中规定了"学校要将家庭经济困难学生认定的名单及档次，在适当范围内、以适当方式予以公示。公示时，严禁涉及学生个人敏感信息及隐私。"各地的教育救助规范性文件一般也规定了结果公示的内容，如《陕西省家庭经济困难学生认定工作实施办法》（陕教规范〔2019〕15号）第12条规定"高校应将家庭经济困难学生名单及认定等级，以适当方式、在适当范围内公示不少于5个工作日。公示时，严禁涉及学生个人敏感信息及隐私，公示期结束及时去除信息"。教育救助机关或学校应当在教育救助决定作出之后及时通过公开方式将相关信息向申请人本人、不特定第三人以及社会进行公示，这也是信息公开原则的内在要求。公示的方式和时长应当有法律法规加以明确，公示的内容应当避免涉及学生个人敏感信息及隐私，以防止侵犯申请人隐私权或者给申请人带来心理压力，公示内容应包括家庭经济困难学生的基本信息和接受教育救助的档次。现行教育救助法律法规对于教育救助认定结果公示未作规定，应当完善相关法律法规的内容，明确公示的内容、时长、形式等内容，避免在实践中各地做法的不统一和不规范。

（三）认定中的相关问题

1. 关于自由裁量的问题

《社会救助暂行办法》第33条对学校在教育救助中的职权作了原则性规

---

① 肖金明，冯威．行政执法过程研究［M］．济南：山东大学出版社，2008：266.

定，而未作具体规定，《教育部等六部门关于做好家庭经济困难学生认定工作的指导意见》中具体规定了学校及其工作人员在教育救助认定中的具体职权，根据该意见，在高等教育阶段，“成立学校学生资助工作领导小组，领导、监督家庭经济困难学生认定工作；学生资助管理机构具体负责组织、管理全校家庭经济困难学生认定工作；院（系）成立以分管学生资助工作的领导为组长，班主任、辅导员代表等相关人员参加的认定工作组，负责认定的具体组织和审核工作；年级（专业或班级）成立认定评议小组，成员应包括班主任、辅导员、学生代表等，开展民主评议工作”。在其他教育阶段，“各中等职业学校、普通高中、初中、小学、幼儿园要成立家庭经济困难学生认定工作组，负责组织实施本校家庭经济困难学生认定工作。成员一般应包括学校领导、资助工作人员、教师代表、学生代表、家长代表等”。结合相关规定，以高校及其工作人员为例，展开对自由裁量问题的分析。

从现行规定来看，高校及其工作人员在教育救助管理过程中拥有广泛的自由裁量权使用空间，“行政主体在一定职权范围内根据一定原则可以自由行使权力，它能够考虑社会救助个案差异弥补社会救助政策的局限性，克服社会救助政策的抽象性问题”,① 然而“一切有权力的人都容易滥用权力，这是万古不易的一条经验”②。肯尼斯·卡尔普·戴维斯（Kenneth Culp Davis）指出：“自由裁决是政府与法律上创新的主要源泉，自由裁决只有在正确使用之际才是辅佐的工具；或许在我们的法律体系中的不公正有十分之九是源自于自由裁决，而仅有十分之一是源自规章。”③ 因此，在教育救助实践中，“自由裁量权应以法为界，决不能让其超越法律横冲直撞”④。目前，《社会救助暂行办法》第六章有关教育救助的条款，未规定自由裁量权及其权限。《教育法》《高等教育法》中有关教育救助的内容也未对教育救助管理中的自由裁量行为作出具体规定，这就导致了实践中容易出现自由裁量权

① 杨思斌．社会救助的程序法治——价值、原则与制度构建［J］．山东社会科学，2012（02）：37-41.

② ［法］孟德斯鸠．论法的精神（上册）［M］．张雁深，译．北京：商务印书馆，1961：154.

③ 孙健忠．台湾社会救助制度实施与建构之研究［M］．台北：时英出版社，2002：35.

④ 朱勋克．社会救助法新论［M］．北京：中国社会出版社，2015：163.

行使不当的问题。例如，“有的辅导员将学生资助中各项奖助学金的评审等同于奖学金，按名额取名次；有的辅导员为了赶时间，评审过程仅仅与几个班干部商量，名单就确定下来，其他同学却不知晓”①。教育救助机关及其工作人员自由裁量行为将直接影响到家庭经济困难学生享受教育救助的资格取得，影响到这项制度促进社会公平的功能发挥。因此，在完善教育救助法制过程中，应当明确规定高校及其工作人员的职权范围，规定行使相关职权的程序和标准，在教育救助认定程序中应当明确教育救助自由裁量权的限度，依法对自由裁量权予以规制。下面将重点对高校及其工作人员的自由裁量问题进行具体分析。

从目前高校教育救助相关规定来看，教育救助认定是一个主要由高校基层教育工作者作为把关人和评判者，由学生群体参与的行为体系。高校基层工作人员的专业判断是构成教育救助认定结果的重要依据。除了“对已经相关部门信息比对确认的学生，直接认定为家庭经济困难学生”之外，对于其他教育救助申请人的申请认定实际上是管理者评价，高校基层教育工作者成为教育救助认定主要参与者，享有一定的自由裁量权，必须规范这种自由裁量权的行使，防止其陷入“误用”“滥用”甚至是“权力寻租”的境地。

首先，自由裁量权的行使应当基于合法目的，即实现在认定过程中“更大的合理”。由于法律规范不能全面地描述在未来制度执行中可能出现的各种情形，不可能详细规定处理每个不同的个案时必须采取的相应措施，因此，相关法律法规或其他规范性文件会留出自由裁量空间，例如《教育部等六部门关于做好家庭经济困难学生认定工作的指导意见》规定“学校根据学生或监护人提交的申请材料，综合考虑学生日常消费情况以及影响家庭经济状况的有关因素开展认定工作”，但这种规定不是为了给高校及其工作人员“恣意妄为”留有空间，而是意在给高校及其工作人员追求和维护公平正义的空间。因此，高校及其工作人员在教育救助认定过程中的裁量行为应当基于必要性和合理性。

---

① 黄荣萍．论辅导员在学生资助工作中的作用和可为空间［J］．改革与开放，2013（08）：58.

其次，自由裁量权的行使应当坚持“合法律性”，确保教育救助法制的正确实施。高校及其工作人员的自由裁量权应来自法律的授权，以保证自由裁量行为有合法依据。从当下教育救助法制情况来看，高校及其工作人员的自由裁量权仅由部门规范性文件规定，其法律效力明显不足，因此需要进一步完善教育救助法制，以法律或行政法规的形式明确自由裁量的权限。应当对自由裁量权的法律依据内容准确理解，防止自由裁量行为在实践中出现对法律的“模糊适用”甚至“错误适用”的情况。

再次，自由裁量权的行使应当坚持结果的公正性，防止机械地采取裁量幅度内的“中间值”。自由裁量行为应当是在高校及其工作人员依据教育救助申请的个案事实和工作人员理性判断基础上作出的独立选择，而不得偏袒徇私。

最后，对于自由裁量行为还应当完善责任机制和纠错机制。明确相关主体的法律责任，形成一种制度威慑，对于滥用行政自由裁量权的行为可以追究高校及其工作人员的法律责任，对于违法的自由裁量行为以撤销、变更等各种形式予以纠正。

2. 关于回避制度的问题

回避制度是教育救助认定正当程序应当具备的重要内容，回避制度对于保证教育救助认定的公平具有重要意义。理想状态下的教育救助认定程序，要求教育救助管理人员具备一定的专业水平，并保持一种中立立场，以维护教育救助过程的公正性。具体来说，回避制度是指在教育救助的认定和管理过程中，如果教育救助的行政人员或者受委托的其他工作人员与教育救助申请人之间存在血缘关系（亲属关系）或利害关系，或者存在其他可能影响认定结果公正的情况，相关行政人员或受委托的工作人员就不能参与该申请人的审查和认定工作。回避制度应由一组系统的规范内容组成，包括应当回避的情形、回避的申请以及回避决定的作出等内容，撤回申请的范围以及作出决定的程序。目前，《社会救助暂行办法》尚无回避制度的相关规定。实践中，高校学生辅导员、学生干部参与申请教育救助的学生之间确有可能存在一定的利害关系，由于回避制度缺席，导致在救助对象资格认定过程中产生一系列问题。

教育救助认定一般有两种模式，一种是“将证明材料交给导员，辅助材料有了之后，最关键的步骤，就是导员的审核，即便你的证明再全，家里再怎么贫困，导员说你得不到助学金那就真的得不到，决定权在导员手中”。另一种是“实行所谓的民主选举，说白点就是几个班级的班长在一块商量下觉得哪个行就选哪个，但是这样免不了带有个人色彩，一些班长认为我和某某同学关系好，我让他得到助学金，更甚者有些学生对班长表示，你要是帮我拿到助学金我分你多少钱、请吃饭之类的”①。教育救助认定的核心是对申请事实的调查，而调查的目标是查清申请人的家庭经济状况，查清申请人的家庭经济状况主要是由教育救助机关、高校的管理人员具体实施。所以，一旦管理人员与申请人存在利害关系，容易产生权力寻租或是权力滥用问题，影响调查信息的真实性和最后认定决定的公正合理。

因此，需要在教育救助法制体系中补充回避制度的有关规定，应该列明可以申请回避的情形。教育救助管理人员必须回避和申请人有权申请回避的情形应当至少包括三种：一是管理人员本人申请救助（如研究生兼职辅导员的情形）；二是管理人员与申请人有近亲属关系或其他能够影响救助认定结果的社会关系；三是管理人员与本案有利害关系，可能影响救助申请认定结果的。申请人可以根据相关规定提出回避申请，涉及回避的教育救助事项应当交由其他中立的、与申请人无利害关系的管理人员参与处理，以保证在程序上实现中立的目标。实践中的通行做法实际上并不符合教育救助法治化要求，与申请人（学生）有利害关系的辅导员、班主任等高校管理人员，不应当担任教育救助的管理人员。

3. 关于隐私权保障的问题

教育救助制度是国家解决家庭经济困难学生就学问题，保障家庭经济困难学生权利的积极作为，是国家对家庭经济困难学生生存权和受教育权的保障。教育救助制度能够帮助缓解家庭经济困难学生的高等教育经济负担，但也出现了新的公权力与家庭经济困难学生权利的冲突，以及社会公众知情权

① 网易网．助学金落到实处了吗？为何与导员关系好才能得到助学金［EB/OL］．（2018-11-29）［2021-04-28］．https：//www.163.com/dy/article/E1QMMK9A05363WBN.html.

与学生隐私权之间的冲突。① 根据现行法律法规的规定，教育救助机关和高校有权对教育救助对象的认定结果及各项救助措施的落实情况进行公示，以保障救助工作的“公平、公正与公开”。这是相关法律法规对教育救助工作程序性的要求，体现了国家、社会和公民对教育救助的监督权及利害关系人的知情权。因此，不管是在理论层面，还是在实践层面，都可能会出现监督权与申请人隐私权之间的冲突。

2017 年 5 月 22 日，长春某大学政法学院官网发布了《2016—2017 学年度第二学期学生困难补助名单公示》。该公示内容显示，“根据学校相关文件的规定，经本人申请，班级评选，辅导员审核，学院党政联席会研究，现拟定下列 42 名毕业生分别获得 2017 年度优秀学生、优秀学生干部、优秀团员和优秀毕业生，现予以公示”。在上述公示页面提供公开下载的附件《长春某大学 2016—2017 学年第二学期家庭经济困难学生补助汇总表（一档）》中，包括政法学院 32 名拟获教育救助资格学生的姓名、身份证号码、所在院系、专业、性别、民族、入学年月、补助金额以及交通银行卡卡号等个人信息，且相关学生身份证号码、银行卡号码，未做任何加密处理，均被完整披露。②

根据上述案例反映的问题，有必要分析法律上“公示”的本来含义，探讨教育救助的公示程序是否合法，以及有无必要性、合理性。公示制度主要是公民对享有的对国家政治和社会生活的知情权、参与权和监督权的有效实现形式。社会公示制度要求掌握公权力机关，主要是行政机关，对于除涉及国家机密、商业秘密、个人隐私事项之外的，与公民利益直接相关的各种事项和信息，向社会或者特定公民告知，并且接受反映的意见建议。③《国务院办公厅关于全面推行行政执法公示制度执法全过程记录制度重大执法决定法制审核制度的指导意见》规定，“行政执法公示是保障行政相对人和社会公

---

① 徐丽红．社会权利视域下的中国现行高校帮困资助政策研究［D］．上海：华东师范大学，2014：130.

② 搜狐网．贫困生的信息就能随便公开吗？我们为什么要持续曝光政府部门及高校“隐私泄露”［EB/OL］．（2017-11-20）［2021-04-28］．https：//www. sohu. com/a/205502715_ 617374.

③ 陆岸，董召勤，钱春芸．高校学生工作法治化研究［M］．苏州：苏州大学出版社，2017：123.

众知情权、参与权、表达权、监督权的重要措施……涉及国家秘密、商业秘密、个人隐私等不宜公开的信息，依法确需公开的，要作适当处理后公开”。公示制度应当有法律依据，现行《社会救助暂行办法》第36条并未明确教育救助需要进行公示，《教育法》《高等教育法》等相关法律也没有规定教育救助的结果需要公示，《国务院关于建立健全普通本科高校高等职业学校和中等职业学校家庭经济困难学生资助政策体系的意见》《关于建立普通高中家庭经济困难学生国家资助制度的意见》等规范性文件中也没有公示内容的规定。目前，明确规定教育救助公示程序的规范主要是《教育部等六部门关于做好家庭经济困难学生认定工作的指导意见》以及根据该意见内容制定的其他教育救助规范性文件。由此可见，教育救助公示程序缺乏相应的法律依据。

王利明认为，“隐私权是自然人享有的对其个人的，与公共利益无关的个人信息、私人活动和私有领域进行支配的一种人格权。”① 教育救助申请人的隐私，应当是其享有的属于自己支配的个人秘密和个人私生活。② 除满足公共利益和必要的知情权外，教育救助申请人对个人信息、个人领域或个人活动享有独立支配的权利，禁止他人非法干涉和妨害。根据最高人民法院、最高人民检察院发布的司法解释与指导案例，是否构成侵犯隐私权，应当根据受害人是否确有隐私被损害的事实、行为人行为是否违法、违法行为与损害后果之间是否有因果关系、行为人主观上是否有过错来认定。③ 虽然，在教育救助过程中对于申请人相关信息的公开本身并非出于非法目的，而是出于保障公民的知情权、参与权和监督权的目的，但是由于现行教育救助法制对于教育救助公示的内容、公示的时间、公示的形式等都没有明确的规定，导致实践中公示乱象丛生，客观上侵害到教育救助申请人的隐私权。《关于建立普通高中家庭经济困难学生国家资助制度的意见》规定的工作程序中要求“学校要将家庭经济困难学生认定的名单及档次，在适当范围内、以适当

① 王利明．人格权法［M］．北京：法律出版社，1997：26.

② 魏振瀛．民法［M］．北京：北京大学出版社，2000：103.

③ 法规应用研究中心．中华人民共和国最高人民法院最高人民检察院司法解释与指导案例 民事卷 第5版［M］．北京：中国法制出版社，2018：68.

方式予以公示”。并要求“公示时，严禁涉及学生个人敏感信息及隐私”。客观地讲，如果去除个人敏感信息后的公示内容本身已经不再具有接受公民监督的意义，公示出来的信息只能是编号、数字、代码的组合。所以，可以得出这样的悖论：如果公示内容完整，则会在一定程度上侵害申请人隐私权或伤害其尊严，如果公示内容进行脱敏处理，则公示会失去其存在的意义和价值。因此，为了充分保障申请人的隐私权，不应当将公示作为教育救助认定的必经程序。

4. 关于助学贷款的问题

银行等金融机构与学生签订助学贷款合同，形成一种形式上的民事法律关系，但这种民事法律关系具有特殊性。有学者指出，助学贷款按行为阶段分类应当是“先助后贷”，在法律关系上是“先行政，后民事”。具体而言，在助学阶段（学生在校就读期间申领助学贷款资金阶段），助学贷款实际上是政府提供的一种缓交学费政策，是一种教育救助行政行为，包括申请和许可两个过程，其法律关系是行政关系，法律性质是行政许可，体现的是公法关系；在贷款阶段（学生毕业离校之后的计息还本的贷款阶段），助学贷款就是一种商业贷款，是一种学生作为借款人，商业银行作为贷款人的民事借贷行为，体现的是私法关系。[①] 还有学者指出，国家助学贷款是政府教育救助学生的一个重要形式，其本质仍是行政给付，教育救助机关应负责贷款申请的审评，而不是由商业银行来作出判断，即“学生能否享受助学贷款，实质是能否得到政府的教育救助，决定权应在某一个行政主体而不在某一个商事主体（如银行）”。[②] 对于助学贷款的程序性规定，应当参照其他教育救助形式，在资格认定方面只有满足家庭经济困难学生标准的学生才能给予贷款救助。

二、教育救助退出程序

当教育救助对象满足一定条件时，其被救助资格随即灭失，需要完善救

① 郑荣伟，高美娟．助学贷款之法律问题研究［J］．湖北职业技术学院学报，2019，22（04）：82-86.

② 许若群．学生助学贷款的法律分析［J］．江苏高教，2004（04）：35.

助的退出机制，形成“能进能出”良性运转的制度闭环，一方面避免不符合救助条件的救助对象继续占用救助资源，避免救助资源浪费；另一方面也可以将救助资源及时给付给其他符合救助条件的申请者，促进救助对象群体的“新陈代谢”。

社会救助的其他专项救助也存在退出机制。《社会救助暂行办法》第13条第3款规定“最低生活保障家庭的人口状况、收入状况、财产状况发生变化的，县级人民政府民政部门应当及时决定增发、减发或者停发最低生活保障金”。我国台湾地区“社会救助法”第14条规定“直辖市及县（市）主管机关应经常派员访视、关怀受生活扶助者之生活情形，并提供必要之协助及辅导；其收入或资产增减者，应调整其扶助等级或停止扶助；其生活宽裕与低收入户、中低收入户显不相当者，或扶养义务人已能履行扶养义务者，亦同”。从中可以发现，城市最低生活保障退出机制一般包括两个方面的内容：其一，是对那些具有劳动能力的保障对象，除给予其物质救助外，还需要进行必要的能力救助，如职业培训等，“授人以鱼不如授人以渔”，最终目标是帮助其通过就业或者创业实现自助，并退出最低生活保障对象行列；其二，是对最低生活保障的对象进行全程监测，重点关注其家庭收入和财产变化，一旦受助家庭经济状况指标超过最低生活保障救助条件要求的限度，则及时取消其受救助资格。① 教育救助也应当完善退出机制，以形成“准入”与“退出”机制相结合的完整制度体系。

首先，教育救助退出机制的建立有利于教育救助制度良性运行，避免出现由于制度缺陷而导致在教育救助制度运行过程中“只进不出”的被动局面，让教育救助制度成为“有进有出”的良性运行的开放体系。

其次，教育救助退出机制的建立有利于保障公平。“公平性是一切福利制度存在的伦理基础，如果一项福利制度违背公平性或者不能最大限度地体现公平性，其存在的合理性就会遭到质疑。”② 对教育救助制度而言，公平性

① 赵旭东．乡村成为问题与成为问题的中国乡村研究：围绕“晏阳初模式”的知识社会学反思［J］．中国社会科学，2008（03）：117.

② 孙晓锦．城市最低生活保障退出机制研究［J］．南京人口管理干部学院学报，2013（01）：10.

就是把真正需要救助的学生纳入教育救助系统，并且及时把经济条件高于救助标准和其他达到退出条件者及时清退出教育救助系统。

最后，教育救助退出机制的建立有利于提高救助资源利用效率。教育救助资源总体上是有限的，尤其是在经济欠发达地区教育救助资源明显不足，救助需求远大于救助供给，由于资源有限，“以钱定人”的情况也难免发生，救助资源的相对有限性，迫使我们必须把有限的资源尽量配给最需要救助的那些学生。

因而，必须建立和完善退出机制，以保障资源的充分有效利用，依法依规及时将不符合救助标准的学生予以清退，把腾退的资源分配给其他亟须救助的对象。

（一）退出义务和监管义务

教育救助表现为一种经济上的支持，需要投入一定的物质资源来帮助学生，任何教育救助形式都需要投入物质支持，为了保障有限的救助资源得到充分利用，就必须精准识别被救助对象，这既包括在资格准入时的精准识别，还包括救助过程中的动态识别，目的是确保救助对象保持“适格”状态，因此对于不“适格”的救助对象应当及时予以清退。教育救助的对象是特定的对象，并以满足一定的救助条件为前提，被资助者必须通过法定程序的“筛选”才能具备被救助资格，而且这种资格的获取往往不是一劳永逸的。客观地讲，申请成为教育救助对象的条件在一定时期内是稳定的、相对静止的，但救助对象自身的情况（包括经济状况）却是动态变化的。“在利益驱使下，有些受助对象可能会因为自利性动机而在家庭脱离贫困状态后并不自动退出，还会继续选择受助。”① 但已经不再符合接受教育救助资格的救助对象继续接受教育救助，必然造成有限救助资源的浪费。为了及时完善教育救助退出程序，有必要进一步明确教育救助对象主动退出义务和管理部门动态监管义务。

① 金东海，安雪慧，万明纲，王爱兰．义务教育阶段贫困生就学资助制度研究［M］．北京：人民教育出版社，2011：183.

首先是教育救助对象的主动退出义务。由于救助对象自身经济状况或者身份的改变而导致救助资格灭失，如救助对象家庭经济状况转好脱离贫困状态，不再符合救助条件，或是申请人已经顺利毕业不再具有学生身份。在出现上述情况时，教育救助对象有义务主动向教育救助机关或者学校及时告知。《社会救助暂行办法》第 13 条规定了最低生活保障救助对象在其家庭经济状况发生变化时的及时告知义务，但是对教育救助对象未作相关规定。国务院部委发布的规范性文件对于教育救助对象的义务作出了规定，《教育部等六部门关于做好家庭经济困难学生认定工作的指导意见》规定，要求“学生或监护人如实提供家庭经济情况，并及时告知家庭经济变化情况”。《教育部办公厅关于进一步加强和规范高校家庭经济困难学生认定工作的通知》规定“要教育引导学生如实反映家庭经济困难情况”。一些地方规范性文件也对此作出了规定，如《浙江省学生资助对象认定办法》（浙教财〔2020〕15 号）第 15 条规定了学生或监护人应向学校及时告知家庭经济变化情况。如果申请人不及时履行退出义务，则可能导致有限的救助资源流失。例如，西安某职业培训学院的一些学生虽已经毕业，但学生没有申请退出，导致一些不具备救助资格学生仍然在领助学金，后经当地教育主管部门对该校学生资料的逐一核查，取消了 1700 余名学生的救助资格。①

其次是教育救助机关或学校的监管义务。《社会救助暂行办法》规定“县级人民政府民政部门以及乡镇人民政府、街道办事处应当对获得最低生活保障家庭的人口状况、收入状况、财产状况定期核查”，明确了主管机关对于最低生活保障救助对象经济状况的监管义务，但没有提出对教育救助对象经济状况的监督义务。《教育部等六部门关于做好家庭经济困难学生认定工作的指导意见》规定，各学校要做好监管，及时掌握救助对象家庭经济变化情况，“如发现有恶意提供虚假信息的情况，一经核实，学校要及时取消学生的认定资格和已获得的相关资助，并追回资助资金”。《教育部办公厅关于切实做好 2020 年秋季学期高校家庭经济困难学生资助工作的通知》（教电

---

① 刘振．1700 名学生不符助学金资助标准 被取消资格［EB/OL］．（2011-05-18）［2021-02-25］．http：//www.shx.chinanews.com/news/2011/0518/2945.html.

〔2020〕363号）也规定各高校“要根据学生家庭经济变化情况，适时调整国家助学金受助档次”。实践中，教育救助对象的情况是变化的，教育救助机关和学校应当加强动态监管，及时掌握教育救助对象的情况，一旦出现以下情况，应当取消救助资格：（1）救助对象故意隐瞒真实的家庭经济状况；（2）救助对象违反救助管理规定，超出教育救助资金规定用途使用而过度消费；（3）救助对象有违法、犯罪行为；（4）救助对象学籍发生异动，学生毕业、退学、休学、被开除学籍；（5）救助对象家庭经济状况发生变化，不再符合救助条件。当学生休学时，教育救助资格应当及时退出，至于复学时是否恢复资格，则应根据学生复学后的条件是否满足救助条件。还有一种特殊情况是救助资格转移，当教育救助对象转学时，应该分情况而定，若学生转到国内其他高校，则救助资格应当随之转移，如果学生转到国外高校则救助资格随即灭失。如果不建立完善的监管机制，可能造成救助资源巨大损失。例如，2014年河南安阳职业技术学院学生科副科长严某，在近5年时间里，累计冒领386名学生合计63.2万元国家助学金，由于各种原因，职校学生中途转学、退学率相对较高，半途而废的学生屡见不鲜，严某正是利用职务之便，钻了学生转学或退学而没有终止救助资格的空子，冒领这部分学生的助学金。①

（二）退出程序

目前，《社会救助暂行办法》等法律法规未规定教育救助的退出制度，而《教育部等六部门关于做好家庭经济困难学生认定工作的指导意见》等规范性文件，仅原则性地规定教育救助对象应当主动申报家庭经济变化情况，而对于如何办理教育救助退出手续，并没有规定具体措施，也没有对教育救助机关和学校如何进行监督作出程序性安排。教育救助退出的程序，应当本着简便易行的原则设置。教育救助对象出现哪些情况就不需要再给予物质帮助，关系到教育救助对象的切身利益，必须对社会经济状况、当地生活水平

---

① 央视网．河南一学校副科长冒领63万元助学金 怕败露拒升迁［EB/OL］．（2014-11-20）［2021-02-25］．http：//news. cntv. cn/2014/11/20/ARTI1416420597881996. shtml.

等因素进行综合考量，制定精细化的标准，在个案中对每个教育救助对象的情况进行科学判断，从而作出是否继续给付的决定。

结合上文的分析，应当将退出程序分为两种情况。一种是主动退出（依申请退出），也就是教育救助对象在家庭经济状况调整或者出现其他应当退出的条件时，主动向教育救助机关（或高校）提出退出申请，教育救助机关（或高校）在接到申请之后审核申请人的相关材料，根据实际情况作出退出决定或者其他决定。另一种是强制退出（依职权退出），教育救助机关（或高校）应当对享受教育救助的学生的家庭收入情况及其他情况定期进行核查，在发现有应予退出的情形时及时予以退出，并告知教育救助对象。对于不符合教育救助条件而超期享受教育救助给付的应当将给付资金追回。

教育救助的个体属于弱势群体，因此除了建立完善的审查标准和程序外，退出机制中还需关注个体的价值。① 在教育救助监管过程中，教育救助机关或学校应当向教育救助对象事先告知其所应履行的及时告知义务和退出条件。应当充分维护教育救助对象的尊严和隐私权，可以采取多种方式了解救助对象的变化情况，适当地开拓多种信息来源，诸如建立多部门信息共享数据库，及时掌握教育救助对象家庭经济变化情况和其他变化，而不应采取不确定标准、无固定期限的监督审查方式，如采取民主评议。需要注意的是，在数据信息库的管理中，必须保护受保障人的隐私权，避免将教育救助对象家庭状况无限放大化和透明化的做法。

① 何倩．低保退出机制中个体价值的尊重与保障［J］．社会保障研究，2014（04）：75-79.

第八章

教育救助法律责任

公权力不仅要制定导向正确的教育救助法律规范，还要确保这些法律规范能够得以正当实施，对违法或犯罪行为必须追究相应的法律责任，否则无以产生公民对法律的充分信任。“法律责任是法律行为主体因为违法行为或违约行为，即没有履行法定义务或约定义务，或主体虽未违反法律义务，仅仅因法律规定而应承担某种不利的法律后果，其特点是法定性和国家强制性。”① 可以说，法律责任是权利（权力）—义务（职责）实现的重要保障，是法的内容不可缺少的核心要素。② “社会救助法律责任发生于社会救助法律关系当事人违反法定义务时，表现为承担相应的不利后果。”③ 教育救助法律责任是教育救助法律规范体系不可分割的重要组成部分，一旦违反法律上的义务或规定产生法律责任，相关主体（如行政机关、学校、银行、学生等）必须承担相应的具有法定强制性的不利后果。这是依靠国家强制力保障教育救助法制实施的重要体现，也是规范教育救助法律关系的重要手段。从法律责任性质来看，教育救助法律责任可分为民事责任、行政责任和刑事责任。依法明确各方主体的法律责任是推进教育救助法制完善的必要手段，需要厘清各方主体承担法律责任的情形、责任性质和责任内容。

一、教育救助机构及其工作人员的法律责任

根据“中国裁判文书网”2022 年 11 月的调查数据，自 2012 年 1 月至

① 舒国滢．法理学导论［M］．北京：北京大学出版社，2006：162.
② 吕世伦，文正邦．法哲学论［M］．哈尔滨：黑龙江美术出版社，2018：213.
③ 曹明睿．社会救助法律制度研究［M］．厦门：厦门大学出版社，2005：244.

2022年11月，与助学金发放相关的刑事案件有365件，具体如图2所示，其中大多数案件涉及教育救助机构及其工作人员的违法犯罪行为。教育救助机构及其工作人员作为教育救助的重要参与主体，需要进一步明确其法律责任，明确责任对象、责任内容和担责条件，减少相关单位和人员滥用权力、滥用自由裁量权的违法、犯罪行为，让法律责任机制发挥应有作用。

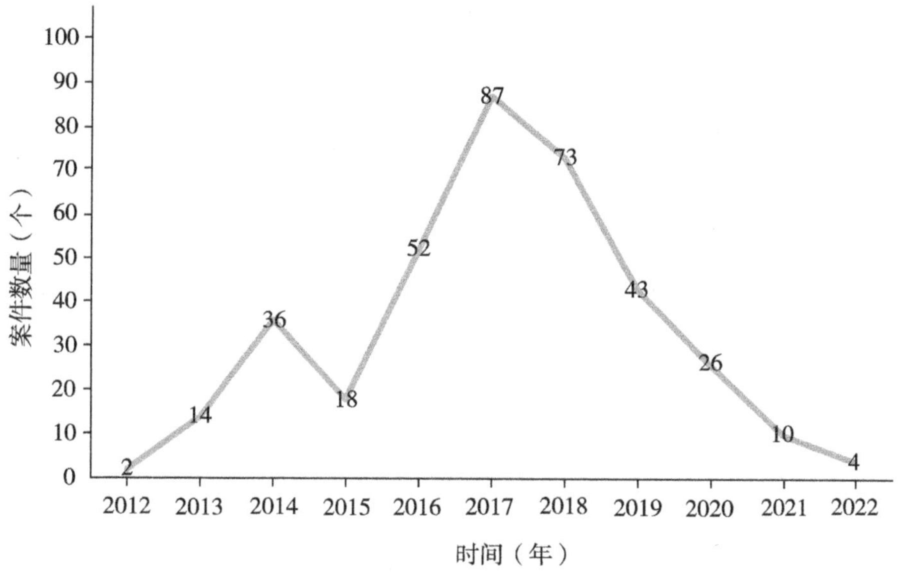

图2　2012年1月—2022年11月教育救助刑事案件数量示意图

（数据来源：中国裁判文书网）

（一）教育救助法律责任的基本问题

要进一步明确教育救助法律责任问题，必须考虑几个方面的问题：一是界定“向谁问责”的问题，即承担教育救助法律责任的主体；二是明确“问什么责”，即责任人要承担何种责任；三是界定“何种情况下问责”，即承担责任的事由或者事实条件。在这一部分我们主要探讨前两个问题，第三个问题将在后文中分情况讨论。

首先是“向谁问责”的问题。依据教育救助机关及其责任人权力、职责的重要程度，以及相关主体行为在需要追究责任的教育救助行为中的作用程度，可以界定如下几类主要承担教育救助法律责任的主体：一是负有直接或间接领导责任的教育救助机关及其责任人。各级教育救助管理机关是所辖区域教育救助管理主要政策制定者和救助行为实施者，作为直接承担教育救助职能的行政机关理应承担相应法律责任。各级教育救助管理机关负责人及其工作人员，理应承担起决策的直接或间接领导责任。二是负有直接或间接管理决策责任的本级或者上级政府及其责任人。在现行行政体制下，上级政府对下级政府负责，本级政府对其职能部门负责，上级政府对下级政府、本级政府对其职能部门拥有垂直领导权，并且这种行政领导权与责任相生相伴，上级需对下级负领导责任。三是负有具体教育救助行为的学校及其工作人员。实践中，除了一些地方政府职责部门负责直接面向学生开展教育救助工作之外，很多情况下是由学校负责实施教育救助行为，学校及其工作人员身居一线，教育救助法律法规和各级政府制定的教育救助政策最后都要由他们来执行，因此，在实际执行过程中学校及其工作人员拥有不同程度的自由裁量权，应该对其行为负责。

其次是“问什么责”的问题。责任主体需要承担怎样的教育救助法律责任，需要明确两个方面的问题。一是确定法律责任的性质。即首先要明确各责任主体可能承担的法律责任性质如何，进而确定责任类型和承担方式，是行政责任，还是刑事责任。确定法律责任的性质的依据是责任主体实施的教育救助行为性质，判断其是违法行为还是犯罪行为。根据《社会救助暂行办法》第 69 条“违反本办法规定，构成犯罪的，依法追究刑事责任”的规定，可以判断其第 66 条、第 67 条追究的法律责任性质为行政责任（具体为行政处分）。二是考量法律责任的程度。根据教育救助行为具体情形判断是直接责任还是间接责任，是主要责任还是次要责任。基于责任性质和责任类型的判定，依据权责对等原则，确定不同责任主体的相应责任，要以法律形式对相关责任人员的法律责任以及承担责任的方式予以明确。根据责任性质、情节轻重、社会危害程度的不同，承担责任的方式也不同。

厘清教育救助机构及其工作人员法律责任的基本关系，有助于确立相应的责任追究关系，解决“向谁问责”和“问什么责”的问题，这是构建责任追究机制的第一步，一个完善的责任追究机制除了要解决这两个基本问题之外，还要回答“何种情况下责任追究”的问题。明确法律责任划分的目的在于使责任主体与具体法律责任对应起来。如果只是确立了责任追究关系，但是责任主体应该在什么情况下履行何种责任没有得到明确，或者不同的责任主体之间在责任划分上存在大量重叠交叉或者模糊地带，那么教育救助法律责任追究同样难以顺畅，因此，我们接下来将分析在何种情况下追究怎样的法律责任问题。

（二）救助对象认定中的法律责任

案例：2021年1月，福建省福州市中级人民法院审理了林某在教育救助管理过程中滥用职权一案，被告人林某身为受国家机关委托代表国家机关行使职权的组织中从事公务的人员，在中职学校国家助学金审核、发放过程中，玩忽职守，未尽到严格审核义务，将校企联合办学招收的“半工半读”学员作为全日制学生，并申领发放国家助学金，对于不符合救助条件的申请予以审核确认，造成国家财产损失达人民币560.74万元，致使真正需要救助的学生没有得到救助。最终，法院判决被告人林某犯玩忽职守罪，免予刑事处罚。[①]

如上述案例所示，在实践中，教育救助行政机关、学校作为国家（政府）的代表在保障公民的教育救助权方面具体履行给付义务，然而当这种义务因失职渎职没有履行或瑕疵履行时就应当承担相应的法律责任。教育救助机构及其工作人员在履行教育救助职务行为期间出现滥用职权、玩忽职守、徇私舞弊行为需要承担法律责任，主要包括以下三种情况：一是对符合申请条件的教育救助申请不予受理，具体是指教育救助申请人在规定时间内，按照要求提交了申请材料，即在形式上具备了受理的要件，但是教育救助机构却不予受理；二是对符合教育救助条件的救助申请不予审核认定，具体存在两种可能，其一是教育救助机构已经受理了申请人的教育救助申请，但是并未进行审核，其二是教育救助机构已经受理了申请人的教育救助申请，并且申请人的申请材料经过该受理部门的审核，已经在实质上满足了认定为教育

① （2020）闽01刑初125号。

救助对象的条件，但是教育救助机构并未认定；三是对不符合救助条件的教育救助申请予以审核认定，具体是指教育救助机构明知申请人不符合教育救助对象认定的条件，出于某种不法原因仍予以认定的情形。《教育法》《高等教育法》《国务院关于建立健全普通本科高校高等职业学校和中等职业学校家庭经济困难学生资助政策体系的意见》《教育部等六部门关于做好家庭经济困难学生认定工作的指导意见》等法律法规及规范性文件未对教育救助法律责任作出规定，《社会救助暂行办法》第66条列举了社会救助机关及工作人员在救助对象认定中应当承担法律责任的情形，《中华人民共和国社会救助法（草案征求意见稿）》第72条也列举了社会救助机关及工作人员责任在认定过程中应当承担法律责任的情形。① 根据《公职人员政务处分法》第7条的规定，行政处分共分为6个种类：警告、记过、记大过、降级、撤职、开除。应当明确根据不同的违法情节和损害后果给予不同的行政处分。但教育救助相关规定没有清晰表达相应的违法行为应当承担何种法律责任，没有明确给予直接负责的主管人员和其他直接责任人员的处分是何种处分。我国台湾地区“社会救助法”第八章内容为“罚则”，比较详细地规定了社

① 《社会救助暂行办法》第66条规定：“违反本办法规定，有下列情形之一的，由上级行政机关或者监察机关责令改正；对直接负责的主管人员和其他直接责任人员依法给予处分：（一）对符合申请条件的救助申请不予受理的；（二）对符合救助条件的救助申请不予批准的；（三）对不符合救助条件的救助申请予以批准的；（四）泄露在工作中知悉的公民个人信息，造成后果的；（五）丢失、篡改接受社会救助款物、服务记录等数据的；（六）不按照规定发放社会救助资金、物资或者提供相关服务的；（七）在履行社会救助职责过程中有其他滥用职权、玩忽职守、徇私舞弊行为的。”

《中华人民共和国社会救助法（草案征求意见稿）》第72条规定：“违反本法规定，有下列情形之一的，由上级行政机关或者监察机关责令改正；对直接负责的主管人员和其他直接责任人员依法给予处分：（一）符合申请条件的救助申请不予受理的；（二）符合救助条件的申请不予审核确认的；（三）不符合救助条件的申请予以审核确认的；（四）丢失或者篡改接受、发放、登记社会救助款物、服务记录等数据的；（五）不按照规定发放救助金、救助物资或者提供相关救助服务的；（六）利用职权非法查询与社会救助申请无关的公民个人信息，或者利用职务之便，向他人出售或者提供公民个人信息的；（七）在履行社会救助职责过程中有其他滥用职权、玩忽职守、徇私舞弊行为的。前款第（二）、第（三）项情形中，已按规定履行信息核对和调查审核职责，因非主观原因出现失误偏差的，对相关工作人员实行尽职免责。”

会救助机构应当承担法律责任的情形以及相应的处罚措施。[①] 此外，在《中华人民共和国社会救助法（草案征求意见稿）》第 72 条中，还规定了“因非主观原因出现失误偏差的，对相关工作人员实行尽职免责”，但该条款没有清晰界定何种情况是“非主观原因”，也未明确如何判定一种行为产生的原因是主观原因还是非主观原因，这种过于抽象的规定也容易在实践中造成适用的困难。

显然，《社会救助暂行办法》相关规定并不十分明确，可操作性不强，这在实践中就造成法律规范适用的困境，如“对不符合救助条件的救助申请予以批准的”，可能是违法批准一个救助对象，也可能是违法批准多个救助对象，造成的损失后果当然不同，应当给予的处分也应当不同。需要进一步明确违法情节定量问题和定性问题，根据不同的情节设置相应的处分类别：对于情节较轻、违法后果不严重的情况，如“违法批准了某个人的教育救助申请，尚未造成严重后果的”可以规定从轻处罚，给予警告、记过、记大过等处分；对于情节较重、造成严重后果的情况，如“违法批准了多个人的教育救助申请，造成严重后果，但尚不构成犯罪的”可以规定从重处分，给予降级、撤职等处分。

在认定过程中教育救助机构及其工作人员还可能出现其他违法行为，如不按照规定的程序、时限对救助申请进行审核、审批；不按照规定对教育救助对象的经济状况进行动态监督检查。这些情况也是实践中可能发生的违法行为，《社会救助暂行办法》并未规定教育救助相关认定程序、认定时限等内容，在法律责任方面也未作规定，因此造成教育救助法律责任方面存在漏洞。

---

① 如我国台湾地区“社会救助法”第 38 条规定：“设立社会救助机构未依第二十九条第一项规定经主管机关许可，或未于期限内办理财团法人登记者，处其负责人新台币六万元以上三十万元以下罚锾，并公布其姓名及限期令其改善。于前项限期改善期间，不得新增安置受救助者；违反者，处其负责人新台币六万元以上三十万元以下罚款，并按次处罚。经依第一项规定限期令其改善，届期未改善者，处其负责人新台币十万元以上五十万元以下罚款，并按次处罚及公告其名称；必要时，得令其停办。经依前项规定令其停办而拒不遵守者，处新台币二十万元以上一百万元以下罚款，并按次处罚；必要时得废止其许可。”

(三) 救助管理中的法律责任

案例：2019年6月，成都市温江区人民法院审理了一起温江某职业技术学院教师贪污助学金案。被告人夏某自2006年8月起受聘于温江某职业技术学院。该学院学工部下设资助管理中心，负责全院学生的奖学金、助学金评选、报批和发放。夏某作为该学院学工部干事及资助管理中心工作人员，同时兼任院艺术设计系辅导员，负责该院计算机“资助系统”管理以及全院学生国家奖助学金的名额分配、申报、审核、上报等工作。2016年12月至2018年5月期间，夏某利用职务之便，使用其在院计算机“资助系统”的管理权限，虚构并审核上报了45名困难学生名单（每人每学年人民币3000元），同时还将自己持有的8张中信银行卡填报为领取助学金的学生账号，先后骗取了四川省学生资助管理中心拨付的国家助学金共计人民币135000元。温江法院经审理认为，夏某身为事业单位工作人员，利用职务之便，非法占有公共财物，数额较大，其行为已经构成贪污罪，但鉴于其在提起公诉前如实供述自己罪行，积极退赃，真诚悔罪，为自首，依法从轻处罚。最终，夏某被判处有期徒刑一年，缓刑一年，并处罚金人民币10万元。①

上述案例反映出在救助物资管理中存在相关救助主体应当承担法律责任的情形，主要是指教育救助机构及其工作人员不按照规定发放教育救助资金、救助物资或者提供相关救助服务的情形。“救助主体在救助过程中发生的贪污、挪用、克扣社会救助款项的贪污、渎职行为；监管主体在社会救助物资和使用监督过程中的渎职、懈怠、合谋行为，也是引发社会救助中‘法律责任可能性’的行动样式。”② 在救助物资管理中可能出现的违法犯罪行为主要是贪污、挪用、截留、拖欠、私分教育救助物资，擅自提高或者降低教育救助水平等行为。将政府的教育救助行为作为公民的一种权利确认下来

① （2019）川0115刑初289号。类似案例参见中国裁判文书网“贺某某非国家工作人员受贿罪一审刑事判决书”（2013）长刑初字第00193号；“田某光贪污一案一审刑事判决书”（2014）文刑初字第149号。

② 靳文辉．“新财产权”理论视角下的社会救助权及法律保障机制［J］．西南民族大学学报（人文社会科学版），2014（08）：102-107.

当然重要，然而，更为重要的是如何控制好政府在给付行为过程中的调查、管制和处分的权力，应通过相应法律责任机制来防止政府的权力滥用，只有这样才能在充分保障教育救助对象权利的同时，恰当地约束和规范政府的教育救助给付权力。有关教育救助物资管理的法律规定主要是《社会救助暂行办法》第 67 条的规定，该条规定“违反本办法规定，截留、挤占、挪用、私分社会救助资金、物资的，由有关部门责令追回；有违法所得的，没收违法所得；对直接负责的主管人员和其他直接责任人员依法给予处分”。由于该类违法行为涉及资金和物资，所以，与第 66 条规定一样，应当明确对于不同情节的违法行为给予的处分，可以参照《行政管理法》《刑法》有关经济违法、犯罪行为的条款表述，根据违法行为涉及的金额确定相应的处分类别。

教育救助机构及其工作人员因为侵犯教育救助财产原因而承担法律责任的形式主要有两种情况：一是承担行政责任，即由上级教育救助主管机关或者所在单位责令其改正不当行为或者给予其行政处分；二是承担刑事责任，也就是对于行为性质恶劣，造成后果较为严重导致犯罪的，由司法机关追究相关单位或工作人员的刑事责任。教育救助法律责任“以一种更为激烈的面貌出现，集中体现了国家公权的强力和被追究责任者在法律之剑下的巨大承担，或为金钱的损失，或为名誉的剥夺，甚而至于自由和生命”①。教育救助法律责任制度设计绝不是教育救助法制体系中可有可无的一部分内容，而是在教育救助立法中具有极为重要作用的关键内容，它的存在既能够督促教育救助机关及其工作人员恪尽职守，又能够促进教育救助公平公正的实现。

除物资管理方面的法律责任之外，在教育救助管理过程中，还存在公民个人信息以及其他教育救助信息管理方面的法律责任问题。如《社会救助暂行办法》第 66 条规定的“泄露在工作中知悉的公民个人信息，造成后果的”应当承担法律责任的情况。教育救助管理机关或者学校的工作人员可能利用职权非法查询与教育救助申请无关的公民个人信息，或者利用职务之便，向

① 戈含锋．法律责任的立法研究——基于中国立法文本的分析［M］．北京：经济日报出版社，2015：2.

他人出售或者提供公民个人信息，还有可能丢失、篡改教育救助对象个人信息、接受教育救助款物、服务记录等数据。《社会救助暂行办法》的相关规定显然不够周延，对于教育救助管理中可能发生的与信息管理相关的违法行为列举并不全面，而且对于相关法律责任的承担规定也不明确。因此，在完善教育救助法制过程中，一方面要充分考量可能出现的违法行为的情形；另一方面应当根据行为的情节轻重，针对不同的违法情节给予相应类别的处分。对于情节较轻的（如泄露了一个人的个人信息，未造成严重后果）可以从轻处罚，给予警告、记过、记大过等处分；情节较重的（如泄露了多个人的个人信息，造成严重后果，但尚未构成犯罪的）可以给予降级、撤职等处分。

二、救助对象的法律责任

近年来，一些学生和家长开具虚假困难证明，获取贫困生身份，骗取资金的案例多有发生。例如2018年7月，沧州市人民政府网上公示了一批发生在当地的涉及助学金申领材料造假的案例：2015年肃宁县某中学学生张某飞、王某从村委会开虚假证明，每人领取寄宿生补助625元，2016年财政专项资金清理时被发现，问题资金被追回，上缴国库；2017年，任丘市一中6名学生分别从永丰路柿庄南村委员会及和平社区居委会开取虚假证明，每人领取贫困生生活补助1500元，合计9000元，2018年该问题被发现，问题资金已被追回，并给予柿庄南村委员会委员及和平社区居委会书记党内严重警告处分，同时对学校把关不严的副校长和班主任也给予了相应的处分。全市因贫困生资助发生的问题共追责48人，其中：党内严重警告6人；党内警告1人；行政警告2人；诫勉谈话2人；通报1人；批评教育8人；书面检查28人。[①] 2020年7月，吉林省白城市洮北区人民法院审理了邓某（救助对象母亲）伪造公章，骗取助学金的案件。据救助对象张某本人陈述：“我申请助学金时向学校提交了高等学校学生及家庭情况调查表。从邓某家中搜

---

① 沧州市人民政府官网．健全贫困生补助资金管理机制杜绝“弄虚作假 骗取贫困生补助”问题［EB/OL］.（2018-07-11）［2021-02-11］. http：//www.cangzhou.gov.cn/zwbz/czsx/543164.shtml.

查出的调查表与我向学校提交的一致。表上的公章是我母亲盖的，2018 年 9 月末（具体时间记不清了）我将表邮寄给我母亲邓某，过了一段时间，我母亲将这个表给我邮寄了回来，邮寄回来的时候上面就盖好了公章，日期是 2018 年 10 月 8 日，经办人是谁签的字我记不清了。我不知道我向学校提供的调查表上盖的镇赉县民政局的公章是伪造的，我母亲没和我说过这件事。”最后，被告人邓某因犯诈骗罪、伪造国家机关印章罪，数罪并罚，被判处有期徒刑一年六个月，并处罚金 7000 元。①

《社会救助暂行办法》第 68 条规定：“采取虚报、隐瞒、伪造等手段，骗取社会救助资金、物资或者服务的，由有关部门决定停止社会救助，责令退回非法获取的救助资金、物资，可以处非法获取的救助款额或者物资价值 1 倍以上 3 倍以下的罚款；构成违反治安管理行为的，依法给予治安管理处罚。”从上述案件中我们不难发现，在相关案件的处理中，并没有依据《社会救助暂行办法》第 68 条的规定追究相关责任人的法律责任。在邓某伪造印章骗取助学金一案中，甚至没有根据《社会救助暂行办法》第 68 条的规定追缴违规发放的助学金。可见，教育救助法律责任相关法律规范在实践中出现了“缺位”或者“失灵”的情况，有必要对相关法律责任问题进行深入探讨，以找出解决问题的答案。在教育救助法律关系中，除了代表国家（政府）的公权力主体一方当事人外，还有教育救助对象作为私权利主体当事人。教育救助法律关系当事人责任区分也因其在教育救助法律关系中地位的不同而有所差别。

（一）设置教育救助对象法律责任的必要性

教育救助对象在享有教育救助相关权利的同时，也必须承担相应的法律责任。教育救助法制的建立与完善，“对于帮助我国贫困学生顺利完成学业、保障教育公平，促进我国教育事业的稳定和长期发展以及构建社会主义和谐社会都发挥着重要作用”②，而在教育救助规范体系中，教育救助对象的法律

---

① （2020）吉 0802 刑初 58 号。

② 魏礼群．当代中国社会大事典 1978-2015（第 3 卷）［M］．北京：华文出版社，2018：107.

责任不可或缺。教育救助对象的受救助权利虽然得到国家（政府）的保障，但这种保障也并非无条件的，教育救助对象的权利行使不得超越该权利的正当界限，不得损害他人的权利和社会利益，还应当遵循权利与义务相统一的法治原则，忠实履行与法律权利相对应的法律义务，否则应当承担相应的法律责任。

“为保障总是相对有限的救助资源得到有效的利用，维护社会正常的生产生活秩序，对权利人赋以必要的义务负担成为一种理性选择。”① 我国台湾地区的社会救助制度也对社会救助对象的义务进行了规定，其“社会救助法”第9条规定“直辖市、县（市）主管机关为执行本法所规定之业务，申请人及其家户成员有提供详实数据之义务。受社会救助者有下列情形之一，主管机关应停止其社会救助，并得以书面行政处分命其返还所领取之补助：一、提供不实之数据者。二、隐匿或拒绝提供主管机关所要求之数据者。三、以诈欺或其他不正当方法取得本法所定之社会救助者”。前文论述中也提出教育救助对象应当履行诚实信用义务，在提交教育救助相关申请材料时保证材料的真实性和完整性；合理使用救助物资，不奢侈浪费；履行相关约定的义务，遵守合同义务；及时告知相关情况变化和接受政府部门或学校的监督。教育救助的设立目的是救助需要经济援助的家庭经济困难学生，在教育救助过程中救助对象可能会出现通过虚报、隐瞒、伪造等手段骗取或冒领教育救助物资及服务等行为，所以教育救助法制应该对教育救助对象的权利设置一个边界，对教育救助对象违反义务的行为规定其应承担的法律责任。

（二）教育救助对象法律责任的内容

教育救助对象的法律责任主要涉及在申请教育救助过程中的法律责任和接受教育过程中的法律责任两个方面。

一是教育救助对象在申请教育救助过程中可能承担法律责任的情形，主要是提供不实资料骗取教育救助。如提供虚报信息，或者隐瞒教育救助机关

① 曹明睿．社会救助法律制度研究［M］．厦门：厦门大学出版社，2005：77.

或者学校要求提供的能够影响救助资格认定的重要资料，以及其他伪造、变造材料欺骗教育救助的情况。

二是教育救助对象在接受教育救助过程中违反教育救助相关合同约定、管理规定或者法律规定的情形主要有三种。第一，教育救助对象违反助学贷款合同约定，未能及时偿还助学贷款，将会承担相应的违约责任，需要支付罚息、赔偿因其违约行为造成的损失。第二，教育救助对象违反教育救助机关或者学校制定的救助物资使用管理规定，进行商业活动、炒股或者购置高档消费品等。第三，教育救助对象本人或者其家庭经济状况发生变化，可能影响教育救助资格时，未能及时向教育救助相关部门如实汇报情况，而继续享受教育救助相关待遇。

教育救助对象承担法律责任的形式主要有四种，一是情节较轻的，由教育救助机关或者学校给予行政管理处罚，如批评教育、停止救助，必要时责令退回救助款物，在《中华人民共和国社会救助法（草案征求意见稿）》中还提出社会救助机关可以对通过虚报、隐瞒、伪造等手段，骗取社会救助资金、物资或者服务的当事人，处以非法所得救助款额或者物资价值 1 倍以上 3 倍以下的罚款；二是涉及合同违约的，应当依法承担民事法律责任，赔偿有关当事人的损失；三是情节较重，违反治安管理法相关规定的，由公安机关依法给予行政处罚；四是情节严重构成犯罪的，由司法机关依法追究刑事责任。

三、其他主体的法律责任

如前文所述，在教育救助法律关系中，除涉及国家（政府）、教育救助对象等主体外，还存在教育救助的其他主体。由于涉及相关主体较多，暂且选择其中较为典型的几类主体的法律责任加以分析。

（一）相关政府部门的法律责任

在教育救助对象认定部分已经提出，教育救助对象认定的重要依据是学生所在家庭已经由民政、农业农村局、残联、扶贫办等部门作出的认定结论。但相关政府部门必须依法提供真实的能够证明教育救助申请人经济状况的认定结论或证明材料，否则应该根据情节轻重追究其相应的行政、刑事法律责任。《中华人民共和国社会救助法（草案征求意见稿）》第74条规定了对出具虚假证明材料的单位，社会救助管理部门应当建议相关单位或者其上级主管机关依法依纪对相关责任人予以处理。这里需要强调，除个人承担责任之外，如果相关单位存在违反法律法规的行为，也应当承担相应法律责任。

针对单位出具虚假证明的情况，一些地方政府出台了相应的处罚规定。例如，2021年出台的《山东省社会救助办法》第86条规定“单位为申请社会救助的人员出具虚假证明的，由有关部门对直接负责的主管人员和其他直接责任人员依法给予处分”。《通辽市社会救助实施办法》（通政字〔2015〕183号）第74条规定“违反本办法规定，有下列情形之一的，由上级行政机关或者监察机关责令改正；对直接负责的主管人员和其他直接责任人员依法给予处分……（十）在家庭经济状况核查中不如实提供家庭成员收入、财产信息，为申请和获得救助家庭出具虚假证明材料的”。此外，还有一些政策文件规定，对于出具虚假证明材料的单位和个人还要将有关信息记入征信系统。如《北京市社会救助实施办法》第54条规定“下列失信行为信息纳入本市公共信用信息服务平台……（三）为申请人提供虚假证明材料的”。因此，在完善教育救助法制过程中，需要在相关规范内容中明确单位和个人出具虚假证明材料的法律责任。

（二）银行等金融机构的法律责任

国家助学贷款是由政府主导、财政贴息，涉及银行、教育行政部门、高校、学生等多方主体。[①] 其中银行与政府之间，银行与学生之间都通过签订合同建立合同关系。因此，银行应当根据与政府之间签订的合作协议，履行相应的助学贷款发放义务，如果不能按约定发放助学贷款，除将面临民事责任外，可能还会根据其违法违规情节承担相应的行政责任或刑事责任。同

① 刘朝武．社会排斥理论视野下高等学校贫困生社会支持与社会适应研究［M］．徐州：中国矿业大学出版社，2016：139.

时，银行也根据与学生签订的助学贷款合同按约定定期发放助学贷款，在合同履行过程中不得侵犯学生的合法权益，尤其是银行在催收贷款过程中，发生侵犯合同相对方名誉权或其他权利时，应当依法承担民事责任。①

（三）勤工助学用人单位的法律责任

在2007年教育部、财政部出台的《高等学校学生勤工助学管理办法》中就勤工助学法律责任作出了规定，要求学校、用人单位和学生必须提前签订三方协议，明确各方权利、义务内容。在勤工助学活动中发生的事故以及争议依照三方协议处理和解决。若出现协议纠纷或学生意外伤害事故，协议各方应按照签订的协议协商解决。如不能达成一致意见，按照有关法律法规规定的程序办理。② 由于用人单位故意或者过失导致的违法违规行为，用人单位需要承担相应的法律责任，主要有三种情形：一是违法组织学生参加有毒、有害和危险的生产作业以及超过学生承受能力、有碍学生健康发展的劳动，这种情况不论危害后果是否产生，用人单位均应承担法律责任，类似于刑法上的“行为犯”；二是未在学生参加劳动前，开展必要的岗前培训和安全教育，造成损害后果的，这种情况类似于刑法上的“结果犯”，应根据危害结果的轻重判定用人单位责任；三是用人单位的勤工助学酬金标准低于有关部门规定的最低工资标准，或者未按时发放。用人单位承担法律责任的形式主要有民事赔偿、行政处罚和刑事责任。在勤工助学活动中，如果学校存在过错，导致损害情况发生的，学校也应当承担相应的法律责任。

---

① 隋世峰．我国高校学生资助立法研究［D］．合肥：安徽大学，2016：31．

② 国务院法制办公室．中华人民共和国教育法典——注释法典（新4版）［M］．北京：中国法制出版社，2018：382．

第九章

教育救助权利救济

权利救济问题关涉教育救助法制的权威性，“法律的核心问题在于权利的救济，有权利必有救济，没有救济的权利是虚假的”①。对于家庭经济困难学生而言，教育救助法制对他们所产生的重要影响就是对生存权、教育权、发展权等社会权及其他衍生权利的法治保障，同时也隐含对于“权利保障”的保障，即实现权利的救济。这反映了教育救助法制有效性的关键在于其权利保障性，如果法律规定被肆意践踏，那其存在的权威性和实效性将大打折扣。权利救济是矫正正义的最典型体现，“权利人通过自己权利来维护法律，并通过法律来维护社会不可或缺的秩序”②。然而，在教育救助权利救济方面，由于社会救助法制和教育法制在规范内容方面的冲突引发的问题再次暴露，实践中甚至出现了“以教育权救济方式替代教育救助权利救济方式”的问题。“从行政给付各个领域，即供给行政、社会保障行政、资助行政等三个领域立法情况来看，社会保障行政方面的立法相对而言数量较多但也不够完善，而供给行政与资助行政方面的立法相当缺乏……如果国家不履行该义务，需要承担什么法律责任，以及在国家未履行该义务的情况下，行政相对人如何寻求救济都无明文规定。”③ 因此，在探讨教育救助权利救济现状与存在问题的基础上，从非诉讼救济和诉讼救济两个方面进行进一步分析，探究问题的解决路径。

---

① 朱道坤．论宪法权威［M］．武汉：武汉大学出版社，2018：22.

② ［德］鲁道夫·冯·耶林．为权利而斗争［M］．胡宝海，译．北京：中国法制出版社，2004：55.

③ 李幸祥．行政给付受益权的司法保护研究［M］．上海：上海人民出版社，2017：129-130.

一、教育救助权利救济的现状与问题

（一）现实样态：侵权行为客观存在

从纵向的历史数据对比来看，教育救助实现了规模的持续扩大和总金额的持续增长。教育救助工作的深入开展，使得更多的资源可以用来保障家庭经济困难学生的教育权、生存权，以及其他权利。但是，这种权利保障是否到位，或者进一步说，教育救助是否能够实现公平公正，就很难得到明确的答案。在实践中，由于教育救助法制尚不完善的问题，学生的权利保障并不总是尽如人意，在教育救助资格认定、救助管理等方面，侵犯学生权利的现象屡有发生。

为了解教育救助相关问题热度，笔者在主流搜索引擎检索数据相关信息，以“助学金发放不合理”和“助学金发放不公平”为关键词，在百度搜索、360 搜索和谷歌搜索查询相关话题数量。

表 2 教育救助相关网络话题①

搜索引擎	“助学金发放问题”话题总量（个）	“助学金发放不公平”话题总量（个）	“贫困生权利保护”话题总量（个）	搜索引擎查准率（%）	“助学金发放问题”准确话题量（个）	“助学金发放不公平”准确话题量（个）	“贫困生权利保护”准确话题量（个）
百度搜索	3520000	984000	23300000	0. 18988	6683. 78	1868. 42	44242. 04
360 搜索	380000	381000	4150000	0. 27523325	1045. 89	1048. 64	11422. 18
谷歌搜索	2110000	1080000	3160000	0. 97414	20554. 35	10520. 71	30782. 82

如表 2 所示，前三列数据反映的是查全信息量，后三列信息显示的是查准信息量。② 排除由于搜索引擎查准率不高导致的重复网页等问题，也可判断话题数量之惊人，反映出矛盾和问题的尖锐与突出。另外，在主流中文社

① 数据由作者根据 2021 年 3 月 23 日网络信息整理形成。

② 查准率（precision）是指算法挑出来的话题中有多少比例是相关话题，查准率（precision）= 提取出的正确信息条数/提取出的信息条数 =tp/（tp+fp）；查全率（recall）是指所有的相关话题中有多少比例被算法挑选出来，查全率（recall）= 提取出的正确信息条数/样本中的信息条数 =tp/（tp+fn）。本表所使用的各搜索引擎查准率参见蔡润芹．中国最具影响力的综合搜索引擎比较研究［J］．电脑知识与技术，2018（17）：211-213.

区（一种基于关键词的主题交流社区）“百度贴吧”和“知乎”上也有很多相关话题，其中“知乎”平台2016年9月发布的一个帖子“如何看待大学助学金发放不公平问题?”关注度更为惊人，该帖子“问题日志数据”显示，该话题被浏览23234次，相关话题关注者5316351人①。在查询到的相关话题留言板块，许多话题均得到网友的跟帖回应，反映其本人或者身边存在教育救助审核发放不合理问题。然而，网络上反映的问题这么多，在“中国裁判文书网”却几乎查询不到任何一个学生以教育救助权利被侵害为由提起的行政诉讼案例，与教育救助相关的案例大多为刑事案件。

2019年10月至2021年2月，笔者以“教育救助过程中的法治问题”为调研课题，组织调研小组，面向在校大学生分别开展问卷调查和电话访谈调查，结果反映出教育救助对象权利保障方面存在明显问题。其中，问卷调查共回收有效问卷1003份②，地域分布较为均衡（见图3）。问卷调查结果显示，有77.37%的学生（776人）认为家庭经济困难学生“经济拮据，影响到学业”，反映出教育救助存在的切实必要性。有24.73%的学生（248人）认为其所在学校助学金名额按照班级人数比例分配，也就是不能做到“应助尽助”，有些班级即使家庭困难学生较多，但也会迫于救助名额有限而导致部分学生不能得到救助。有38.38%的学生（385人）认为其所在学校以“贫困生申请，班委决定，班主任、学校审核”的方式进行教育救助资格认定，可见，与家庭经济困难学生有利害关系的班委发挥了决定性作用，这一选项比例高于其他选项。与此相关，有48.65%的学生（488人）认为“辅导员或者其他老师权力很大，能够影响助学金评定结果”，这一选项比例也最高，反映出教育救助的实际管理和决定权掌握在高校学生工作者手中，而对于这些人的教育救助权力限制存在失衡的情况，于是出现了上述学校管理人员在教育救助过程中违法犯罪的相关案例。有34.7%的学生（348人）认为申请助学金时提供的信息会侵害学生的隐私权，可见教育救助对象的相关

① 知乎网．如何看待大学助学金发放不公平问题?［EB/OL］．（2016-09-30）［2021-02-13］．https：//www.zhihu.com/question/51166117.

② 问卷调查结果地址：https：//www.wjx.cn/wxloj/datafullscreen.aspx？activity=107213391．密码：bit20120216.

权利保障问题较为突出。更是有超过一半的学生认为“贫困学生认定标准模糊”，导致虽然教育救助资源较多，“但得到帮助的不一定都是需要帮助的学生”，这就意味着有些应当被救助学生的学生没有得到应有的教育救助，其权利没有得到充分保障。

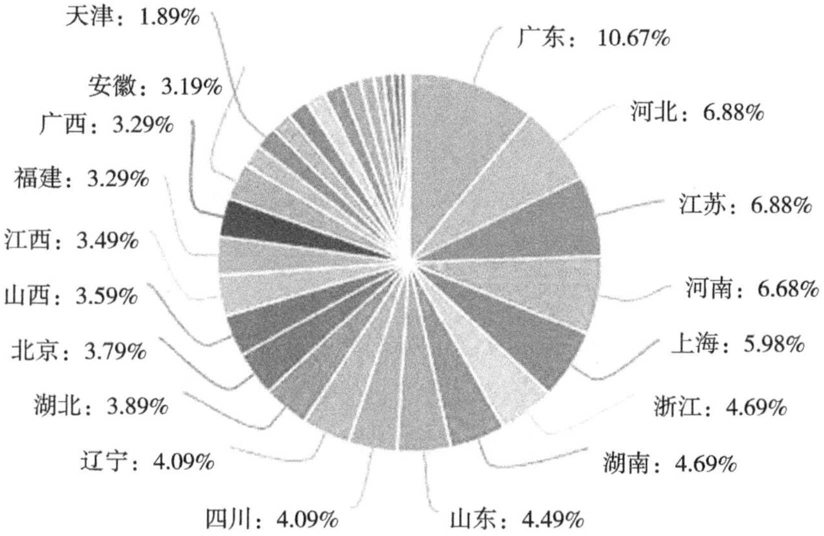

图 3　问卷调查学生地域分布情况

电话访谈共调研各类高校 14 所，其中“双一流”院校有 7 所，包括西安交通大学、内蒙古大学、浙江大学、华中科技大学、中国地质大学（北京）、北京中医药大学、中南财经政法大学；普通本科院校有 5 所，包括浙江理工大学、天津理工大学、武汉工程大学、北方民族大学、重庆文理学院；专科院校有 2 所，包括北京工业职业技术学院、唐山劳动技师学院。调研结果显示，各高校一般采用“个人申请—班级推荐—院系评审—学校审核认定”的方式来认定贫困生，但少数学校，如武汉工程大学、北方民族大学、中南财经政法大学、内蒙古大学、北京工业职业技术学院等会出现班内选举推荐的方式确定人选，再交由学校认定审核。部分高校存在以开班会集体讨论的方式确定救助对象的现象，存在比惨、过度公开家庭经济信息等侵犯学生人格尊严和隐私权的风险，少数学校还出现拖欠助学金等问题。大部分高校学生对所在学校的教育救助政策感到满意，但也有一些同学表示教育救助存在规定不完善、认定“过于草率”等问题。此外，各个高校的救助金额相差较大，一般会划分贫困等级来决定救助金额，通常为每年 2500 元到 5000 元不等，但有少数学校（如重庆文理学院）助学金金额较少，划分为每年 1000 元、500 元、300 元 3 个档次。

综合来看，在当下教育救助过程中存在的侵权行为主要可以分为两类。一类是侵犯学生的实体性权利的情况，如侵犯学生的受救助权、隐私权、人格尊严等。2019 年 9 月至 12 月，有学者对南昌大学、江西师范大学、江西财经大学、南昌理工学院开展了问卷调查，调查数据显示，有 66%的学生认为存在一些学生“不贫困却得到助学金的情况”，从侧面反映出一些本应该得到教育救助的学生并没有得到救助；仅有 10.84%的学生“很清楚”国家教育救助政策以及学校的认定方法，意味着近九成的学生并不知晓教育救助政策和规定；有高达 83%的学生认为“班级民主评选的结果”是进行救助资格认定的重要因素，反映出在学生家庭经济状况调查方面仍然存在以形式主义替代程序正义的问题。① 实践调研数据反映出，学生实体性权利在一定程度上受到了侵害。另一类是侵犯学生的程序性权利，如知情权、申诉权、陈述权、申辩权等的情况。公民的程序性权利主要有两个方面的内容，“一部分是在国家行政活动中享有的程序权，如知情权、听证权等，统称行政程序权利；另一部分是诉权，即通过司法程序保护合法权益的权利”②。有学者指出，“基于程序规范对于实体价值实现的重要作用，宪法将其从保障自由与权利的程序性设置的功用中分离，确认了其相对独立的宪法地位与功能，形成了程序性基本权利。因此，程序性权利与实体性权利在基本权利的宪法效力上并无二致，都具有直接的法律拘束力”③。由于实践中各学校教育救助程序设置不尽相同，并没有统一的标准，一些学校内部的规定既随意又抽象，学生在教育救助申请过程中往往仅有一次申请机会，如果对救助申请的格式、内容等具体规定不能熟悉掌握，即使实际情况符合教育救助标准，也很

① 聂兴．南昌市高校贫困生精准资助问题研究［D］．江西财经大学，2020：15-19.
② 刘平．行政救济的法理思辨［M］．上海：学林出版社，2019：155.
③ 秦奥蕾．基本权利体系研究［M］．济南：山东人民出版社，2009：100.

有可能因为申请材料不符合规定要求而导致丧失救助资格，且没有进一步补正材料或者进行陈述申辩的机会。

（二）救助对象：维权意愿与能力不强

2018 年 10 月，广东省湛江市广东某职业学院多名毕业生爆料该校一辅导员贪污班费、学生奖助学金数万元，并发表“不让我好过，就别想拿到毕业证”“吃不了，兜着走”等言论恐吓学生。网友称，考虑到人身安全、毕业问题，当时不敢曝光她，等到毕业后再度向学校举报。2018 年 10 月 30 日，媒体记者联系上其中一名毕业生，其表示以上信息全部属实，目前学校已报警，朱某美被校方停职，相关钱款尚未返还给学生。① 这一案例反映出，家庭经济困难学生的合法权益遭受侵害，而学生维权又困难重重，只能在毕业之后将问题曝光。

从主观方面来看，学生维权主观意愿不强。耶林指出：“当权利受到侵害时，每一个权利人就面临着那个问题：他应主张权利，抵抗侵权者，亦即抗争，还是屈从侵权者而置权利于不顾，无人能替他作出决断。无论他作出何种决断，在这两种情况中，他均与牺牲相连，或是权利牺牲和平，或是和平牺牲权利。因此，这个问题似乎尖锐化为：根据事情与个人的个别关系，哪一种牺牲是更可忍受的。”② 根据这一理论，维护权利的问题在一定程度上是一个利益衡量或者利益计算的问题，学生在合法权益遭受侵害时能否通过一定的途径寻求保护和救济，关键在于其是否可以通过主观上权衡利益得失而形成决断。

学生依靠法律手段维护自身权益的意识和愿望问题很少成为一个受到重视的课题，“当他们自身遇到法律问题时，特别是当自己的合法权益受到侵害时，不能积极主动地利用法律武器维护自己的正当权益，而是以消极的态度对待法律，甚至会放弃法律武器，采用报复的手段来讨回‘公道’，在事

---

① 重庆晨报网．辅导员贪污学生奖学金班费数万？疑似恐吓录音曝光［EB/OL］.（2018-10-30）［2021-02-11］. https：//www.cqcb.com/headline/2018-10-30/1194703_ pc.html.

② ［德］鲁道夫·冯·耶林．为权利而斗争［M］．郑永流，译．北京：商务印书馆，2018：13.

关自己的利益时，甚至不择手段，完全不顾及他人的权利，导致违法犯罪行为的发生”[①]。在教育救助实践中，学校经常以学生利益“代言人”的身份出现，而实际上，学生的教育救助利益侵害案件中有很大一部分来自学校一方，或是因为疏于管理或是因为其他原因。如轰动一时的“高校拖延克扣学生助学金事件”[②]“辅导员国家奖助学金评定受贿案”[③]等。学生在读期间，其与学校及相关教师之间存在必然的利害关系，只有当学生毕业或者因其他原因离开学校之后这种利害关系才会淡化或消失，学生才敢于维护自身合法权益，但为时已晚，将面临取证困难、不具备学生身份（丧失被救助资格）等问题。上文已经提到，在“中国裁判文书网”上能够查询到一些涉及教育救助的刑事案件，其中有很多案件涉及贪污或者挪用学生的助学金，这些案件的背后隐藏的问题是一个个亟待救助的学生没有得到应有的救助，然而却几乎没有一起行政诉讼案件，因为没有学生敢站出来，通过法律救济途径维护自身利益。

从客观方面来看，学生的维权能力有限。达尔指出，“每个人，或任意一个人，当他有能力并且习惯于维护自己的权利和利益时，他的这些权利和利益才不会被人忽视”[④]。维护权利的能力并非与生俱来的，在西方国家，随着文艺复兴、宗教改革、罗马法复兴运动（“3R”运动）的兴起与扩展，西方近代社会历史条件发生了巨大变化。表现在市民阶级的力量随之日益发展、壮大，公民参与法律的范围日益扩展，程度日益加深，伸张、维护权利的能力日益加大，制约、限制公权力的扩张与腐化，从而成为近代法治生成的促动力量之一。[⑤]可以说“3R”运动与启蒙运动为公民参与法律提供思想动力，为公民参与法律带来了新的理念，为公民的法律参与注入了新的生机，为公民提高维权能力提供了实践基础。反观国内高校的情况，在传统学

---

① 陈星波，字如祥．对大学生加强民族观、宗教观与法治观教育研究［M］．昆明：云南民族出版社，2007：241.

② 搜狐网．为何大学助学金屡遭拖延克扣［EB/OL］．（2016-10-25）［2020-10-25］．https：//www. sohu. com/a/117097029_ 374087.

③ 沈静芳，孙婷婷．国家奖助学金竟成敛财工具，高校辅导员获刑［EB/OL］．（2020-06-30）［2020-10-25］．https：//www. sohu. com/a/117097029_ 374087.

④ ［美］罗伯特·达尔．论民主［M］．李柏光，等，译．北京：商务印书馆，1999：60.

⑤ 占茂华．法理学前沿问题［M］．上海：上海社会科学院出版社，2016：150.

生法治教育中，更倾向于对学生守法意识的培养，而对其权利意识则往往避而不谈，“很多学生对自身权利认识不够，没有明确的权利观念和主动维护意识，学校也缺乏学生权利表达的正常渠道。学生维权能力较低，不了解正当程序，不知道维权部门，也不清楚自己的切实权利到底有哪些，如何维护”①。

从目前的情况来看，高校学生维护自身权利的能力主要有以下几方面的局限性。其一，学生并不掌握教育救助权利救济的知识，对于自身权利的认识模糊，对于启动权利救济的程序陌生。当高校学生认为其权利遭受侵害时，只有具备一定的权利救济常识才能通过法律救济途径维护自身权益，并应当根据自身权利受侵害的情形选择相应的救济类型，还需要准备启动权利救济程序所需要的相关材料。其二，学生并不具备充分的启动权利救济程序的时间成本、收集证据成本以及其他方面的物质成本。“学生寻求权利救济的时间成本和物质成本较高，同时在绝大多数情况下，除了学校内部的调节机制，其他救济渠道更容易使问题和矛盾公开化，并使救济本身成为一种对抗性的法律活动，并不利于学生权利的根本实现。”② 学生自身不仅在时间上受制于学校的课程安排，可用于自由支配的时间有限，而且本身处于经济困难状态的学生，又怎么可能负担得起诉讼费用、交通费用以及其他必要费用。

（三）制度方面：权利救济渠道不畅

“当公民的社会保障权受到侵犯时，必须有相应的权利救济途径。‘有权利必有救济’是权利的核心要素，这句古老的法律谚语告诉我们：法律对公民权利、自由规定得再完备、列举得再全面，如果在这些权利和自由受到侵犯之后，公民无法获得有效的法律救济的话，那么，这些法律上的权利和自由都将成为一纸空文。”③ 权利救济渠道的畅通，是保障权利救济得以实现的

---

① 王斐，冯国营，刘敏．大学生权利及其保护研究——基于新修订《普通高等学校学生管理规定》的思考［J］．青少年学刊，2018（01）：43-48.

② 曾瑜，邱燕，王艳碧．高校学生管理工作法治化研究［M］．成都：西南交通大学出版社，2016：4.

③ 刘灵芝．社会保障权法律救济制度研究［M］．沈阳：辽宁大学出版社，2011：106.

前提和基础，而在教育救助实践中，非诉讼权利救济和诉讼权利救济均存在缺陷。

社会救助法制规范规定教育救助权利救济的内容较为模糊。《社会救助暂行办法》第 65 条的权利救济条款，将可提起行政复议和行政诉讼的事由限定于“社会救助管理部门”的具体行政行为，而《社会救助暂行办法》第 3 条规定“国务院民政、应急管理、卫生健康、教育、住房城乡建设、人力资源社会保障、医疗保障等部门”和“县级以上地方人民政府民政、应急管理、卫生健康、教育、住房城乡建设、人力资源社会保障、医疗保障等部门”是“社会救助管理部门”。在讨论“教育救助的性质”问题时，提出教育救助是一种行政行为或授权性行政行为。当教育救助是一种行政行为时，如北京市某街道办事处依据《北京市社会救助实施办法》第 25 条规定发放高等教育新生入学补贴的教育救助行为，可以依据《社会救助暂行办法》第 65 条的规定提起行政复议或行政诉讼。当教育救助是一种授权性行政行为时，如由某高校实施的认定教育救助对象，发放国家助学金的行为，能否依据《社会救助暂行办法》第 65 条的规定提起行政复议或行政诉讼就存在疑问了。根据《社会救助暂行办法》的文义分析，学校不属于“社会救助管理部门”的范畴，因为《社会救助暂行办法》第 36 条规定由学校受理教育救助申请，“按规定程序审核、确认”，但并未明确学校是否为教育救助的决定主体，也就是没有明确授权，《教育法》《高等教育法》等法律规范也未作出明确授权。学校获得的教育救助授权并非依据《社会救助暂行办法》等法律法规，而是依据《国务院关于建立健全普通本科高校高等职业学校和中等职业学校家庭经济困难学生资助政策体系的意见》等规范性文件，因此，学校的授权是存在瑕疵的，缺乏相应的法律效力。

由于针对学校的教育救助行为能否直接提起行政复议或行政诉讼并无明确的法律依据，所以有关学生教育救助的权利救济只得从教育救助法制规范中寻找。在我国现行教育救助体系中，如果学生和学校发生纠纷，最为简捷易行的救济方法就是非诉讼救济途径，其中最主要的就是校内申诉的救济方式。如果学生认为自身权益遭受侵害，可以向学校相关部门或者学生申诉委员会提出申诉，要求其查清事实、追究侵权一方责任，并寻求对自身损失的赔偿或补偿。而现行高校内部申诉制度并没有划定明确的受案范围，教育救助权利救济是否可以适用该制度，尚无明确的法律规定，而且该制度本身存在问题，一些高校在程序设计上并不规范，导致维权功能有限。在实践中，由于制度设计的局限性，申诉制度内部不存在无利害关系的第三方，审查主体一般是高校学生申诉处理委员会，其成员一般由学校职能部门负责人构成，一旦出现学生与学校之间的纠纷，就会出现“裁判者即当事人”的情况，其处理结果的客观公正性难以得到保障。在行政复议方面，其实际运行的效果也不理想。有学者指出目前行政给付复议案件不多是主客观原因综合作用的结果。既有普通群众不知道行政复议制度可以解决他们面临的行政争议的主观原因，也有现实中部分行政复议制度设计无法纠正下级行政给付机关的违法行为，程序设置本身不科学、复议机关人员配置不足、复议实际效果不明显等客观原因。①

诉讼权利救济渠道也存在制度的问题。与申诉制度和行政复议相比，行政诉讼属于更具有法律权威性的权利救济途径。“不可否认，学生行使其权利救济，必然与学校发生相对应的冲突，却因无法通过校内的制度解决，才有进一步提起行政诉讼的问题。”② 在司法实践中，受到“把非诉讼纠纷解决机制挺在前面，引导人们理性平和协商解决矛盾纠纷”③ 等政策的影响，以及“否认高等学校是适格的被告，认为高校不是行政机关，因此不符合行政诉讼的被告条件”④ 等观念影响，学生起诉学校的行政诉讼案件曾在很长一段时间内被相关法院裁定不予受理。“我国司法机关自‘田某诉北京科技大学案’和‘刘某诉北京大学案’之后，已经逐渐开启对学校作为授权性行政主体（法律、法规授权行使一定行政权的组织）行为的审查之门。但是，对于高校自治权范围内的行为和行政管理行为的界分仍很困难，因此使

---

① 于家富．行政给付的行为规范研究——以最低生活保障制度实践中失范行为规制为中心［M］．北京：中国政法大学出版社，2015：183.

② 湛中乐．学生权利及其法律保障［M］．北京：中国法制出版社，2017：224-225.

③ 中国政府网．中共中央办公厅、国务院办公厅印发《关于加强社会主义法治文化建设的意见》［EB/OL］．（2021-04-05）［2021-06-05］．http：//www. gov. cn/zhengce/2021-04/05/content_5597861. htm.

④ 王丛虎．高校与学生之间行政法律纠纷及其解决思路［EB/OL］．（2003-02-24）［2021-06-05］．https：//www. chinacourt. org/article/detail/2003/02/id/39758. shtml.

得法院不得不以‘不属于法院受案范围，驳回诉讼请求’为由而将其拒之门外。”[①] 虽然《社会救助暂行办法》教育救助是社会救助的一个项目，且其中第65条规定了“申请或者已获得社会救助的家庭或者人员，对社会救助管理部门作出的具体行政行为不服的，可以依法申请行政复议或者提起行政诉讼”，但是在实践中涉及学校与学生之间的教育救助相关案件是否属于行政诉讼受案范围仍然存在疑问，毕竟法律未明确规定学校是否为作出教育救助决定的主体。因此，在理论上存在司法机关以学校不是行政机关，其教育救助行为不是具体行政行为为理由驳回起诉的可能。

根据网络调查以及问卷调查的情况，已经了解到实践中确实存在涉及教育救助的纠纷和侵害救助对象权利的行为，如中央纪委监察部公布的案例：兰州商学院一个班级违规收取19名家庭经济困难生2012年全年的助学金，用于到高档酒店举行毕业聚餐。[②] 那么这些权益受到侵害的家庭经济困难学生应通过怎样的渠道维权呢？根据在中国裁判文书网的调查，涉及教育救助的案例包括挪用、贪污教育救助资金的刑事案件和以行政机关为被告的行政案件，学生以学校为行政诉讼被告的案件未查询到，这不禁让人产生疑问。根据笔者对北京市信访矛盾分析研究中心的调研，发现北京市信访系统在2017年1月至2021年5月共接到涉及教育救助的信访案件20余件，如2017年北京警察学院某学生反映“助学金认定不公平”。可见，由于现有的权利救济渠道不畅，一些学生尝试通过信访的渠道解决问题。

二、非诉讼救济

（一）校内申诉

从现有的法律法规来看，校内申诉是学生获得权利救济的一种非诉讼救济方式。申诉权被认为是我国公民的一项基本宪法权利，具体是指“公民对

① 张继红．高校学生群体性事件之法律防治对策研究［M］．北京：中国致公出版社，2018：44.

② 王钟的．助学金发放不能成黑箱［EB/OL］．（2014-02-14）［2021-05-28］．https：//www.chinacourt.org/article/detail/2014/02/id/1213952.shtml.

国家机关作出的决定不服，可向有关国家机关提出请求，要求重新处理的权利”①。我国《宪法》第41条规定：“中华人民共和国公民对于任何国家机关和国家工作人员，有提出批评和建议的权利；对于任何国家机关和国家工作人员的违法失职行为，有向有关国家机关提出申诉、控告或者检举的权利……对于公民的申诉、控告或者检举，有关国家机关必须查清事实，负责处理……”校内申诉制度一般是指“教师、学生、职员因对学校或者其他教育机构的有关职能机构或人员作出的有关处理决定不服，或认为其有关具体行为侵犯了自身的合法权益，申请学校或者其他教育机构依照规定程序进行审查处理的制度”②。《教育法》第43条规定的受教育者享有的一系列权利当中，包括“对学校给予的处分不服向有关部门提出申诉，对学校、教师侵犯其人身权、财产权等合法权益，提出申诉或者依法提起诉讼”。2017年教育部修订发布的《普通高等学校学生管理规定》第6条也明确规定，学生在校期间依法享有“申请奖学金、助学金及助学贷款”的权利和“对学校给予的处理或者处分有异议，向学校、教育行政部门提出申诉，对学校、教职员工侵犯其人身权、财产权等合法权益的行为，提出申诉或者依法提起诉讼”的权利。《普通高等学校学生管理规定》第59条规定，学校应当成立学生申诉处理委员会，作为受理学生申诉的专门组织，同时该委员会的构成需要有各类群体的代表，既要有学校管理部门的代表，也要有教师、学生群体的代表，还应当有具备法律专业知识的人参加，以保证这一组织受理申诉案件的公平公正。

从现有规定来看，校内申诉的程序一般包括申诉申请的审查、申诉的受理、进行必要的调查（查清处理或者处分的事实、依据、程序是否符合相关规定）、听取争议当事人的意见和理由、作出复查意见等主要环节。根据《教育法》和《普通高等学校学生管理规定》之规定，目前校内申诉的受案范围主要包括两类，一是学校对学生作出的处理或者处分不服的情形，二是学校、教师侵犯学生人身权、财产权等合法权益的情形。相关规定既明确了

① 刘平．行政救济的法理思辨［M］．上海：学林出版社，2019：350.

② 褚宏启，江雪梅．学校法律问题分析［M］．北京：教育科学出版社，2018：206.

学生的申诉权，也明确了学生的诉讼权，根据相关条款，学生对学校处理或处分不服的，只能提起申诉，而不能直接提起诉讼。也就是说，学校对学生的处理或者处分是学校内部管理行为，不具有可诉性，这就导致了司法机关将教育救助相关案例拒之门外。学生只有“认为”学校、教师侵犯其人身权、财产权等合法权益，才可以提出申诉或者依法提起诉讼。申诉受理部门包括学校和教育行政机关。[①] 校内申诉是学生教育救助权利救济方式中门槛最低的一种途径，其受理范围应包括学生认为自身权利受到侵害或遭受不公正对待的一切事项。对于教育救助申诉的启动条件而言，学校也应适当放宽要求，同时加以适当的指导，明确提起申诉所需要的条件，以保证学生能够及时进行权利救济。

学生对学校的教育救助处理决定有异议的，可以在接到学校处理决定之日起一定时限内向学校学生申诉处理委员会提出书面申诉，超过合理期限后，应视为学生放弃申诉权利。学生申诉处理委员会应该对学生提出的申诉进行复查，这里的复查应当是对学生教育救助处理的程序、依据和内容的全面审查，必要时可以调取相关材料，并在接到书面申诉之日起一定时限内作出复查结论并告知申诉人。情况复杂不能在规定限期内作出结论的，应该延长一定时间。

学生申诉处理委员会在处理申诉案件时，一般有以下几种方式：一是可以根据实际情况建议学校暂缓执行有关决定，待时机成熟时再行作出；二是建议学校重新作出处理（变更处理）或者撤销原处理，主要针对事实认定不清、法律法规依据不准或者程序存在瑕疵的情形；三是认为学校的处理决定并无不当，认为应当维持原有的处理决定，并及时向申诉学生进行通告。如果学生对学校申诉处理委员会作出的复查决定有异议，应该有权采取包括诉讼救济在内的其他救济措施。

（二）行政申诉

在行政法领域中，行政申诉是指当事人认为自己的权利或利益因国家行

① 周琴．教师职业道德与教育法律法规［M］．合肥：安徽大学出版社，2015：134.

政机关或者法律法规授权组织的违法行为或处分不当而遭受权益损害时，向有关行政机关提出意见，请求其进行处理的行为。行政申诉是特定的组织依照法律、法规或规章的要求对公民、法人或者其他组织提起的申诉进行审查、调查并提出解决问题办法的过程。①

行政申诉受理的主体限于行政机关，这也是行政申诉与校内申诉的重要区别，行政申诉受理的主体一般是指与学生所在学校有隶属管理关系的行政机关。提起行政申诉的基本条件是公民、法人或者其他组织认为行政组织及其人员的行政行为不当，侵犯了其合法权益，教育救助行为之所以被视为一种授权性行政行为，也是由于在实践中教育救助行为已经被纳入行政申诉的受案范围。例如，北京市教育委员会在其官方网站“办事服务”栏目，专门设置了“行政申诉”的办事指南，公示了受理学生行政申诉的依据、材料和流程等内容。② 行政申诉与校内申诉类似，通常有受理审查、事件调查、作出处理三个主要阶段。

《社会救助暂行办法》中并未对行政申诉的内容作出规定，相关规定主要体现在教育法律法规。根据《普通高等学校学生管理规定》第 6 条和第 62 条的规定，目前有两种情况学生可以向教育行政机关提起申诉：一种是学生对学校给予的处理或者处分有异议的，可以向教育行政部门提出申诉；另一种是学生对所在高校对校内申诉作出的复查决定有异议的，可以到省级教育行政部门进行行政申诉③。对于学生认为学校、教职员工侵犯其人身权、财产权等合法权益的情况是否可以提起行政申诉，《教育法》和《普通高等学校学生管理规定》没有给出明确规定，而仅规定可以“提出申诉”。因

① 刘平．行政救济的法理思辨［M］．上海：学林出版社，2019：350.

② 北京市教育委员会官网．学生申诉办事指南［EB/OL］．（2020-08-06）［2021-02-14］．http：//jw. beijing. gov. cn/bsfw/xzfyjss/xsss/.

③ 涉及《普通高等学校学生管理规定》相关条款如下：

第 6 条规定：“学生在校期间依法享有下列权利：……（六）对学校给予的处理或者处分有异议，向学校、教育行政部门提出申诉，对学校、教职员工侵犯其人身权、财产权等合法权益的行为，提出申诉或者依法提起诉讼。”

第 62 条规定：“学生对复查决定有异议的，在接到学校复查决定书之日起 15 日内，可以向学校所在地省级教育行政部门提出书面申诉。省级教育行政部门应当在接到学生书面申诉之日起 30 个工作日内，对申诉人的问题给予处理并作出决定。”

此，需要进一步明确行政申诉的受案范围，除上述涉及学校对学生的处理、处分，侵犯学生人身权、财产权等合法权益的情况可以提起行政申诉之外，还应当将教育救助权利纳入受案范围。因为，从严格意义上讲，学生的教育救助权利不等于人身权、财产权，而且学校对学生教育救助资格的认定，也不等于一般意义的处理或者处分，而是一种权利的确认。

此外，《普通高等学校学生管理规定》第 65 条还规定了学生可以向学校所在地省级教育行政部门投诉。投诉案件主要有两种情形，一是学生认为学校及其工作人员违反法律法规的规定，侵害其合法权益的；二是学校制定的规章制度与法律法规相抵触，由于学生与学校之间存在直接利害关系。这里的投诉与申诉有何种关系，相关规定并未作出说明，而投诉应当参照何种程序，《普通高等学校学生管理规定》也未作规定。所以，相关法律规定有待进一步完善，以保证投诉救济渠道更具可操作性。

由于《教育法》《普通高等学校学生管理规定》等法律法规并未规定教育行政机关如何处理行政申诉，因此，需要进一步规范和细化教育行政机关受理行政申诉的规则。实际上，受理申诉的行政机关行使的是一种对纠纷的裁判权，裁判权的有效行使需要必要的程序、规则，以建立并维护裁判结果的公平公正，切实保障申诉人的合法权利。对于申诉的形式和时限需要作出明确规定，教育行政部门对于申诉的处理必须在合理的时限内完成，而不能久拖不决。对于申诉人提起申诉的条件应当遵循简便易行的原则，这是基于学生本身相对弱势地位和条件限制的考虑。如北京市教委规定学生申诉一般需要具备 4 个基本条件即可“1. 申诉申请书及副本各一份；2. 申诉人身份证明材料复印件；3. 委托他人申诉的，应当提交委托手续；4. 案件有关的证据材料，填写证据材料清单并签名”。①

在处理因对学校教育救助决定不服提起的学生申诉时，省级教育行政部门应当进行充分的事实调查，了解案件的事实情况，并对高校行为的合法性进行全面审查，并且应以适当的形式听取学生和学校的意见，以保证对事实

① 北京市教育委员会官网．学生申诉办事指南［EB/OL］．（2020-08-06）［2021-02-14］．http：//jw. beijing. gov. cn/bsfw/xzfyjss/xsss/.

情况以及当事方诉求的掌握。这里需要强调的是教育行政部门与学校之间存在隶属关系，但这种隶属关系不应当成为申诉处理的影响因素，教育行政部门应当保持中立立场，根据调查情况，作出相应的处理决定：第一种情况是维持学校的处理决定，主要针对学校认定事实清楚，依据准确，程序正当，处理适当的情形；第二种情况是撤销学校原处理决定，主要针对事实认定明显错误、违反法律法规的规定、超越职权的情形；第三种情况是要求学校作出变更决定，主要针对事实认定清楚，但认定情节有误、定性不准确，或者适用依据有错误的情形。同时，应当设置合理的行政申诉时效制度，即自学校的处理、处分或者学校申诉处理委员会复查决定书送达之日起，学生在申诉期内未提出申诉的视为放弃申诉，有关部门可以不再受理其提出的申诉。在某些情况下，学校作出教育救助的处理决定并不直接通知学生，学生对于处理结果并不知情，因此，一方面应当明确学校对于涉及学生的处理决定需要及时以书面形式通知学生，另一方面应当明确在学校未通知学生的情况下，申诉时效应当自学生知道或应当知道处理结果之日起计算。

（三）行政复议

《行政复议法》第 2 条规定“公民、法人或者其他组织认为具体行政行为侵犯其合法权益，向行政机关提出行政复议申请，行政机关受理行政复议申请、作出行政复议决定”，也就是说公民、法人或其他组织有提出行政复议申请的权利。行政复议实际上是上级行政机关对下级行政机关具体行政行为进行监督的一种方式，对于其违法违规行为、不恰当的行政行为予以处理或者纠正。

教育救助涉及的教育行政复议是学生进行权利救济的重要途径，是指学生认为行政主体的行政行为侵犯了其合法权益，依法向其上级行政机关或其他机关提出审理申请，复议机关依法对该行政行为的合法性和合理性进行审查并作出审查决定的一种行政活动。[①] 教育行政复议是以行政相对人的申请为启动条件，遵循“不告不理”原则；复议的内容是教育行政主体的具体行

① 杜霞，张芃．高等教育法概论［M］．北京：中国社会出版社，2018：199.

政行为，通常情况下高校在行使法律法规授权的行政权力时，可以成为行政复议的被申请人，如行使学位授予权、招生权时具有行政主体资格。当然，学校在行使教育救助权时，其相应行为也被视为一种授权性行政行为，学生可以提起行政复议。教育行政复议主要程序有复议申请、复议受理、复议审理和复议决定四部分内容，具体规定与校内申诉和行政申诉内容类似，在此不再赘述。

教育行政复议与教育行政申诉二者密切联系、互相衔接，都是教育救助权利救济的重要途径。有学者认为两者之间不存在差异，认为："行政申诉的立法意图在于高效便捷地解决教育纠纷，解决纠纷的主体，处理纠纷的程序等都与行政复议无异。"① 但是，实际上教育行政复议与教育行政申诉还是有着本质区别，二者在概念上和实践中确实很容易混淆，有必要对二者加以正确区分。

1. 提起主体方面存在不同

虽然在教育管理实践中，作为法定的救济途径，教育行政相对人只要认为自己的合法权益受到侵害，就可以依法提起教育申诉或教育行政复议。但是按照我国现行有关教育法律、法规的规定，目前能够提起教育申诉的还只限于认为其合法权益受到损害或对学校的处理、处分不服的教师或学生，其他组织和个人虽然也是教育行政相对人，但目前法律并未规定他们可以提起教育申诉。而有权提起教育行政复议的主体则较为广泛，只要是公民、法人或者其他组织认为教育行政机关的具体行政行为侵犯其合法权益的，都可依法提起教育行政复议，其中既包括教师和学生，也包括其他教育行政相对人。

2. 受理主体方面存在不同

行政申诉的受理主体只能是高校所在地省级教育行政部门，而教育行政复议制度的受理主体既包括高校的上级教育行政机关，也包括同级人民政府。以北京地区高校为例，如果是北京市属高校，则其行政复议和行政申诉受理主体都可以是北京市教育行政部门；如果是教育部直属高校或者其他部委所属高校，那么行政复议和行政申诉受理主体则会有不同，行政复议的受理主体就只能是教育部或其他部委，行政申诉由北京市教育行政部门受理。

---

① 杨解君．行政诉讼法［M］．北京：中国方正出版社，2004：14.

3. 法律依据方面存在不同

《行政复议法》第 6 条规定了行政复议的 11 类受案范围，其中规定“申请行政机关依法发放抚恤金、社会保险金或者最低生活保障费，行政机关没有依法发放的”和“认为行政机关的其他具体行政行为侵犯其合法权益的”都属于行政复议受案范围。根据《行政复议法》的规定，其受案范围包括与社会救助相关案件，保护公民社会救助相关权利。教育相关法规规定了申诉救济主要是保障学生人身权、财产权等权利。《教育法》第 43 条规定受教育者可以“对学校、教师侵犯其人身权、财产权等合法权益，提出申诉或者依法提起诉讼”。《普通高等学校学生管理规定》第 6 条规定可以“对学校、教职员工侵犯其人身权、财产权等合法权益的行为，提出申诉或者依法提起诉讼”。

4. 两种制度审查处理的对象和救济的范围方面存在不同

教育救助行政申诉分两种情况：一种是学生对学校给予的处理或者处分有异议的，相关法规没有规定其提出申诉的时限；另一种情况是学生对学校复查决定有异议的，在接到学校复查决定书之日起 15 日内，可以向学校所在地省级教育行政部门提出书面申诉。根据现行规定，学生对所在高校的校内申诉的复查决定有异议的，可以到省级教育行政部门进行申诉，而不可以直接提起行政复议。教育救助行政申诉的第一种情况并没有明确处理的时限，第二种情况是省级教育行政部门应当在接到学生书面申诉之日起 30 个工作日内，对申诉人的问题给予处理并作出决定。行政复议的受案范围已经由《行政复议法》作出了明确规定，主要以具体行政行为来确定受案范围，学生认为具体行政行为侵犯其合法权益的，可以自知道该具体行政行为之日起 60 日内提出行政复议申请（特殊情况除外），行政复议机关应当自受理申请之日起 60 日内作出行政复议决定。

5. 处理的程序不同

从北京市教育委员会公示的信息来看，行政复议①的程序与行政申诉②

① 北京市教育委员会官网．行政复议办事指南［EB/OL］．（2020-08-06）［2021-02-14］．http：//jw. beijing. gov. cn/bsfw/xzfyjss/xzfy/index. html.

② 北京市教育委员会官网．学生申诉办事指南［EB/OL］．（2020-08-06）［2021-02-14］．http：//jw. beijing. gov. cn/bsfw/xzfyjss/xsss/.

存在明显差异。行政复议案件会向被申请人发出《提出答复通知书》和申诉书副本，要求其在10日内作出书面答复，同时会安排办案人员“审核情况、调查取证”。而行政申诉是由受理机关向被申诉人发出受理通知书和申诉书副本，要求其在7日内作出答复。而且事后处理也不同。对行政申诉结果不服的，当事人可以自收到申诉处理决定书之日起60日内到本级人民政府申请行政复议，也可以向上一级主管部门申请行政复议，或在收到申诉处理决定书之日起三个月内到有管辖权的人民法院提起行政诉讼；对行政复议不服的，当事人只能到有管辖权的人民法院提起行政诉讼。

从现行非诉讼救济制度设计内容来看，行政申诉和行政复议在制度设置方面存在重复冗繁的问题，内容上既有重复之处，亦有冲突之处，实践中没有必要设置两个性质相近且功能相同的救助程序，而是应当在现有基础上对二者进行整合，以避免救济资源的浪费和引起不必要的混淆。应当在完善社会救助法制过程中，进一步明确教育救助的权利救济方式，将行政申诉的内容纳入行政复议制度中。

三、行政诉讼

通常来讲，教育救助诉讼救济是指人民法院以司法程序对高校学生教育救助相关权利遭受侵害而实施的司法评价。① 学者们大都将请愿权、复议权、诉讼权等事后救济权作为权利救济权的核心内容（其中，复议权和诉讼权属于我国宪法规定的申诉权范畴）。“司法作为学生权利救济的最后一道防线，既是保护大学生受教育权的最后屏障，又是对严重影响大学生权利的高校行为进行监督的最为有效的方式。”② 可见，通过诉讼救济是教育救助权利救济的核心内容之一。从另一个视角来分析，诉讼救济又是对非诉讼救济失灵之后的补救方式，也是非诉讼救济方式的延续。站在教育救助对象的权利视角，民事诉讼和刑事诉讼属于教育救助权利救济中的特殊情况，在教育救助

① 范伟，杨司阳．教育法治视野下高校学生权利救济：内涵、原则与机制建构［J］．现代教育管理，2017（06）：70-74.

② 孙炜．基于育人视角的高校学生管理法律风险识别与防范研究——兼论新修订的《普通高等学校学生管理规定》［J］．湖南科技学院学报，2018（11）：112-114.

过程中极少遇到相关情况，因此，本书将以行政诉讼救济为主进行分析研究。

（一）行政诉讼渠道不畅通

行政诉讼是教育救助权利救济的最后一道防线，相较于其他救济途径，这一司法救济更具法定性、权威性和强制力。教育救助行政诉讼主要有两种情况，一种是学生与教育行政机关之间的行政诉讼法律关系，另一种是学生与学校之间的行政诉讼法律关系。

1. 学生与教育行政机关之间的行政诉讼

根据《社会救助暂行办法》，民政部门是主要负责社会救助的行政机关，其中重要内容就是教育救助。实践中，存在行政机关直接实施教育救助的情形，一些地方政府民政部门直接面向学生实施教育救助。[①] 同时，根据《教育部　财政部关于要求县级教育行政部门成立学生资助管理中心的紧急通知》，县级教育行政部门必须成立学生资助管理中心，主要负责“生源地信用助学贷款管理工作”和“中等职业学校的国家助学金管理等资助工作”。从机构性质上看，县级教育行政部门成立的学生资助管理中心为事业单位，但从隶属关系上看此类中心是该教育行政部门的内设机构，不具备独立的事业单位法人资格，不能以自己的名义对行政相对人作出行政行为，因此，也是由相应的教育行政部门作为实际上的行政主体。根据《行政诉讼法》第2条之规定，救助对象认为民政部门、教育部门等行政机关和行政机关工作人员的行政行为侵犯其合法权益的，可以依法向人民法院提起诉讼。《社会救助暂行办法》第65条也明确提出“申请或者已获得社会救助的家庭或者人员，对社会救助管理部门作出的具体行政行为不服的，可以依法申请行政复

---

① 例如，河北省廊坊市民政局发布《廊坊市贫困大学生助学办法》，面向廊坊市贫困大学生开展教育救助，包括首次救助和二次救助。首次救助对大一新生救助，二次救助对大学二年级以后的学生救助。参见廊坊市人民政府官网．《廊坊市贫困大学生助学办法（2019年修订）》［EB/OL］.（2019-07-01）［2021-02-15］. http：//www. lf. gov. cn/Item/89358. aspx. 再如，重庆市南岸区民政局开展面向贫困大学生的教育救助，通过“临时救助”“惠民济困保”和“福彩公益金助学圆梦”等多项举措，积极开展贫困大学生助学救助帮扶，切实解决贫困大学生上学难问题。参见南岸网．区民政局多举措救助帮扶贫困大学生［EB/OL］.（2019-09-06）［2021-02-15］. http：//m. cqna. com. cn/na_ topic21/2019-09/06/content_ 4571427. htm.

议或者提起行政诉讼”。例如，2015 年上海市浦东新区人民法院审理了“杨某程诉上海市浦东新区民政局一案”，在判决书中提出“根据《行政诉讼法》第 12 条第 1 款第 10 项的规定，认为行政机关没有依法支付抚恤金、最低生活保障待遇或者社会保险待遇的，以及第 12 项规定，认为行政机关侵犯其他人身权、财产权等合法权益的，公民、法人或者其他组织可以提起行政诉讼。据此，原告认为行政机关没有依法给予一次性教育帮扶资金而提起的本案诉讼，属于行政诉讼受案范围”①。可以说，第一种情况的行政诉讼救济渠道是畅通的，问题的焦点在于第二种情况。

2. 学生与学校之间的行政诉讼

《社会救助暂行办法》第 36 条规定：“申请教育救助，应当按照国家有关规定向就读学校提出，按规定程序审核、确认后，由学校按照国家有关规定实施。”《社会救助暂行办法》明确了学校是教育救助的实施主体，第四章中已经分析了关于学校是否有审批管理权限《社会救助暂行办法》并未作明确说明，但《教育部等六部门关于做好家庭经济困难学生认定工作的指导意见》中规定学校实际履行着教育救助审批管理职能。依此推理，学生与所在学校之间发生教育救助纠纷的情况不可避免。如在出现“因穿耐克鞋被取消助学金”②“学生因挂科无法享受助学金”③等情况下，学生就有权以学校作为行政诉讼被告提起行政诉讼。然而，查询“中国裁判文书网”相关信息，没有一例学生以学校作为行政诉讼被告提起的教育救助给付行政诉讼。前文已经提到，学生宁愿通过信访渠道解决纠纷，也不诉诸行政诉讼。因此，十分有必要从法律规范视角分析，是何种原因造成以学校为被告的行政诉讼救济渠道的阻塞，从目前的情况来看，不排除以下两个方面的因素。

一方面，学校作为教育救助行政诉讼被告的主体资格存疑。根据《行政诉讼法》第 2 条之规定，公民、法人或者其他组织认为行政机关和行政机关工

---

① （2015）浦行初（赔）字第 23 号

② 谭琳．你咋看？助学金被取消，只因妈妈给他买了双耐克球鞋［EB/OL］．（2016-11-08）［2021-02-15］．https：//mp. weixin. qq. com/s/OMRBdLD8uv-vgYxQqpAhjA.

③ 陈大炜．贫困生因挂科无法享受助学金？官方回复［EB/OL］．（2019-02-19）［2021-02-15］．https：//www. sohu. com/a/295694055_ 258456.

作人员的行政行为侵犯其合法权益，有权向人民法院提起诉讼。同时，该条还规定了《行政诉讼法》所指称的行政行为，包括由法律、法规、规章授权的组织作出的行政行为。《社会救助暂行办法》第36条将教育救助的实施职权授权给学校，但学校是否为教育救助审批管理主体并未明确规定。在《社会救助暂行办法》第65条权利救济条款中，将可提起行政复议和行政诉讼的事由限定于“社会救助管理部门”的具体行政行为，而根据《社会救助暂行办法》第3条的规定，学校未包括在社会救助管理部门之列。而且前文多次提到，学校在教育救助中的职权依据的是《教育部等六部门关于做好家庭经济困难学生认定工作的指导意见》等部门规范性文件，并无法律、法规或规章的依据。因此，虽然实践中学校履行着教育救助审批管理职权，但是在法律上学校的教育救助行为是否可以理解为社会救助管理部门作出的具体行政行为是存在疑问的，学校能否作为教育救助行政诉讼被告的主体资格也是存在疑问的。

另一方面，问题的产生还有可能出在行政诉讼受案范围方面。我国行政诉讼法采用的是以“具体行政行为”为中心、“概括+列举”的方式确定受案范围，这种方式虽然具有一定的开放性，但实际上其重点不在于“概括”而在于“列举”。有学者指出“我国行政诉讼法在对事的效力问题上采取受案范围有限原则，即人民法院并不受理所有的行政纠纷，而明确规定可以受理的案件”①。《行政诉讼法》第12条以列举的方式明确规定了行政诉讼的受案范围，也就是人民法院受理公民、法人或者其他组织的可诉行政行为，其中与教育救助相关的是第10项，即“认为行政机关没有依法支付抚恤金、最低生活保障待遇或者社会保险待遇的”。依照行政诉讼原告诉讼请求的内容，可以将行政诉讼分为形成之诉、确认之诉和给付之诉，而《行政诉讼法》第12条第1款第10项的内容，恰恰是行政给付的内容，但其列举的内容仅有三项，即给付“抚恤金”“最低生活保障”和“社会保险”。教育救助的内容显然不属于“抚恤金”和“社会保险”的范畴，那么是否可以对“最低生活保障”进行扩张解释，将教育救助内容纳入其中呢？《社会救助暂行办法》将社会救助的类型分为最低生活保障、特困人员供养、受灾人员

① 林莉红．行政诉讼法学（第3版）[M]．武汉：武汉大学出版社，2009：22.

救助、医疗救助、教育救助、住房救助、就业救助、临时救助，共 8 类。从现有规范来看，教育救助是与最低生活保障并列的一项救助内容，并不能纳入最低生活保障的范围。因此，只能依据行政诉讼法的受案范围的概括性条款的规定，即依据《行政诉讼法》第 12 条第 1 款“人民法院受理公民、法人或者其他组织提起的下列诉讼：……（十二）认为行政机关侵犯其他人身权、财产权等合法权益的”，以及第 2 款“除前款规定外，人民法院受理法律、法规规定可以提起诉讼的其他行政案件”。可见，现有的行政诉讼受案范围之规定，可以将教育救助案件囊括在内，但是提起诉讼只能援引兜底条款。有学者指出“即使新法最后补充了一条兜底条款，但按照以往的实践经验来看，兜底条款往往难以发挥真正的作用，经常被忽视”。[①] 因此，由于缺乏明确的法律规定，以学校为行政诉讼被告的教育救助给付行为之诉，依然不能同其他明确列举的受案范围一样，其在立案方面存在一定的难度。

（二）进一步明确学校主体地位和行政诉讼受案范围

行政诉讼本应在维护学生教育救助权益方面发挥重要的兜底保障作用，因为诉讼救济相较于非诉讼救济，救济程序更加严谨，审理过程更加独立，从而保证结果更加公正。然而，从目前的情况来看，以学校为被告的教育救助行政给付行为纳入行政诉讼受案范围的规定较为模糊，十分牵强，有必要针对上文提出的两个问题，提出完善教育救助法制的建议。

1. 应当明确学校在教育救助中的主体地位和职权

目前，对于学校在教育救助中的职权作出规定的规范主要有《社会救助暂行办法》《国务院关于建立健全普通本科高校高等职业学校和中等职业学校家庭经济困难学生资助政策体系的意见》《教育部等六部门关于做好家庭经济困难学生认定工作的指导意见》《教育部办公厅关于进一步加强和规范高校家庭经济困难学生认定工作的通知》《普通高等学校学生管理规定》等行政法规和行政规范性文件。相关规定对于学校在教育救助中的主体地位规

① 黄学贤，梁玥．行政诉讼的足迹与未来——著名中青年学者近十年行政诉讼研究述评［M］．苏州：苏州大学出版社，2018：159.

定也并不明确，如《社会救助暂行办法》规定学校按照国家有关规定实施教育救助，是实施主体。《国务院关于建立健全普通本科高校高等职业学校和中等职业学校家庭经济困难学生资助政策体系的意见》规定学校完善相关机构设置“具体负责此项工作”，明确了学校具有组织实施教育救助的职能。《教育部等六部门关于做好家庭经济困难学生认定工作的指导意见》明确了各高校、中等职业学校、普通高中、初中、小学、幼儿园在教育救助认定中的职能。《教育部办公厅关于进一步加强和规范高校家庭经济困难学生认定工作的通知》和《普通高等学校学生管理规定》明确了高等学校是为学生提供教育救助的主体。以上规定明确了教育救助主要由学校负责实施，而且实践中，学校在认定工作中实际掌握着教育救助是否给付的决定权。学校应当获得法律法规的授权而成为教育救助行政行为主体，可以在完善《社会救助法》的过程中明确学校的教育救助审批管理主体地位，这既有利于明确地授权学校行使职权的范围，也能纠正现有教育救助实践与教育救助规范之间的错位问题，此外，还能进一步畅通学生的行政诉讼权利救济渠道。因此，应当以《社会救助暂行办法》第 65 条为基础，进一步完善《社会救助法》中关于教育救助的内容，明确授权学校可以作为教育救助决定的作出主体，如将教育救助条款修改为“申请教育救助，应当按照国家有关规定向教育救助机关或就读学校提出，按规定程序审核、确认后，由教育救助机关或学校作出教育救助决定并按照国家有关规定实施”。

2. 应当完善行政诉讼受案范围的规定

从历史的视角出发，根据《行政诉讼法》本身的修订和完善规律，不难发现实体法上的权利一直推动着行政诉讼的发展，尤其是促进了受案范围的逐步扩大。无论从学理角度，还是从实践角度，都应当将教育救助给付行为之诉明确纳入行政诉讼受案范围。未来教育救助给付之诉以及教育救助给付行为之诉将明确纳入行政诉讼受案范围是大势所趋。①

一方面，在典型的干预行政时代，自由权居于中心地位，而属于自由权

① 教育救助行政给付行为的诉讼与教育救助行政给付诉讼并不能画等号，有关教育救助行政给付行为的行政诉讼可能牵涉到撤销诉讼、确认诉讼和给付诉讼三种诉讼类型。

性质的违法行政排除请求权决定了撤销诉讼一枝独秀；随着给付行政的来临，自由权与社会权并驾齐驱，作为社会权的行政介入请求权和给付请求权（如生存照顾请求权，赔偿、返还和后果消除请求权以及新生的信息请求权等）必然要求新型行政诉讼与之相适应，并使行政给付诉讼成为行政诉讼的“后起之秀”。[①] 随着社会救助法的丰富完善，教育救助给付请求权将得到法律进一步确认与保障，教育救助给付行政诉讼需要在行政诉讼的受案范围规定中予以明确，而不是以概括性条款兜底。

另一方面，其他国家和地区已经有了将教育救助给付之诉明确纳入行政诉讼受案范围的先例。瑞典最高行政法院审理案件的范围明确包括“社会福利案件”“学生助学金案件”。[②] 我国台湾地区“行政诉讼法”进一步明确了一般给付诉讼，其中第 8 条规定：“人民与中央或地方机关间，因公法上原因发生财产上之给付或请求作成行政处分以外之其它非财产上之给付，或因公法上契约发生之给付，得提起给付诉讼。”这里的一般给付诉讼的种类涉及金钱给付、对生存照顾和基础设施的给付、信息行为、制定规范的行为、要求消除后果的诉讼以及对于大量其他行为的“兜底性诉讼”，当然也应囊括教育救助给付。[③] 给付行政时代的到来，意味着公民与国家之间的关系发生了根本变化，从古典行政法的“命令与服从”关系逐步过渡到现代行政法的“服务与合作”关系。[④] 这些变化无疑将推进行政诉讼法的变革与发展，为行政诉讼构造带来结构性优化。其他国家和地区行政诉讼制度的改革实践，也为这一论断提供实践印证。

因此，必须把握《行政诉讼法》进一步修订完善的历史性机遇，完善教育救助行政诉讼救济制度，笔者建议将《行政诉讼法》第 12 条第 1 款第 10 项修改为“认为行政机关没有依法支付抚恤金、社会救助待遇或者社会保险待遇的”。

---

① 喻少如．行政给付制度研究［M］．北京：人民出版社，2011：254.

② 卞建林．中国诉讼法治发展报告（2012-2013）［M］．北京：中国政法大学出版社，2014：129.

③ ［德］弗里德赫尔穆·胡芬．行政诉讼法（第 5 版）［M］．莫光华，译．北京：法律出版社，2003：282.

④ 叶必丰．行政法的人文精神［M］．武汉：湖北人民出版社，1999：170.

第十章

完善教育救助法制的未来构想

党的十九届四中全会明确要通过完善制度建设加强和创新社会治理，党的十九届五中全会进一步明确“十四五”时期经济社会发展主要目标，将“全民受教育程度不断提升，多层次社会保障体系更加健全”作为重要内容，健全的教育救助制度是构建完善的民生保障制度的题中应有之义。2020 年 8 月，中共中央办公厅、国务院办公厅印发了《关于改革完善社会救助制度的意见》，进一步提出要完善法规制度，加快推进社会救助制度建设。出台《中华人民共和国社会救助法（草案征求意见稿）》，公开向全社会征求意见，也预示着社会救助法即将出台，社会救助法治发展将进入新阶段。教育救助制度蕴含对学生受救助权利和受教育权利的双重保障，也隐含对人的发展权的保障，既是社会救助制度建设的重要内容，又是促进教育公平、培养高素质人才的重要保障。经过数十年的社会变迁、经济高速发展以及社会保障事业的进步，教育救助制度已然发生了并且仍在发生着重大变化，国家从原有的消极救济态度，转变为积极的救助理念；学生也在由国家救助行为的客体，转变为权利与义务的主体。在上述背景之下，探讨面向未来的教育救助指导理念、制度设计和完善教育救助法律法规使之适应社会实际需要，已经成为当下教育救助发展亟须解决的问题。

一、确立相对贫困下的发展型教育救助理念

（一）教育救助面临的贫困形势的改变

社会救助制度从产生到发展，都是为了应对贫困问题，它以最直接的方

式帮助经济困难群体，目的是缓解贫困，并帮助社会贫困群体摆脱贫困状态。因此，对贫困形势的分析和判断对于社会救助制度的改革与发展具有重要意义。在2020年以前，我国贫困主要表现为绝对贫困和收入贫困，贫困群体在社会人口中占有一定比例，而随着脱贫攻坚任务的基本完成，消除绝对贫困的目标已经实现，社会经济形势，尤其是贫困样态已经发生根本性转变，相对贫困、能力贫困更加凸显，相对贫困问题会长期存在并有可能发生新的变化，这给我国的教育救助法制完善带来了现实的挑战。

1. 从绝对贫困向相对贫困的转变

以往，由于社会经济发展水平的限制，部分社会群体生活资料匮乏，存在一定数量的绝对贫困群体。1912年，列宁提出“相对贫困化”概念之后，学者们对贫困的研究从绝对贫困逐渐转向相对贫困，其中，相对贫困的理论化、系统化研究在20世纪90年代之后逐步趋于成熟。① 在20世纪90年代以前，绝大多数学者尚未真正重视相对贫困问题，也没有认识到贫困的多维性质，有学者指出，“当人们把注意力集中到无产阶级绝对贫困化问题的探讨时，却忽视了对‘相对贫困化’问题的研究”。② 还有学者认为相对贫困化和绝对贫困化的区分是对马克思主义贫困理论的一种曲解，是违反唯物辩证法的。③ 随着2020年脱贫攻坚任务的完成，经济社会发展步入新阶段，绝对贫困群体已经基本消除。近年来，我国经济实力大幅跃升，经济结构持续优化，2020年，国内生产总值达101.6万亿元，占世界经济比重达到17%左右，稳居世界第二位。人均国民总收入（GNI）突破1万美元，按世界银行标准，已经达到中高收入国家水平。④ 由于我国经济社会发展到新的阶段，人们的需要也在向多层次和高水平发展，复杂多维的相对贫困成为当前和今后一段时期社会的主要贫困形态。因此，阿马蒂亚·森提出的相对贫困理

① 蒋绍进，李绪蔼．《资本论》研究综述［M］．福州：福建人民出版社，1984：515.

② 李道平．关于“相对贫困化”问题的探讨——对西方国家工人阶级状况的分析之三［J］．求是学刊，1980（01）：27-32.

③ 段德元．相对贫困化和绝对贫困化的区分是一种曲解［J］．兰州学刊，1982（01）：103-105.

④ 中央党史和文献研究院．中国共产党简史［M］．北京：人民出版社，中共党史出版社，2021：514-515.

论，更适合我国当前社会基本矛盾——人民日益增长的美好生活需要和不平衡不充分的发展之间的矛盾，相对贫困问题的多样形态开始显现，以往单一的绝对贫困理论已经不足以应对现实问题。有学者认为，“人民达到‘小康’阶段，可以自由选择教育、投资乃至闲暇的时候，分配政策又有变化。这时的政策制定者要重视人们的分阶段偏好，重视人们选择自由，从而维护偏好的改变。”①

2. 从经济贫困向能力贫困的转变

随着社会经济的发展和进一步转型，因为能力和素质低下而造成被排斥在市场和社会之外的贫困越来越多，能力和素质已经成为造成我国人口贫困的主要原因，也是其摆脱贫困的内在障碍。②阿马蒂亚·森提出了以追求自由为核心的新发展理念，概括了“可行能力”和“功能性活动”概念。③根据这一视角，贫困可以通过“可行能力”的被剥夺来合理识别，而“能力贫困”就是教育和医疗条件的低下、性别歧视、收入不平等等都会对人的可行能力产生负面影响，这将限制人实现各种可能的功能性活动组合的实质自由，使其陷入贫困，是基本“可行能力”的剥夺。④传统上对贫困的理解是经济上的收入贫困，能力贫困则突破了传统的认识，认为经济贫困归根结底是由于可行能力受限制或者被剥夺造成的，进而表明若可行能力被剥夺，将会使人处于弱势和贫困状态，反之如果充分保障人的可行能力，就能够在很大程度上促进人的自由发展而摆脱贫困。总之，阿马蒂亚·森的能力贫困理论的根本在于力图通过加强人的可行能力来消除和减少贫困，他在阐述能力贫困时把人的全面发展和生活质量纳入理论范畴之内，其对贫困概念的界定体现了新的理念，即以人为本、注重人的发展。也有学者指出，后扶贫时代“贫困不再聚着于生存性特质，而是将更多着力点放在生活资料之外支撑个

① 梁捷．西方经济思想通识［M］．北京：东方出版社，2018：209.

② 张浩淼．发展型社会救助研究：国际经验与中国道路［M］．北京：商务印书馆，2017：186.

③ ［印］阿马蒂亚·森．以自由看待发展［M］．任赜，于真，译．中国人民大学出版社，2002：62-63.

④ ［印］阿马蒂亚·森．评估不平等和贫困的概念性挑战［J］．经济学季刊，2003（02）：257-258.

体的发展需求的发展性资本上，这也使得贫困具有相对性、多维性、发展性等特征"①。

结合能力贫困的概念来分析当前消除绝对贫困后我国的贫困形势，不难发现家庭经济困难群体在很多情况下呈现出能力不足或低下的特征，贫困的产生越来越多地和贫困者教育程度相关，与贫困者的知识资本存量低、个人发展能力弱等有密切联系。根据某课题组对中西部6个省的18个扶贫开发重点贫困县（区）180余所农村中小学调查发现，新时代贫困地区学生面临着能力贫困的问题。② 在能力贫困成为我国贫困的重要原因和表现形式以及受助者存在提升能力需求的情况下，如果仍然按过去的教育救助思路，只满足于保障受助者生存、维持基本学业，并不能最终实现教育救助的长远目标。也就是说，后扶贫时代的教育救助应当致力于对相对贫困问题的可持续消解，致力于为人的可行能力、综合素养、个性品质的培养提供援助，而非仍固着于"生存维持"状态，后扶贫时代面对能力贫困、心理贫困、文化贫困等新情况，教育救助应当致力于实现人的自由而全面的发展。

面对相对贫困为主的未来贫困形势，我国的教育救助法制需要进行相应的调整与改革，从过去的偏向于反绝对贫困的维持受助对象基本生存的制度设计，转变为反相对贫困的促进受助对象发展的制度设计，否则，教育救助就可能与社会实践脱节，出现"制度失灵"的问题。然而，构建适应反相对贫困目标的教育救助法制理论和经验还十分有限，这将会是一个全新的、更加复杂的过程。为了应对这一挑战，国家层面和一些发达城市、地区已经开始了积极探索，如《国务院关于加强社会保障体系建设助力打好精准脱贫攻坚战推进社会救助工作情况的报告》③ 中指出，要建立解决相对贫困的长效机制，瞄准突出问题和重点任务开展更具针对性的教育救助；《社会救助兜

---

① 汤颖，邬志辉．后扶贫时代教育扶贫应处理好的几对关系［J］．教育与经济，2021（01）：11-18.

② 付卫东．学生相对贫困与新时代教育扶贫策略——基于中西部6个省18个扶贫重点开发县的调查［J］．河北师范大学学报（教育科学版），2021（02）：64-71.

③ 中国人大网．国务院关于加强社会保障体系建设助力打好精准脱贫攻坚战推进社会救助工作情况的报告［EB/OL］．（2019-12-25）［2022-11-27］．http：//www.npc.gov.cn/npc/c30834/201912/2d2149602f2349c78ab282802be1a617.shtml.

底脱贫行动方案》（民发〔2020〕18 号）提出聚焦到脱贫成果巩固提升、解决相对贫困问题；2020 年《重庆市改革完善社会救助制度重点举措》提出研究解决相对贫困救助帮扶政策措施，建成与经济社会发展水平相一致的社会救助制度。《社会救助兜底脱贫行动方案》也指出以往的社会救助政策瞄准的主要是绝对贫困人口，“低收入家庭”“支出型贫困家庭”还没有被纳入救助范围，未来的教育救助重点应当是“低收入家庭”“支出型贫困家庭”成员，以帮助那些相对贫困家庭不因为教育支出而陷入贫困，也促进相对贫困家庭成员自由而全面地发展。

（二）发展型教育救助理念的基本思路

1. 从“消极救助”向“积极救助”的转型

现行《社会救助暂行办法》第 1 条、第 2 条规定了当前社会救助的总体基调是“保障公民的基本生活”“坚持托底线、救急难、可持续”“维护社会和谐稳定”，可以说这种以最低生活保障制度为主体而建立的社会救助体系，带有一种为贫困群体提供补偿，维持贫困者最基本生活的意味，体现的是国家为维持社会秩序“自上而下”的一种行动，既没有从贫困者权利的视角出发，也没有特别关注贫困群者的发展，带有一定消极性。在消极救助思路下，生存权理念占主导地位，而对于公民的社会权利，尤其是维护人的尊严理念认识不到位；以满足救助对象最低生活需求为原则，使其能够维持最基本的学习、生活。基于这种消极救助思路的教育救助法制也必然是一种消极的制度设计，如《社会救助暂行办法》第 34 条规定教育救助根据不同教育阶段需求“保障教育救助对象基本学习、生活需求”。消极的教育救助思路面对当前的社会经济背景，难以解决两个最突出问题：第一，刚刚脱离贫困状态的相对贫困群体仍然具有极大的脆弱性，抵御风险的能力很差，如果没有制度性的综合救助和发展机会的改善，他们很容易重新陷入绝对贫困；第二，由于社会生活水平总体上大幅度提升，拉大了相对贫困群体与非贫困群体的差距，使得相对贫困人口面临着阶层固化的风险，他们摆脱相对贫困状态的难度在一定程度上增加了。[①] 这从相关贫富差距扩大的有关数据也可以看出来，在一定意义上，相对贫困问题的日益突出，对社会的和谐与稳定构成了更大的威胁。在这种情况下，面向未来的教育救助应当树立起适合时代背景的发展型的积极救助理念，才能促使受助者增强生存能力，从源头上遏制绝对贫困再次出现，也逐步化解相对贫困引发的问题。

积极的教育救助思路关注充分调动救助对象的积极性，立足于救助对象的能力和素质提升，帮助救助对象能够自食其力，从根本上摆脱贫困、融入社会，从根本上实现人的自由而充分的发展。这种发展型的积极救助理念保证了教育救助法制的顺利实施，对于推动社会救助的可持续发展和社会进步具有重要意义。为教育救助注入“积极”的思路和理念有助于拓展教育救助法制的基本功能，使其在保障教育救助对象基本生活的同时，关注对救助对象人的尊严的保障，发挥促进救助对象发展和反“社会排斥”的功能。发展型的、积极的救助思路，不仅仅重视通过物资救助以援助救助对象，而且强调实现救助对象的“对个人自律的支援”，即“为使个人作为人个性的自律存在可以自主地追求自己的生活方式之条件完善”[②] 提供基础和平台，具有“积极”思路的教育救助可以在保障教育救助对象基本生活的同时，发挥促进教育救助对象发展的作用，有助于增强教育救助对象的能力，以使其融入社会并保证经济社会和谐稳定，这无疑是实现社会公平的最基础内容。

虽然我国社会经济发展已经达到新的高度，但仍然要面对相对贫困和社

---

① 国家统计局发布的数据显示，2003 年我国的基尼系数为 0.479，2008 年达到最高点 0.491，2014 年的基尼系数是 0.469，2018 年的基尼系数大约在 0.474，可以说中国现在的基尼系数都超过了国际 0.4 的警戒线。北京大学公布的《中国民生发展报告 2015》显示，1%的家庭占据着全国三分之一的财富，最底端 25%的家庭只占财产总量 1%左右。1995 年中国财产的基尼系数为 0.45，2002 年为 0.55，2012 年达到 0.73，财产不平等程度已明显高于收入不平等程度。注：基尼系数是国际上通用的、用以衡量一个国家或地区居民收入差距的常用指标；基尼系数最大为“1”，最小为“0”；基尼系数越接近 0 表明收入分配越是趋向平等；基尼系数小于 0.2 时，居民收入过于平均，0.2 到 0.3 之间时较为平均，0.3 到 0.4 之间时相对合理，0.4 到 0.5 之间时差距较大，大于 0.5 时差距悬殊。参见周周．我国贫富差距有多大？在全球是什么水平？国家统计局给出“答案”［EB/OL］．(2020-09-28)［2022-11-27］．https：//view. inews. qq. com/k/20200928A02AVM00？web_ channel=wap&openApp=false.

② ［日］菊池馨实．社会保障法制的将来构想［M］．韩君玲，译．北京：商务印书馆，2018：63.

会排斥的挑战，无论从现实国情还是从长远发展的角度来看，教育救助的价值理念不能仅选择维持生存和事后补偿，而是要具备积极预防绝对贫困和促进贫困者发展的特点。为此，应当培育并加强我国教育救助法制发展型的、积极的救助理念，进而拓展教育救助的基本功能。一是国家的教育救助不应再是被动的事后补偿，而应是主动的预防帮扶，如不应严格受制于“依申请为原则，依职权为例外”，对于能够确定符合救助对象的群体，可以依职权主动实施救助；此外，对于教育救助对象范围应适当扩张，不仅仅是救助绝对贫困群体“最低生活保障家庭成员”“特困供养人员”，而且应当救助相对贫困群体，如“低收入家庭成员”“支出型贫困家庭成员”等。二是教育救助不应仅仅是提供选择性的、阶段性的救助，而是应当提供系统的和连续的救助，如教育救助阶段不应局限于“义务教育阶段”，对于“高中教育（含中等职业教育）、普通高等教育阶段”以及“学前教育阶段”也应当提供同等标准和水平的教育救助，这与《经济、社会及文化权利国际公约》中已提倡的对各阶段教育最终实现免费的理念相吻合。三是教育救助不仅仅关注救助结果，而且更关注整个救助过程中对人的尊严和权利的切实保障，除了让教育救助法制发挥保障救助对象基本学习生活需求的功能外，还要发挥其权利保障的功能，促进救助对象有尊严地享有各项援助，提升自身能力并融入社会。

2. 从“生存型给付”向“发展型给付”的升级

由于当前我国的社会救助制度在救助理念和制度设计方面仍以保障生存为主，较少关注受助者的发展，所以，在救助给付方面呈现出以生存型给付为主的特征。在社会救助领域，单纯地对贫困家庭实施物质与现金援助这种“输血”式的帮扶很难斩断贫困的代际传递，在教育救助方面，如果仅满足于对救助对象基本学习、生活的支援，而忽视其能力的提升和未来的发展，将与发展型的教育救助理念背道而驰，这种低水平的教育救助难以适应解决绝对贫困问题后的教育救助需求，这就对我国目前的教育救助给付提出了现实挑战。实践中，也不乏一些生存型给付难以应对社会实践的案例，如对某最低生活保障救助对象 G 先生的访谈，他反映：“我儿子学费是免了的，这些方面国家做得很好。生活费是自己出，不过每年有 500 元的补贴。一个月很多钱用在补课上，补课是自愿的，但是不补就跟不上……他现在对学习是很有信心，但自己也不敢补了，肯定是嫌花钱。我儿子以前不是这样爱学习，但通过补课后，积极性提起来了。小学的时候是喜欢玩，但初中不一样了。他们班比其他班要多两倍的作业，学生和家长没有节假日了，都要搞作业。现在最头疼的就是补课费，太恐怖了”。[①] 在被问到希望通过哪种形式来提供教育救助，是现金，还是服务（如提供教师辅导）时，该救助对象毫不犹豫地选择学业辅导服务。

从《社会救助暂行办法》中，我们能够看到发展型给付的萌芽，其中第55条规定“县级以上地方人民政府应当发挥社会工作服务机构和社会工作者作用，为社会救助对象提供社会融入、能力提升、心理疏导等专业服务”，但该条款规定的具有发展型特征的救助并非由国家提供，而是依托社会力量。由于社会经济的发展，使得当下教育救助对象的需求也在发生着转变，已经由原来的生存性需求向着发展性需求转型，而教育救助不应脱离教育救助对象的实际需求。因而，面向未来，发展型给付不再是社会力量提供的一种可有可无的补充性救助，而是应当成为国家教育救助责任的题中应有之义，因此，国家提供的教育救助也应当从生存型给付向发展型给付转变，这主要包括两方面的含义。

一是给付水平的提升。由于发展型给付的目标是给予教育救助对象更加优质的学习生活条件，以促进其自由而全面地发展，所以，在给付水平方面应适当提高。随着我国人均国民总收入达到中高收入国家水平，全面建成小康社会目标基本实现，经济社会发展达到新的水平。不同教育阶段的教育救助问题已经随着社会经济发展进步而全面升级，不能将教育救助的使命仅仅限定在解除救助对象的生存危机上，救助对象的自由而全面的发展既是其新的救助需求，也是其应当享有的权利。教育救助所应达到的水平是满足教育救助对象合理的生存需求和基本发展需求。这就需要以教育救助法制来规范教育救助给付的基本安排，提升教育救助给付水平，遵循生存型救助与发展

---

① 张浩淼．发展型社会救助研究：国际经验与中国道路［M］．北京：商务印书馆，2017：156.

型救助相结合的原则。即以教育救助法律规范为基础，针对不同类型贫困群体的不同境遇及其特殊发展需求，科学制定教育救助的标准，实行按需施助，促成发展型救助，这是适应时代发展与社会进步使然，也是真正实现教育救助目标的制度保证。

二是给付内容的升级。构建发展型教育救助法制可以有效地改变目前维持生存的教育救助制度现状，以应对并解决生存型救助制度设计所造成的“不适应”问题，使教育救助不再只注重对教育救助对象的“输血”功能，而是强调对其的“造血”功能以及对其发展能力和机会的支持，致力于通过升级教育救助给付配套的发展型救助内容，如提供学业辅导、就业支援、心理疏导、技能培训、健康服务等救助，改善教育救助对象的生理和心理健康状况，强化其社会交往能力和个人发展能力，从根本上提高教育救助对象自由发展、融入社会的能力，有助于教育救助对象通过自立而摆脱贫困状态，自食其力地过上有尊严的生活并最终融入主流社会，实现个人和社会的发展。在某些地方，已经开始了对发展型给付的尝试，如《衢州市人民政府办公室关于印发衢州市低收入群众增收行动计划 2011 年度实施方案的通知》（衢政办发〔2011〕95 号）提出要提高教育救助水平，扩大中职学生免学费和享受助学金比例，逐步将支持创业列入高等学校教育救助体系。

3. 实现由教育救助向教育福利的蜕变

在国家经济社会快速发展的背景下，教育救助向教育福利转换的趋势愈加明显。2021 年 8 月 17 日，中央财经委员会第十次会议召开，会议研究了促进共同富裕问题，提出要“坚持在发展中保障和改善民生，为人民提高受教育程度、增强发展能力创造更加普惠公平的条件，畅通向上流动通道，给更多人创造致富机会，形成人人参与的发展环境”；要“建立科学的公共政策体系，形成人人享有的合理分配格局，同时统筹需要和可能，把保障和改善民生建立在经济发展和财力可持续的基础之上，重点加强基础性、普惠性、兜底性民生保障建设”。[①] 面向未来，从国家的顶层规划上已经开始着手

① 中国政府网．习近平主持召开中央财经委员会第十次会议［EB/OL］．（2021-08-20）［2021-08-17］．http：//www.gov.cn/xinwen/2021-08/17/content_5631780.htm.

擘画新时代更高水平的社会保障蓝图，在未来的社会保障领域将更多地展现福利性特征。因此，十分有必要对教育救助与教育福利进行深入探讨，以进一步明确发展型教育救助的走向。

对于教育福利的概念需要有一个基本认识，这可以从社会福利的概念入手。社会福利是现代文明社会广泛使用的概念，在不同的社会环境、不同的社会发展时期，其所包含的内容也存在差异，因此不同的学者对社会福利一词的理解和解释也不同，但大体上有广义和狭义之分。

广义的社会福利，一般又称为“大福利”，泛指国家和社会在相应的福利思想指导下，为实现社会福利状态所做的各种政策和制度安排的总称。具体而言，广义的社会福利包括国家和社会为改善国民的物质文化生活条件，提高生活质量，依法向国民提供的各种津贴补助、公共设施和社会服务。它包括国家和社会举办的文化、教育事业，城乡居民和职工的住房、医疗、养老，城乡社区或企事业单位举办的各种公益事业等。广义的社会福利覆盖的对象是全体国民，提供的福利既包括物质生活方面，也包括精神生活方面。

狭义的社会福利是指为帮助特殊的社会群体，医治社会病态而提供具体的社会服务与措施。具体而言，狭义的社会福利是社会保障体系的一个组成部分，它往往是针对某些特定的社会群体而设立的福利性收入与服务保障，是指对生活能力较弱的儿童、老年人、单亲家庭、残疾人、慢性精神病人等的社会照顾和社会服务。① 综合来看，社会福利是以提高社会成员生活质量为目的的社会保障形式，是现代社会政府的一项重要社会职责。②

一些学者针对教育福利的概念提出了自己的观点，这些观点表达的含义基本相同。有学者认为，“教育福利是指国家和社会保障国民中适龄成员享受平等的教育机会，并为受教育者提供免费或低费教育的制度安排。一般来说，教育福利的内容主要包括教育基础设施和师资队伍、免费或低费教育制度、奖贷学金政策等三个方面。”③ 还有学者提出，“教育福利是指以免费或低费方式向国民提供教育机会和教育条件的社会福利事业。……教育福利的

① 陈元刚．社会保障学［M］．沈阳：东北财经大学出版社，2019：278.
② 丛春霞，刘晓梅．社会保障概论［M］．大连：东北财经大学出版社，2011：282.
③ 潘锦棠．社会保障通论［M］．济南：山东人民出版社，2012：328.

主要内容包括以下几个方面：普及义务教育；向学生提供助学金、奖学金；向学生提供无息贷款；学生假期购票优惠制度；国家或地方政府以及教育部门设立各种教育机构，面向社会提供免费或低费教育。"[①] 综合来看，笔者认为教育福利主要是由国家提供的，面向全体公民的，具有普惠性的教育福利待遇。

随着世界经济全球化、一体化进程的快速推进，以及我国经济、社会的飞速发展，补缺型的教育救助已经不适应我国的发展形势，更不利于社会主要矛盾的解决。要厘清教育救助与教育福利之间的关系，树立面向未来的新理念。

一方面要厘清教育救助与教育福利的区别。其一是对象不同。教育救助以社会上的"弱者"（家庭经济困难学生）为主要对象，教育福利的享受主体则具有普遍性，只要是符合基本条件的公民都可以享受相关教育福利服务与措施，而不论其是否处于贫困状态。具体来说，教育福利通常是面向全体社会成员的社会保障事业，任何人都需要并且全都能够享受到一定的社会福利待遇。例如，在教育福利视角下，聋哑学校、盲人学校的残疾学生必将成为救助帮扶的对象。而在教育救助制度下，仅能对"不能入学接受义务教育的残疾儿童，根据实际情况给予适当教育救助"。其二是目标不同。教育救助的目标是通过国家以助学金、助学贷款、勤工助学等形式为家庭经济困难学生顺利完成学业提供保障，保障救助对象的基本学习生活，在一定限度内缓解教育不公平现象。教育福利除了保障社会成员一定的学习生活水平之外，还致力于在既定学习生活水平的基础上，尽力提高教育的质量，致力于提升社会成员的教育水平和整体素质，教育福利还会考虑满足人的个性化发展需要。其三是责任主体不同。教育福利的主体包括政府、社会以及其他组织和个人在内的多元化综合体系，是多元化的主体。而教育救助则主要是以政府为主体，从理论上说，政府承担着保障全体公民基本学习生活条件的主要责任。其四是供给内容不同。教育福利体系提供的内容涉及与教育相关的物质、精神以及文化等方方面面，其基本宗旨和目标是提升人们的生活质

---

① 安仲文，高丹．社会保障学［M］．沈阳：东北财经大学出版社，2013：288.

量、综合素质和福利水平，总之，教育福利是一项教育领域的全面福利。而教育救助的内容是以“保基本”为原则，以提供最基础、最低层次的救助为主，其主要内容是物质性的保障与援助，缺少发展性的救助内容。其五是供给方式不同。教育福利体系的目标和内容决定了其供给方式是多种多样的，除了物质层面的支持之外，还包括各种教育服务和支持，如提供课程辅导。与之相比，教育救助的手法则较为单一，主要表现为教育救助对象提供物质帮助，如提供助学金或减免学费。

另一方面要厘清教育救助与教育福利的联系。其一，教育救助是低层次的教育福利。教育救助与教育福利是一对相互包容的概念。它们的共同点在于：同是社会保障系统中的稳定机制，同是促进人类幸福的制度措施，目的都是调适社会关系中的各种矛盾、促进社会的良性运行和促进人的全面发展。教育福利强调人们教育质量的改善与提升，教育救助强调人们基本教育水平的维持和安全。其二，教育救助最终会被教育福利取代。客观地讲，教育救助是历史的产物，其必将随着历史的发展走向“灭亡”。当经济发展社会财富积累到一定程度，社会保障的目的不再仅限于满足人的基本生存需求，而是满足人的高质量的生存与发展需求。面向未来我们可以预见，当物质极大丰富，国家财政有足够实力的时候，提供普惠性的教育福利将成为现实，因此，教育救助是教育福利的前置阶段。

中央财经委员会第十次会议的召开，拉开了构建普惠性民生保障的序幕，应当树立由教育救助向教育福利平稳过渡的理念。在实现由教育救助向教育福利转型的过程中，应当从以下几个方面做好衔接。

一是逐步健全教育救助的法制规范。重整教育救助制度结构，使其由体系残缺向体系化、规范化、法治化的方向发展。要建立从宪法、法律、行政法规、部门规章和地方性法规分层级、系统化的法制体系。进一步明确政府的教育救助责任，明确学校在教育救助中的地位，完善救助对象实体权利和程序权利。

二是逐步扩大教育救助的覆盖范围。教育救助应当逐步扩大救助范围，将低收入群体甚至老年人作为救助对象，并逐步实现教育的普惠性、免费化。在扩大教育救助范围的同时，要关注不同群体的个性化需求，不同救助对象对教育的需求是不同的，面向未来的教育救助制度安排必须充分考虑每个个体的独特属性，避免在救助政策上的“一刀切”。例如，残疾人或者有心理障碍的学生对教育救助有着自己独特的需求，为此，教育救助应当遵循这一规律，根据不同的群体制定相应的教育救助政策，建立必要的救助设施、提供专业化的教育救助服务等。

三是逐步提高教育救助质量和水平。面向未来的教育救助，应当侧重于满足社会成员较高水平和较高层次的教育服务需求，包括物质需求和精神文化层面的需求等。确立教育救助制度应当以不断改善和提高家庭经济困难学生的学习生活质量，促进其全面发展为追求目标。满足教育救助对象发展性需求，根据教育救助对象的普遍需求来设置新型救助项目和新型给付形式。在教育救助制度的发展过程中，要与社会救助、社会保险等其他社会保障制度保持协调，着力提升教育公平。

二、完善教育救助法制的目标与方案

完善教育救助法制，对于保障家庭经济困难学生的合法权益，明确教育责任主体和教育救助对象的权利义务关系，规范教育救助行为，最终实现教育救助法治化，具有重要的现实意义。“明确教育救助主体与教育救助对象的这种权利与义务关系，是教育救助得以顺利实施的一个基本前提，也是制定相应法律法规的主要依据。”① 以立法的形式完善教育救助的顶层设计，将有助于国家教育救助职能的切实履行，有助于公民宪法权利的切实保障，将教育救助请求权作为一项法律权利得以明确，最终“促进人的全面发展和社会全面进步”。当前，中国特色社会主义发展迈入新阶段，有必要从总体上规划新时代的教育救助法制蓝图，以适应未来教育救助发展之形势。

（一）完善教育救助法制的目标

明确教育救助法制完善的目标是更好地规划未来一段时期教育救助法制

① 刘春怡．转型期我国城市贫困人口的社会救助问题研究——以长春市为例［D］．长春：吉林大学，2011：87.

改革和发展方向，在很大程度上决定和影响着法律规范调整教育救助法律关系的内容，以及采用的具体措施和制度内容，有助于进一步明晰教育救助法制发展的路径和思路。但从现阶段来看，完善教育救助法制的目标主要包括近期目标和长远目标两个方面。

1. 近期目标

从近期目标来看，主要有两个方面的内容。

一是推进社会救助法律体系的完善，实现教育救助规范的法制化，全面推进教育救助法治化。“目前的教育救助制度实际上只是教育管理制度的一部分，而没有纳入社会救助的范围。”① 从国家社会保障法制发展的视角分析，教育救助法制完善是健全社会救助法制体系的题中应有之义。教育救助法制完善应当从现有政策主导型的轨道转向法制主导型的发展轨道，实现由“分散政策”向“统一法制”、行政机关立法向立法机关立法的转变，建立规范、统一、完备的法律规范体系，弥补原有教育管理理念给教育救助发展带来的疏漏与不足。现行教育救助法制主要是源于教育管理法制体系，以《教育法》《高等教育法》等法律规范为基础，在立法的专业性和内容的规范性方面存在欠缺。而且，现有的教育救助法制以及相关政策规定散见于教育法律法规和各类规范性文件，仅有《社会救助暂行办法》一项社会救助的主要法规，法律位阶较低，系统性不强。需要在推进《社会救助法》立法过程中，同步推进教育救助法制完善，进一步整合教育救助法制规范，从而形成系统的社会救助法律规范体系。

二是依法调整教育救助关系，规范教育救助行为。有学者提出完善社会救助法制的目的，“就是通过立法来规范社会救助，充分保障受助群体的社会救助权益，明确相关权利和法律责任，使社会救助走向规范化、法治化”。② 完善教育救助法制的重要目标之一是明确教育救助的责任主体、救助对象，明确教育救助法律权利、法律义务、法律责任以及法律程序等内容，依法调整教育救助法律关系，推进教育救助在法治轨道上运行。完善教育救

---

① 俞德鹏．社会救助专项立法研究［M］．北京：中国社会科学出版社，2014：183.

② 石佑启，朱最新．软法治理、地方立法与行政法治研究 区域法治与地方立法研究文丛［M］．广州：广东教育出版社，2016：192.

助法制有助于规范教育救助给付行为，防止公权力滥用；有助于解决教育救助实践中出现的认定不公平、权利侵害、程序不规范等问题。

2. 长远目标

从长远目标来看，完善教育救助法制的目标是以教育救助法治化为基础，充分保障公民受教育权利，实现人的自由而全面的发展。目前的“最低”水平的教育救助只是一种策略性选择，而非教育救助的最终目标。面向新时代的教育救助应当是具有发展型特征的教育救助，不仅满足救助对象的基本生活需要、帮助其维持基本生存和顺利完成学业，更重要的是帮助其渡过难关、摆脱社会排斥，适度共享社会发展成果，实现个人的全面发展。正如菊池馨实所认为的生活保护法的目的不仅在于进行“最低限度的生活保障”，而且明示了帮助其自立这一重要的含义。① 在社会救助的各专项救助中，教育救助是最能够体现帮助贫困者作为主体性生活者的精神自立乃至人格自立重要目标的。为了实现这一目标，保障个人可以自主地追求自己的生活方式，成了经济发展达到一定阶段的重要任务。我国台湾地区的学者也指出，为了因应经济社会高度发达下，社会经济劣势者的特殊需要，解决动摇社会和谐的矛盾与弊害，从而产生要求国家权力机关须积极作为，以谋求确实保障的人权概念。② 黑格尔认为，“社会和国家的目的在于使人类的潜能以及一切个人的能力在一切方面和一切方向都可以得到发展和表现。”③ 完善教育救助法律制度，要求通过国家在行政和立法上的主动作为，积极履行教育救助责任，从规范层面强化对实现公民宪法权利的保障，采取制度性措施促进实质平等，为个人追求自主、自律的生活创造条件，使人民都能过着有人的尊严的生活。④

---

① ［日］菊池馨实．社会保障法制的将来构想［M］．韩君玲，译．北京：商务印书馆，2018：183.

② 许庆雄．社会权论［M］．台北：众文图书股份有限公司，1992：13.

③ ［德］黑格尔．美学（第1卷）［M］．朱光潜，译．北京：商务印书馆，1981：56.

④ 许志雄，陈铭祥，蔡茂寅，周志宏，蔡宗珍．现代宪法论［M］．台北：元照出版社，2000：180.

（二）完善教育救助法制的方案

完善教育救助法制，旨在通过制度和修改法律，形成符合教育救助实践发展需要的法律规范体系。从当前我国教育救助的规范体系来看，以行政机关立法和教育领域立法为主。因此当前的教育救助仍是行政权力在教育领域的一种延伸。然而，教育救助的实质却是国家履行家庭经济困难学生的一种物质帮助义务，是家庭经济困难学生应当享有的一种权利，应当将教育救助法制完善纳入社会救助法律体系改革发展进程之中。当前，教育救助相关法律规范法律位阶较低、立法水平不高，规范性文件发挥的作用甚至超越了法律。因此，十分有必要规划教育救助法律规范体系，明确教育救助规范体系。从理论上讲，对于教育救助法制完善有三种可选方案。

第一种方案是制定专项立法，出台专门的《教育救助法》，将教育救助内容集中到《教育救助法》中加以明确。也就是由全国人大常委会立法，对教育救助制度作出统一的法律规定，形成系统、规范的法律规则体系，增强规范的可操作性。

通过专项立法的形式完善教育救助法制具有明显优势。首先，公民受教育的权利能够以法律形式得以明确和保障，可以说是“一步到位”的做法，以法律形式明确教育救助相关权利、义务内容，能够为教育救助制度的落实提供较强的权威性和强制力。其次，立法是依据一定程序进行的、运用一定技术的活动，能够保证教育救助法律规范具有严肃性、科学性、权威性和稳定性。“从法的形式看，宪法和法律的篇章结构最为系统严谨，因为它们所规范的内容是国家和社会生活的全局或者某一领域的全局性事项，需要有与之相适应的系统性、严谨性的篇章结构形式。”① 立法主体地位越高，立法程序限制越严，该法律的位阶也就越高。② 相较而言，行政法规和地方性法规、规章等基本是执行性或者局部的创设性规定，在立法技术上难以和法律相提并论。最后，专门立法的形式可以将教育救助制度规则集成于一部法律规范

① 刘松山．中国立法问题研究［M］．北京：知识产权出版社，2016：152.
② 张根大．法律效力论［M］．北京：法律出版社，1999：169.

之中，能够对教育救助相关内容进行较为全面系统的规定，对责任主体、救助对象、救助对象认定、救助方式、救助标准、救助程序、法律责任、法律救济等内容进行系统规定，更好地理顺权利义务关系，切实保障公民的教育救助相关权利。从目前的情况来看，尽管教育救助专门立法要比其他形式立法更有权威和效力，更能促进教育救助事业的发展，但目前直接制定《教育救助法》的条件不够成熟，[①] 这种方案的难度很大。

第二种方案是统一立法，以《社会救助法》作为社会救助领域的综合性立法，将教育救助、医疗救助、住房救助等内容统一到《社会救助法》中，分别作为《社会救助法》专门章节来进行规定。这种方案的优势是将教育救助的重要内容以法律的形式进行规定，能够极大地提升教育救助规范的法律位阶。另外，将各专项救助内容集中到《社会救助法》中，也进一步丰富完善了社会救助法律体系。当前，关于教育救助的相关规定多是体现在部门规章、地方性法规、地方政府规章和一些规范性文件中，在《宪法》《教育法》《高等教育法》《社会救助暂行办法》中有少数条文对其进行了概括和原则性的规定，缺少具体的规定。因此，在《社会救助法》中完善教育救助内容能够解决现有教育救助法制存在的立法层级低、立法质量不高等问题。在当前积极推进《社会救助法》立法进程的形势下，乘《社会救助法》立法之机，实现教育救助法制完善，不失为一种可行性选择。

第三种方案是制定专项行政法规，由国务院制定具体的教育救助行政法规，即通过制定《教育救助条例》，实现教育救助内容的法制化。从目前的情况来看，制定社会救助基本法是构建社会救助法律体系的基础与核心，也是完善教育救助立法的前提和基础，社会救助专门立法已经进入全国人大的立法计划，然而在公布出来的《中华人民共和国社会救助法（草案征求意见稿）》中对教育救助的内容并没有系统而明确的规定。因此，教育救助法制需要通过国务院制定社会救助专项行政法规来完善和细化。这种制定专项行政法规的方案应当是以《社会救助法》为基础，以《教育救助条例》为核心，以国务院所属民政、教育、财政、人力资源和社会保障等部门制定教育

① 俞德鹏．社会救助专项立法研究［M］．北京：中国社会科学出版社，2014：183.

救助条例实施规章为补充，从而形成一套完整的、科学的教育救助法律法规体系。

根据当前教育救助法制发展面临的现实问题，综合不同法制完善方案在立法主体、立法程序、立法内容的差异，结合《立法法》相关内容，笔者认为，一种混合方案是比较可行且较为理想的状态，即将上述第二种方案与第三种方案相结合，形成一个综合性方案：由全国人大常委会制定《社会救助法》，明确教育救助的基本规定，由国务院制定《教育救助条例》，明确教育救助的具体规定，并且由各级地方人民代表大会制定教育救助的地方性法规。这一方案比较理想，也是当前切实可行的完善教育救助法制的路径。根据我国的具体国情与教育救助法律制度发展的实际情况，教育救助作为社会救助的专项内容之一，在制定《社会救助法》的过程中，明确教育救助的原则性规定是大势所趋，不必赘述，而制定《教育救助条例》既是必要的，也是可行的，理由有以下几点。

第一，制定《教育救助条例》是完善教育救助法制的必然要求。截至目前，教育救助领域尚无统一立法，现行教育救助法律制度存在规范层面的明显缺陷，在系统化、科学化、程序化、法治化方面存在不同程度的问题，《社会救助暂行办法》仅针对教育救助作出了原则性规定，在实践中难以有效规范复杂的教育救助活动。有关教育救助的规定往往散见于其他法律、部门规章、地方性规章以及规章以下的政府规范性文件之中，政府规范性文件是教育救助实施的主要规范依据，但带有浓厚的行政色彩，缺乏法律规范所具备的稳定性、权威性和约束力，不能有效地调整教育救助法律关系，不能充分保障家庭经济困难学生的合法权益。

第二，制定《教育救助条例》是解决教育救助相关问题的有效手段。教育救助涉及多个主体之间的复杂权利义务关系，制定《教育救助条例》可以规范教育救助主体的权利和义务，明确国家的教育救助义务和公民的教育救助权利。转变教育救助管理机关、学校及其工作人员的“恩赐”或“施舍”观念，帮助家庭经济困难学生树立权利意识，以法律手段保护教育救助对象的给付请求权，保障教育救助沿着法治化、规范化的轨道运行，从而避免因责、权、利不清而产生的诸多问题。制定《教育救助条例》不仅能够规范教育救助行为，而且可以规定相关主体的法律责任和权利救济途径。

第三，具备了制定《教育救助条例》的基本条件。《国务院关于建立健全普通本科高校高等职业学校和中等职业学校家庭经济困难学生资助政策体系的意见》《国务院关于当前发展学前教育的若干意见》等规范性文件已在实践中运行多年，积累了制定《教育救助条例》的实践经验和立法经验。2020年，中共中央办公厅、国务院办公厅印发《关于改革完善社会救助制度的意见》，提出健全教育救助制度的要求，民政部、财政部发布的《中华人民共和国社会救助法（草案征求意见稿）》也明确提出了教育救助相关法律规定，这些都表明党和国家高度重视教育救助工作，教育救助法制发展迎来了重要时机。而在《社会救助法》出台前后的一段时间内，教育救助单独制定法律的时机尚不成熟，以行政法规的形式完善教育救助法制是切实可行的方案。

三、完善教育救助法律规范体系

（一）实体性规范方面

1. 进一步明确教育救助的宪法基础

尽管《社会救助暂行办法》规定了教育救助的内容，教育法规以及规范性文件也都为教育救助的实施提供了规范依据，但公民教育救助权利如上升到宪法保障则更为体系和严密。“在法治原则下，任何制度的运行都必须获得宪法规范依据的支撑，否则背离宪法文本去自创某种权利保障制度，无异于剜肉补疮，会导致在实现法治的道路上渐行渐远。”[①] 本书第二章已经就宪法第45条和第46条规定进行了探讨，指出现行《宪法》在教育权和物质帮助权方面已经作出了相关规定，但与《宪法》明文规定还存在一定差距。从法治国到社会国，从人的生存照顾到促进人的全面发展，国家对公民基本权利的保障义务，开始从侧重于消极性义务转向积极性义务。我国台湾地区学者李震山认为，比例原则是要求公权力干预人民自由权利作为上限，而“保护不足禁止”则是要求国家履行其保护义务作为下限，干预与保护看似对

① 秦前红．宪说宪道［M］．北京：中国政法大学出版社，2017：564.

立，实则保护亦常以干预作为手段。[①] 当人民无法有尊严地生活，政府固应依职权介入进行给付，其手段亦属保护。[②] 至于教育救助，国家义务之界限不应仅限定于对无法于社会上生活之个人生存之需要，而是在此基础上满足其基本发展需要，国家因此乃负有禁止给付不足之义务，所以沿用原有宪法之条款作为教育救助的宪法基础已显得捉襟见肘。因此，有必要在宪法上确立起发展型教育救助的理念，公民据此获得要求国家提供人的全面发展之基本生活需求的宪法权利。

2. 整合现有的分散的教育救助法制规范

要以法治要求，对现有的分散的教育救助法制规范进行整合，实现法制规范的体系化、规范化。社会救助法制发展的迟缓，导致了两个结果，一方面客观上加强了教育法制在教育救助领域的调整职能，另一方面限制了教育救助的法治化水平。

从目前的情况来看，社会救助法制和教育法制在教育救助方面存在交汇，这种天然形成的联结难以割裂，至少从现在实际情况来看难度很大。切实可行的方案是实现社会救助法制与教育法制的调适与衔接，实现教育救助体系、基本原则和规则等内容的协调统一。将社会救助法层面的教育救助法制顶层制度设计与教育法层面的教育救助政策制度进行有效衔接，通过厘清教育救助权利义务关系，明确政府的教育救助法定义务，切实保障家庭经济困难学生的合法权益。具体而言包括以下两个方面。

其一是应当结合现有立法规划，完善教育救助法制。在教育救助单行法律或法规出台前，社会救助法制完善的重点是进一步明确规定教育救助的基本问题，可在即将出台的《社会救助法》中明确教育救助的基本原则、法律关系、救助程序、责任体系与权利救济等内容，为规范教育救助提供基本依据；在《社会救助法》中进一步明确教育救助对象的范围，实现社会救助法制和教育法制在救助对象内容上的协调一致，这是构建并明确教育救助法律

---

① 李震山．从生命权与自决权之关系论生前预嘱与安宁照顾之法律问题［J］．中正大学法学期刊，1999（02）：346.

② 我国台湾地区“老人福利法”第42条：“老人因无人扶养，致有生命、身体之危难或生活陷于困境者，直辖市、县（市）主管机关应依老人之申请或依职权，予以适当安置。”

关系的重要基础，如明确将学前教育阶段家庭经济困难子女纳入教育救助范围；在《社会救助法》中进一步明确授权教育行政机关的管理职权和学校的救助决定权。

其二是应当根据法治理念完善教育法制中有关教育救助的内容。教育法制既要发挥其在调整教育救助具体法律关系方面宜时适用的优势，也要提升自身立法质量。教育法制尚存在一些问题，与现代法治的要求和教育救助实践的迫切需要存在一定差距。首先，教育法制、政策在教育救助内容方面与社会救助法制存在冲突，某些学校内部规范性文件与法律规范相抵触、下层位规范和上层位规范相抵触的现象依然存在，必须严格以《社会救助法》的授权为限，规定教育救助相关内容，避免超越法律权限问题发生。其次，程序性规范少，缺乏可操作性，可塑性不强。如《教育法》《高等教育法》有关教育救助的内容基本上属于宣言性的表达，条文多为抽象性的规范，程序性规定不足，致使法律规定的可操作性大打折扣。最后，教育法制立法质量不高，在教育救助内容方面存在规范漏洞和内容模糊的问题。某些条款中留有授权性的规定，如“按照国家有关规定”“依法”等，但在实施中相关配套法律制度并不完善，导致实践中行为主体因为没有统一明确、具体的实体性和程序性规范而各行其是。某些规范内容不够严谨，对已有的法律、法规、规章及规范性文件的清理和修订不够及时，明显的法律缺陷和漏洞得不到及时弥补。

3. 在救助资源分配、权利义务平衡方面确保公平

在前文中已经提出教育救助法制在一定程度上违背公平价值，有必要针对现有制度涉及的不足提出改进方案。“教育救助的另一个目标是维护教育平等，促进教育发展，实现教育公平。教育救助制度的建立，是从教育的整体性、公平性、平等性出发，为实现教育发展的整体目标而进行的”，[①] 必须将公平原则贯穿教育救助法制始终，确保教育救助资源分配的公平性和权利义务分配上的平衡性。

一方面，应当在教育救助法制规范中明确教育救助资源的公平分配。

---

① 杨昌江．贫困生与教育救助研究［M］．长沙：湖南教育出版社，2008：213.

"教育机会的公平与公共资源分配的公平性有着紧密的关联。理论上，付费加资助的高等教育财政政策可以通过扩大教育规模使较低收入人群获得与较高收入群体相同的教育机会，同时还可以促进公共资源向低收入人群的转移，达到公共资源分配的公平。"①

在宏观层面，从国家的顶层设计需要维持区域之间、高校之间的救助资源分配均衡。各地区经济发展水平不同，国家财政对不同地区的教育救助资源分配也应因地制宜。经济发展水平高的地区财政实力强，需要救助群体相对较少，中央财政的教育救助资源分配相对较少；相反，经济欠发达地区财政实力薄弱，需要救助群体较多，中央的教育救助资源相应分配较多。省级及以下地方政府的救助资源责任划分也应该遵循这一原则，即根据所辖县区的经济发展水平来决定教育救助资源的划分。国家财政也应当给予地方财政更多支持，确保各地区各类学校学生的教育救助需求能够得到基本满足。要根据教育救助的实际需求分配救助资源，而并不依据高校本身是中央高校或是地方高校、公办或是民办来分配教育救助资源。要保障中央高校和地方高校、公办高校和民办高校之间救助水平的一致性，即无论家庭经济困难学生是在哪个类型的高校，都能获得同等水平的救助。

在微观层面，在学校内部进行教育救助资源二次分配时，应当依据学生实际需求进行救助资源分配，不得提前划定救助对象名额，避免在各个学院（系）以班级或专业为单位，人为划分救助资源分配比例。对于教育救助对象的认定应本着实事求是的原则要求，严格按照教育救助认定程序，根据学生申请提供的信息，结合民政部门、金融机构等提供的信息确定教育救助对象。精准救助对于教育救助公平的重要意义在于，"现行贫困生认定政策采取定性和定量相结合的方式，但定性环节的民主评议具有较多不确定性，同时定量标准也缺乏客观依据。……随着学生日常生活的数字化，大数据客观真实地反映学生的生活轨迹和行为特征，在现有贫困生认定情况的基础上，通过对学生消费行为的特征分析，实现生活状况的评价。配合学生资助管理

---

① 李文利．从稀缺走向充足——高等教育的需求与供给研究［M］．北京：教育科学出版社，2008：174.

部门，将大数据分析的结果应用于对贫困生资助体系的验证性评估和特殊困难学生群体的预警，实现对现行贫困生认定有效的补充”①。可以有效地把大数据技术等科技手段应用到教育救助领域，以精准识别教育救助对象，避免人工认定或者划分带来的失真和不公平。

另一方面，应当在教育救助法制规范中平衡各种权利义务关系。需要按照公平正义原则来平衡教育救助涉及的各种权利义务关系、合理配置权力与权利，并将其制度化、法治化。“在行政机关与相对一方权利义务的关系中，权利义务在总体上应当是平衡的。它既表现为行政机关与相对一方权利的平衡，也表现为行政机关与相对一方义务的平衡。”②

一是在教育救助机构方面，要着重从行政立法和行政执法方面加强对权力的控制。对于教育救助机构（尤其是实施教育救助的行政机关）而言，要既承认其享有一定的行政立法权，以便于对教育救助实施过程中的具体问题加以规范，又要对其加以合理限制和控制，以维持教育救助行政权与公民权的平衡。当前教育救助行政规章、规范性文件复杂冗余，缺乏系统性、规范性，虽然能够在教育救助实践中发挥一定的规范指导作用，但其暴露的弊端也显而易见。教育救助行政立法不得与宪法和法律相抵触，也不得涉及公民基本权利和义务的事项；属于教育救助行政立法范围的事项需由行政立法作出规定时，应当获得宪法、法律授权，或者全国人大常委会的授权；民政、教育、财政等部门制定部门规章或规范性文件时应当遵循上位法的原则要求，统筹规划制度规范事项，在规范数量和内容质量上进行严格把关。在教育救助过程中，要善用程序正义控权。“行政程序的设立赋予了相对一方以了解权、要求回避权、辩论权，申请补救权等一系列重要的程序性权利。公民正是以这些程序上的权利，抗衡行政机关的执法权力，调和其与行政机关法律地位不对等造成的巨大反差，参与行政权的行使过程，从而使自己从单纯的行政行为的对象变成了可以通过行政程序制约行政行为的主体，从纯粹

---

① 吴朝文，代劲，孙延楠．大数据环境下高校贫困生精准资助模式初探［J］．黑龙江高教研究，2016（12）：41-44.

② 罗豪才，袁曙宏，李文栋．现代行政法的理论基础——论行政机关与相对一方的权利义务平衡［J］．中国法学，1993（01）：52-59.

的被动者变成了一定条件下的主动者。"① 教育救助法制完善过程中，要进一步为教育救助对象"程序赋权"，即通过设置程序性权利保障教育救助对象在救助过程中能够与行政权力保持相对平衡，避免其权益遭受侵害。

二是在教育救助对象方面，应当改变救助对象"只享有权利、不负任何义务"的局面。"由于中国社会保障制度建设和运行过程中存在责任分担机制失衡，个人责任不均、不清、缺失的问题，自党的十八大以来，关于提高个人责任在社会保障中主体作用的呼声越来越高。"② 教育救助对象作为享有特定权利的公民，在寻求国家教育救助权利的同时，必须承担起一定的法律义务。社会救助制度是作为一项"兜底性"的政策存在，但是在实际运行过程中出现了"福利依赖""养懒汉"等与救助政策初衷相违背的情况。在教育救助领域也存在类似情况，一些获得教育救助资源的学生止步于享受救助而不求进步，出现"真贫困生进不去、假贫困生出不来"的窘境，③ 教育救助中存在福利依赖将不利于制度功能的发挥。同时，这种现象也暴露了教育救助对象权利与义务的不对等。教育救助资金来源于国家，享受教育救助是公民的权利，但这种权利是相对的，享受权利就需要承担相应的义务，一味强调受救助是公民的权利而忽视需要承担相应的义务也失之偏颇，权利和义务应当统一。教育救助的目的是通过提供救助，帮助家庭经济困难学生顺利完成学业，因此，教育救助对象应当在顺利完成学业方面履行适当的义务。为教育救助对象设置一些基础的与其顺利完成学业相关的义务并不违背教育救助的基本精神，教育救助对象的权利需要受到法定义务的合理制衡，当然，这些义务的设置必须控制在合理限度内，如对于教育救助对象在学业方面保持合格水平以上的要求并不为过。

---

① 罗豪才，袁曙宏，李文栋．现代行政法的理论基础——论行政机关与相对一方的权利义务平衡 [J]．中国法学，1993 (01)：52-59.

② 宋凤轩，康世宇．"十三五"时期社会保障建设的成就、问题与展望 [J]．河北大学学报（哲学社会科学版），2021 (04)：138-146.

③ 陈静，余茹怡．精准资助视角下高校贫困生进退机制研究——兼议"教育福利依赖" [J]．教育财会研究，2018 (02)：69-74.

（二）程序性规范方面

有学者提出了在社会救助领域程序性规范的重要性，指出必须针对社会救助的特殊性，对有关救助程序问题作出专门规定，要考虑程序性规范与实体性规范的结合，既要突出程序性规范的特殊价值，也不能忽视程序性规范对实体性规范的保驾护航作用，只有二者相辅相成才能确保社会救助制度的正义，实现对权力的制约。[①] 一部完善的法律规范除了要有基本的实体性规定外，还必须要有相应的程序性规定。在高校学生教育救助实践中，长期存在“重实体、轻程序”的问题，因此制定的法律规范应更加注重对程序性的规定。实体法的规定，离不开程序法的保障。按照法定的程序来指导法律的执行，有利于维护法律的权威，能够保障法律的顺畅实施。

1. 简化申请程序

授益行政行为的实施程序通常情况根据相对人的申请而启动，特殊情况下也可以依职权启动。目前教育救助法制并未对教育救助的启动程序作出明确规定，如在《中华人民共和国社会救助法（草案征求意见稿）》第 51 条仅概括性提出“申请教育救助，应当按照国家有关规定向就读学校提出，按规定程序审核、确认后，由学校按照国家有关规定实施”。而至于“国家有关规定”的内容，并没有相应法律规范进行明确规定，仅有部委发布的规范性文件作为指导，导致在实践中各学校制定了不尽相同的政策措施，在启动程序的规范性和统一性方面难以得到有效保障。

规范化的程序设置有利于学校对申请的正确受理和及时审查，有利于严格监控国家教育救助经费的合理分配。为了确保“应助尽助”，应当本着简易便捷的原则在教育救助法制规范中明确启动程序的基本条件，防止某些地方或者学校设置过高的启动程序。应当通过技术手段“尽量简化申请程序和收入核查程序。通过借助现有的银行、税务、劳动保障和工商行政管理等部门的信息系统，从而尽可能客观而又公正地掌握那些申请社会救助的个体及

---

① 杨思斌．中国社会救助立法研究［M］．北京：中国工人出版社，2009：272.

其所在的家庭真实经济状况"①。为简化教育救助申请程序，应该从技术上和申请方式上简化申请程序：一是在申请方式上，可探索多元化申请方式，实现"线上申请"和"线下申请"相结合，将电子申请作为救助申请的一种重要方式，实现申请、受理、审查、结果公开全流程网上办理；二是在申请材料上，通过技术手段实现行政机关跨部门的数据共享，避免重复提交证明材料，以实现申请人"一表申请"或"一键申请"；三是在申请服务上，增设教育救助咨询指导机构，帮助学生解答教育救助申请中的问题，如为学生补充、修改相关材料提供合理化建议。

2. 完善实质审查程序

教育救助资格认定是救助管理部门对申请人的申请材料进行实质审查的关键环节，主要是教育救助机关通过对相关材料和信息的审查和确认来判断申请人是否符合受救助资格。应当在资格认定程序设置中明确以事实调查为主的工作原则，改变实践中普遍存在的以"推荐制"代替"审核制"的异化问题，严格实质审查程序。在当前教育救助认定过程中，学校普遍将认定权下放至院（系）负责，而院（系）本身又很难具备事实调查的能力，于是又将教育救助资格认定事项分配给班级，由辅导员、班级委员等与学生有直接利害关系的人员参与教育救助资格认定，而这些人员更不具备事实调查的能力，导致事实调查环节被架空，实践中资格认定"乱象百出"。

从实践中教育救助认定程序设计来看，主要注重对学生申请材料的形式审查，也就是救助管理部门仅仅对申请人所提交的材料进行审查，只要申请人能够提出政策规定的证明材料，管理人员不必审查该文件内容的真实性，如果申请材料本身没有瑕疵，符合认定的形式要件，就可以依据该材料进行救助资格认定，这种形式审查极有可能带来形式主义风险。从目前的教育救助规定来看，申请材料的真实性全凭申请学生本人负责，学生的承诺仅能代表其本人主观上对材料的认识和判断，与材料本身的真实性之间并无因果关系，对于材料的真实性也没有科学核验方法。教育救助法制规范必须确定救

① 民政部政策研究中心课题组."中国城乡困难家庭社会政策支持系统建设"课题研究报告2011年度［M］. 北京：中国社会出版社，2013：239.

助资格认定程序的审核主体，明确由教育救助机关或者学校设置专门部门，安排专业人员负责对学生教育救助申请进行事实审查，这里有必要引入民政部门工作人员参与，在审核材料时，既要核实申请材料，必要时也可以让申请学生提供进一步证明材料。必要时可以通过信息核对、入户调查、邻里走访、信函索证、数据调查等方式对申请人经济状况进行客观掌握，确保认定信息的真实性。在程序上注重保障申请人的知情权、申述权、申辩权等程序性权利。对于申请者提出的申请，不论认定结果如何，均应当在程序上予以申请人反馈，并告知理由。

3. 设置匿名评价程序

前文多次提到教育救助认定过程中（尤其是对于没有相关部门作出认定结论的相对贫困群体认定过程中）存在程序不规范问题，导致实践中出现“虚报冒领”或者串通牟利等现象。2020 年，国家已经完成了消除绝对贫困和区域性整体贫困的脱贫任务，绝对贫困问题得到历史性解决。① 在已经基本消除绝对贫困的情况下，积极推动“认定规范化”，实现“救助公平”，代表着教育救助制度改革的发展方向，精准识别教育救助对象将是未来教育救助面临的最重要课题之一。由于绝对贫困主体逐渐退出历史舞台，“最低生活保障家庭成员”“特困供养人员”等由相关行政机关或组织认定作出认定结论的贫困群体将逐步缩减直至消除，而未来教育救助的对象将是广大的相对贫困群体。由教育救助机关和学校负责识别是否具备教育救助对象资格的相对贫困家庭学生群体将持续增加。为此，必须设置一套科学的制度程序，以防止认定程序出现明显的“系统性偏差”。

前文已经分析，当前教育救助认定问题的症结在于管理者评价，在于熟人参与认定，这种评价模式下评审人和申请人之间难免会存在千丝万缕的利害关系，这在很大程度上影响了教育救助认定结果的客观性和公正性。因此，应当设置客观的、科学的教育救助对象认定程序，特别是注意切断评审人和申请人之间产生利益联结，避免原有程序设计产生的弊端。有必要引入

① 中央党史和文献研究院．中国共产党简史［M］．北京：人民出版社，中共党史出版社，2021：514-515.

匿名评价程序，其作为一种相对客观的评价机制，可以成为教育救助对象识别的必要关卡，防止评审人和申请人之间的某些利害关系影响认定结果。所谓匿名评价，就是指隐去能够识别教育救助申请人身份的个人信息后，由匿名评审人对申请人提供的申请教育救助的材料进行评价，依据相应标准判断其是否应当被给予教育救助的评价方式，可以说匿名评价是“双向匿名”。

匿名评价可以确保评审意见不会受到社会人情关系的影响。这里有几点需要特别注意：一是匿名评价人的意见不作为决定是否给予教育救助给付的决定性意见，仅作为评审专家意见提供给教育救助机关或学校作为作出教育救助决定的重要依据，评价意见可以为“可以给付”“补充材料再行决定”“不予给付”三类；二是匿名评价人必须是“专业的”，应当由经过专业培训的专职人员担任，且评价结果与匿名评价人无利害关系；三是制定统一的匿名评价指导标准，便于匿名评价人进行参照；四是打破原有教育救助以学院、专业或者班级进行认定的模式，由匿名评价人对全校申请人进行评价；五是每个申请人的申请材料应该由 5 人以上奇数的评价人进行评价；在评价前，需要对申请人提供的信息进行技术性核验，以确保其真实性。教育救助机关或者学校参考匿名评价结果根据相应的教育救助法规，作出最终的教育救助决定。

结 论

诚然，教育救助资源总量的扩大必然惠及越来越多的寒门学子，但现有制度的实施效果与既定目标仍存在差距，教育救助的主要矛盾已经开始由资源稀缺向配置不均转化。正如《论语·季氏篇》所载，“不患寡而患不均，不患贫而患不安”，维护教育救助公平，保障受助者权利的问题日益突出。传统的“兜底性”教育救助理念的延续终将导致制度规范与救助实践渐行渐远，救助法制规范缺乏系统化、法治化的整合，这种不完善的教育救助法律制度体系在法律关系、程序构建、法律责任与权利救济等问题方面存在“真空地带”，致使相关主体难以形成合理行为预期。

本书从法律经济学的视角，对教育救助法制如何更好地回应教育救助实践进行了探讨。从教育救助实践发现的问题中，提炼出教育救助法制研究的“课题”。跳出传统研究“就事论事”的误区，从基础理论研究切入，厘定教育救助的概念与性质，对教育救助如何成为公民一项社会权利追根溯源，在理解生存权价值判断的基础上，将发展型教育救助理念作为理论立足点，探讨如何实现救助价值的法治化，并将法治化的价值纳入教育救助法律规范系统当中，形成事实与价值都能够回应的、完整的法制体系。从研究进路的层面来看，就实现法治化的教育救助，进行了比较全面的理论探索，因循“主体—行为—程序—责任—救济”的研究方法，在尝试一些法律制度假设与推论基础上，回应了对教育救助规范层面与实践层面的重要问题。

首先，本书采用狭义教育救助概念，对教育救助与教育资助进行了辨析，为长期存在的概念混淆画上了句号，对教育救助的性质探讨也是以往研究从未有过的，其实质上的特点可概括为以平等保障生存权、受教育权和发展利益为目的、以物质给付为主要内容、以依申请为原则、依职权为例外的行政行为或授权性行政行为。澄清了对于教育救助传统认知上的误解，确立了社会保障法学视角研究教育救助的基本方向。

其次，教育救助法制的问题症结在于教育救助相关基础理论问题长期悬而未决，在理论研究层面，以前人的研究为基础，为教育救助法制描绘出系统的理论框架。探讨教育救助产生的理论前提，提出家庭经济困难学生是社会“弱者”的一部分，需要得到国家的救助。从社会公正理念出发分析了教育救助能够促进教育公平，保障机会平等，是维护社会公平正义的题中应有之义。提出生存权包含生存权保障和最基础的受教育权理念，成为教育救助的重要权利依据，此外，发展权理论的不断丰富，为高质量的教育救助提供了权利依据，它们共同反映和表达出了教育救助基本权利的架构。提出教育救助的价值不仅在于消除贫困，而且在于消除社会排斥，不仅在于维护人的尊严，最终是要促进人的全面发展。

再次，在厘清理论问题的基础上，从多个侧面切入，以“剥洋葱”的形式，剖析了教育救助法制问题的各个面向。①在规范问题层面，通过对教育救助法制脉络和现状的梳理分析，找到了教育救助法制规范层面存在的问题：一是表象问题，较为分散、不够系统、位阶较低的教育救助法制现状，成了制约教育救助发展的重要诱因，教育救助法制规范内容层面存在的模糊、冲突、漏洞等问题，也成为实践中教育救助问题屡见不鲜的重要原因。二是深层问题，教育救助法制的理念滞后，而且在一定程度上违背了公平价值，对人的尊严保障不足。②在主体层面，明确了国家是教育救助的责任主体，分析了国家的教育救助责任内容；分析教育救助对象范围的现状和问题，探讨了认定教育救助对象需要考量的经济因素和非经济因素；重点分析了教育救助对象的权利与义务，填补了教育救助法制相关研究的空白。③在救助给付层面，深入剖析了教育救助给付的性质和特征，通过对教育救助给付的不同分类，分析了教育救助给付的不同侧面、不同种类的具体特征，进而分析当前教育救助给付的合理性、合法性问题，以便在完善教育救助法制时有针对性地进行分类规范和控制，也结合从绝对贫困到相对贫困的救助背景转变，提出新型教育救助给付形式的必要性。④在救助标准层面，揭示了现行规范有关教育救助标准规定的漏洞，探讨了教育救助标准制定主体、标准制定和动态调整问题，强调了救助标准的制定应当考量救助资源和救助对象权利、需求保障两方面因素，解决了现行法制规范救助标准的“任意性”问题。⑤在救助程序层面，基于正当程序理论，分析了认定各个环节，指出要在合理使用自由裁量权，引入回避制度，切实保障救助对象隐私权等方面弥补制度漏洞；提出了教育救助对象主动退出义务和管理部门动态监管义务，回应教育救助对象“只进不出”的问题。⑥在法律责任层面，针对现行教育救助法制没有清晰表达特定违法行为应当承担何种法律责任的问题，提出了需要进一步明确违法行为定性问题和定量问题，应根据情节的轻重设置相应的处分类别；分析了设置教育救助对象法律责任的必要性，并对责任内容进行了初步探讨。⑦在权利救济层面，调研数据直观展示了教育救助侵权问题的严重性，对以学校为被告的行政诉讼救济渠道的阻塞问题进行了重点分析，提出了解决该问题的方案，即明确学校教育救助审批管理主体地位，并完善有关行政诉讼受案范围的规定。

最后，本书提出了完善教育救助法制的建议。在理念层面，提出要结合从绝对贫困到相对贫困、从经济贫困到能力贫困的教育救助形势变化，确立相对贫困下的发展型教育救助理念，这一创新理念为新时代完善教育救助法制提供了新的视角，并对未来教育救助将被教育福利替代作出预判。在宏观层面，提出了完善教育救助法制整体架构的近期目标和远期目标，并提出了在现阶段完善教育救助法制的“混合方案”，这一方案在可行性方面具有优势。在中观、微观层面，结合现行教育救助法制的问题，提出了实体规范宪法保障、制度整合和公平问题，在程序规范方面创新性地提出了简化申请程序、完善实质审查程序和设置匿名评价程序。

基于现有的研究成果和制度实践，在理论研究视角对教育救助法制作出某些适度的批判与预测，显然具有积极意义：一是全书重点关注了现行教育救助法制是怎样的，以及什么样的教育救助法制是合法合理的，为教育救助法制的完善提供了较为系统的理论支持；二是从规范层面回应了教育救助现实需求，能够为解决救助实践中的问题提供可行方案；三是在理论层面进行了有益探索，提供了一种基于法学理论视角审视教育救助问题的可供参考的思考路径。在法律层面明确并解决教育救助的价值理念、法律关系、程序设计、责任体系与权利救济等问题，将促进教育救助沿着法治化的轨道健康发展，推动社会救助法制完善，进而促进每一个公民（尤其是社会“弱者”）自由而全面地发展，不断向社会主义现代化的宏伟目标迈进。

《社会救助法（草案）征求意见稿》已于2020年征求意见，社会救助法发展的曙光已现，为教育救助法制完善提供了可能。教育救助的改革发展还在继续，很多新生实践问题需要补充新的理论探讨，尤其是法学视角的研究。毋庸置疑，我们对未来只能预判，而不能完全决断，本书提供的也只是一种基于法学理论与方法对教育救助法制规划所作的设想。同时，应当看到在教育救助领域，确实还有更多的问题需要关注。必须指出，一方面教育救助如何纳入法治体系还缺乏共识性意见，另一方面对教育救助基本问题的研究本身也存在较多的不足，因而本书的研究还存在诸多有待进一步扩展的空间，特别是在如何对教育救助法律价值进行全面描绘，如何处理教育救助与教育福利的关系，如何基于属性特征深入挖掘教育救助法制所特有的原则与规则，以及如何在社会大环境下结合法治改革、教育改革构建完善的教育救助法制体系等方面。显然，教育救助问题研究还存在广阔的拓展空间，还有很长的路要走。

参考文献

【中文著作】

[1] 熊春泉，聂佳龙．法律经济学［M］．北京：中国政法大学出版社，2017.

[2] 林闽钢．社会救助理论与政策比较［M］．北京：人民出版社，2017.

[3] 杨思斌．中国社会救助立法研究［M］．北京：中国工人出版社，2009.

[4] 吴鹏森，戴卫东．社会救助新编［M］．上海：复旦大学出版社，2015.

[5] 俞德鹏．社会救助专项立法研究［M］．北京：中国社会科学出版社，2014.

[6] 林莉红，孔繁华．社会救助法研究［M］．北京：法律出版社，2008.

[7] 李珍．社会保障理论［M］．北京：中国劳动社会保障出版社，2001.

[8] 朱勋克．社会救助法新论［M］．北京：中国社会出版社，2015.

[9] 杨建顺．日本行政法通论［M］．北京：中国法制出版社，1998.

[10] 柯心．高等教育学生资助法律研究［M］．北京：中国法制出版社，2018.

[11] 叶必丰．行政法与行政诉讼法［M］．北京：高等教育出版社，2007.

[12] 姜明安．行政法与行政诉讼法［M］．北京：北京大学出版社，高

等教育出版社，1999.

［13］翁岳生．行政法（上册）［M］．北京：中国法制出版社，2002.

［14］应松年．行政法与行政诉讼法（第2版）［M］．北京：中国政法大学出版社，2011.

［15］喻少如．行政给付制度研究［M］．北京：人民出版社，2011.

［16］肖金明．原则与制度——比较行政法的角度［M］．济南：山东大学出版社，2004.

［17］刘莘．中国行政法［M］．北京：中国法制出版社，2016.

［18］于家富．行政给付的行为规范研究——以最低生活保障制度实践中失范行为规制为中心［M］．北京：中国政法大学出版社，2015.

［19］叶必丰．行政法与行政诉讼法［M］．北京：中国人民大学出版社，2011.

［20］杨昌江．贫困生与教育救助研究［M］．长沙：湖南教育出版社，2008.

［21］李文长．弱势群体高等教育权益研究——理念、政策与制度［M］．北京：人民教育出版社，2007.

［22］谢晖．法律哲学［M］．长沙：湖南人民出版社，2009.

［23］张文显．法学基本范畴研究［M］．北京：中国政法大学出版社，1993.

［24］曹明睿．社会救助法律制度研究［M］．厦门：厦门大学出版社，2005.

［25］张浩淼．发展型社会救助研究：国际经验与中国道路［M］．北京：商务印书馆，2017.

［26］胡玉鸿．人权视野中的弱者保护［M］．北京：中国政法大学出版社，2012.

［27］民政部低收入家庭认定指导中心．世界银行 TCC6 子项目“社会救助瞄准与居民家庭经济状况核对体系研究”成果汇编［M］．北京：中国社会出版社，2018.

［28］陈焱光．宪法［M］．武汉：武汉大学出版社，2017.

[29] 孙霄兵．教育法理学［M］．北京：教育科学出版社，2017.

[30] 秦前红．宪法［M］．武汉：武汉大学出版社，2018.

[31] 赵宝云．西方五国宪法通论［M］．北京：中国人民公安大学出版社，1994.

[32] 温辉．受教育权入宪研究［M］．北京：北京大学出版社，2003.

[33] 胡锦光．宪法学原理与案例教程［M］．北京：中国人民大学出版社，2006.

[34] 李步云．宪法比较研究［M］．北京：法律出版社，1998.

[35] 王晓广．马克思“人的尊严”思想及其在当代中国的实践［M］．哈尔滨：黑龙江人民出版社，2016.

[36] 覃有土，樊启荣．社会保障法［M］．北京：法律出版社，1997.

[37] 谢立斌．宪法解释［M］．北京：中国政法大学出版社，2014.

[38] 王晓杰．基于生存照顾的就业权保障研究［M］．北京：中国法制出版社，2013.

[39] 张全红，周强．中国农村多维贫困的测度与反贫困政策研究［M］．武汉：华中科技大学出版社，2018.

[40] 蒯小明．中国农村社会救助发展中的国家责任研究［M］．北京：首都经济贸易大学出版社，2009.

[41] 王杰秀，关信平．社会救助在贫困治理中的作用研究［M］．北京：中国社会出版社，2017.

[42] 郑尚元，李海明，扈春海．劳动和社会保障法学［M］．北京：中国政法大学出版社，2008.

[43] 唐代兴．生境伦理的制度规训［M］．上海：上海三联书店，2014.

[44] 吴佳敏．行政法知识简明读本（上）［M］．北京：中国民主法制出版社，2012.

[45] 顾明远．教育大辞典：1 卷［M］．上海：上海教育出版社，1990.

[46] 黄欣．教育法学［M］．上海：上海教育出版社，2011.

[47] 林鸿潮．行政法入门［M］．北京：中国法制出版社，2012.

[48] 刘夏．犯罪的行政从属性研究 [M]．北京：中国法制出版社，2016.

[49] 唐文辞书编委会．实用新华字典 [M]．长沙：湖南教育出版社，2018.

[50] 字词语辞书编研组．新编现代汉语词典 [M]．长沙：湖南教育出版社，2016.

[51] 杨克瑞．战后美国联邦政府大学生资助政策研究 [M]．北京：北京师范大学出版社，2008.

[52] 中国台湾“卫生福利部社会救助及社工司”．社会救助法规汇编 [G]．中国台湾：“卫生福利部”，2015.

[53] 张永然，周佳磊，安朔．高等学校学生管理法治化案例评析和实务指导——法理与情怀 [M]．北京：知识产权出版社，2018.

[54] 张民省．新编社会保障学 [M]．太原：山西人民出版社，2015.

[55] 秦前红．宪法 [M]．武汉：武汉大学出版社，2018.

[56] 吕学静．中日社会救助制度比较研究 [M]．北京：首都经济贸易大学出版社，2017.

[57] 丁建定．中国社会保障与社会服务研究 [M]．武汉：华中科技大学出版社，2017.

[58] 韩君玲．日本最低生活保障法研究 [M]．北京：商务印书馆，2007.

[59] 湖南省学生资助研究会．新时代 新资助 湖南省学生资助研究优秀论文集 [C]．长沙：湖南师范大学出版社，2018.

[60] 冯涛．国家助学贷款制度研究 [M]．上海：上海社会科学院出版社，2009.

[61] 王德高，张秀丽，熊宇虹．社会保障学 [M]．武汉：武汉大学出版社，2018.

[62] 漆小萍，王自成．高校学生勤工助学实用指南 [M]．广州：中山大学出版社，2007.

[63] 杨国洪．大学生资助体系的国际比较与借鉴 [M]．广州：中山大

学出版社，2013.

［64］吴建章．高校贫困生问题研究［M］．济南：山东人民出版社，2016.

［65］慈勤英．福利依赖：事实抑或建构［M］．武汉：武汉大学出版社，2013.

［66］马怀德．非常规突发事件应急管理的法律问题研究［M］．北京：中国法制出版社，2015.

［67］凌文豪．社会保障概论［M］．郑州：河南大学出版社，2013.

［68］江国华．中国行政法（总论）［M］．武汉：武汉大学出版社，2017.

［69］刘平．行政执法原理与技巧［M］．上海：上海人民出版社，2015.

［70］陈光．宪法与行政法学［M］．北京：北京邮电大学出版社，2016.

［71］钟佳平．行政法学新论［M］．贵阳：贵州人民出版社，2006.

［72］中国法学会行政法学研究会．财产权与行政法保护［M］．武汉：武汉大学出版社，2008.

［73］章剑生．行政程序法［M］．北京：中国政法大学出版社，2004.

［74］解志勇．法学基础教程［M］．北京：中国法制出版社，2008.

［75］王名扬．美国行政法（上）［M］．北京：中国法制出版社，2005.

［76］肖金明，冯威．行政执法过程研究［M］．济南：山东大学出版社，2008.

［77］孙健忠．台湾社会救助制度实施与建构之研究［M］．台北：时英出版社，2002.

［78］陆岸，董召勤，钱春芸．高校学生工作法治化研究［M］．苏州：苏州大学出版社，2017.

［79］王利明．人格权法［M］．北京：法律出版社，1997.

［80］魏振瀛．民法［M］．北京：北京大学出版社，2000.

［81］法规应用研究中心．中华人民共和国最高人民法院最高人民检察院

司法解释与指导案例 民事卷 第5版 [M]. 北京：中国法制出版社，2018.

[82] 金东海，安雪慧，万明纲，王爱兰. 义务教育阶段贫困生就学资助制度研究 [M]. 北京：人民教育出版社，2011.

[83] 舒国滢. 法理学导论 [M]. 北京：北京大学出版社，2006.

[84] 吕世伦，文正邦. 法哲学论 [M]. 哈尔滨：黑龙江美术出版社，2018.

[85] 戈含锋. 法律责任的立法研究——基于中国立法文本的分析 [M]. 北京：经济日报出版社，2015.

[86] 魏礼群. 当代中国社会大事典 1978-2015（第3卷）[M]. 北京：华文出版社，2018.

[87] 刘朝武. 社会排斥理论视野下高等学校贫困生社会支持与社会适应研究 [M]. 徐州：中国矿业大学出版社，2016.

[88] 国务院法制办公室. 中华人民共和国教育法典——注释法典（新4版）[M]. 北京：中国法制出版社，2018.

[89] 朱道坤. 论宪法权威 [M]. 武汉：武汉大学出版社，2018.

[90] 李幸祥. 行政给付受益权的司法保护研究 [M]. 上海：上海人民出版社，2017.

[91] 刘平. 行政救济的法理思辨 [M]. 上海：学林出版社，2019.

[92] 秦奥蕾. 基本权利体系研究 [M]. 济南：山东人民出版社，2009.

[93] 陈星波，字如祥. 对大学生加强民族观、宗教观与法治观教育研究 [M]. 昆明：云南民族出版社，2007.

[94] 占茂华. 法理学前沿问题 [M]. 上海：上海社会科学院出版社，2016.

[95] 曾瑜，邱燕，王艳碧. 高校学生管理工作法治化研究 [M]. 成都：西南交通大学出版社，2016.

[96] 刘灵芝. 社会保障权法律救济制度研究 [M]. 沈阳：辽宁大学出版社，2011.

[97] 湛中乐. 学生权利及其法律保障 [M]. 北京：中国法制出版社，

2017.

[98] 张继红．高校学生群体性事件之法律防治对策研究 [M]．北京：中国致公出版社，2018.

[99] 褚宏启，江雪梅．学校法律问题分析 [M]．北京：教育科学出版社，2018.

[100] 周琴．教师职业道德与教育法律法规 [M]．合肥：安徽大学出版社，2015.

[101] 杜霞，张芃．高等教育法概论 [M]．北京：中国社会出版社，2018.

[102] 杨解君．行政诉讼法 [M]．北京：中国方正出版社，2004.

[103] 林莉红．行政诉讼法学（第3版）[M]．武汉：武汉大学出版社，2009.

[104] 黄学贤，梁玥．行政诉讼的足迹与未来——著名中青年学者近十年行政诉讼研究述评 [M]．苏州：苏州大学出版社，2018.

[105] 卞建林．中国诉讼法治发展报告（2012-2013）[M]．北京：中国政法大学出版社，2014.

[106] 叶必丰．行政法的人文精神 [M]．武汉：湖北人民出版社，1999.

[107] 蒋绍进，李绪蔼．《资本论》研究综述 [M]．福州：福建人民出版社，1984.

[108] 中央党史和文献研究院．中国共产党简史 [M]．北京：人民出版社，中共党史出版社，2021.

[109] 梁捷．西方经济思想通识 [M]．北京：东方出版社，2018.

[110] 石佑启，朱最新．软法治理、地方立法与行政法治研究 区域法治与地方立法研究文丛 [M]．广州：广东教育出版社，2016.

[111] 许庆雄．社会权论 [M]．台北：众文图书股份有限公司，1992.

[112] 许志雄，陈铭祥，蔡茂寅，周志宏，蔡宗珍．现代宪法论 [M]．台北：元照出版社，2000.

[113] 刘松山．中国立法问题研究 [M]．北京：知识产权出版社，2016.

[114] 张根大 . 法律效力论 [M]. 北京：法律出版社，1999.

[115] 秦前红 . 宪说宪道 [M]. 北京：中国政法大学出版社，2017.

[116] 吕学静，王争亚，康蕊 . 中日社会救助制度比较研究 [M]. 北京：首都经济贸易大学出版社，2017.

[117] 民政部政策研究中心课题组 . “中国城乡困难家庭社会政策支持系统建设”课题研究报告 2011 年度 [M]. 北京：中国社会出版社，2013.

[118] 江必新 . 法治政府的制度逻辑与理性构建 [M]. 北京：中国法制出版社，2014.

[119] 赵晶 . 国家义务研究——以公民基本权利演变为分析视角 [M]. 天津：天津人民出版社，2017.

[120] 孟凡平 . 社会转型期弱势群体人文关怀研究 [M]. 上海：上海三联书店，2017.

[121] 甘绍平 . 人权伦理学 [M]. 北京：中国发展出版社，2009.

[122] 马陆艳 . 马克思恩格斯社会公平理论及其发展研究 [M]. 广州：广东人民出版社，2018.

[123] 葛树先 . 西方历代哲学家思想纵览 [M]. 天津：南开大学出版社，2018.

[124] 孙书行，韩跃红 . 多学科视野中的公平与正义 [M]. 昆明：云南人民出版社，2006.

[125] 苗力田 . 亚里士多德全集（第 8 卷）[M]. 北京：中国人民大学出版社，1992.

[126] 文长春 . 正义：政治哲学的视界 [M]. 哈尔滨：黑龙江大学出版社，2010.

[127] 吴忠民 . 社会公正论 [M]. 北京：商务印书馆，2019.

[128] 余少祥 . 弱者的正义——转型社会与社会法问题研究 [M]. 北京：社会科学文献出版社，2011.

[129] 刘白明 . 留守儿童社会救助制度研究 [M]. 长春：吉林大学出版社，2015.

[130] 陈成文 . 社会弱者论——体制转换时期社会弱者的生活状况与社

会支持［M］．北京：时事出版社，2000.

［131］胡玉鸿．弱者权利保护基础理论研究［M］．北京：商务印书馆，2021.

［132］胡玉鸿，张顺．弱者权益保护研究综述（上册）［M］．北京：中国政法大学出版社，2012.

［133］齐延平．社会弱势群体的权利保护［M］．济南：山东人民出版社，2006.

［134］余少祥．弱者的权利：社会弱势群体保护的法理研究［M］．北京：社会科学文献出版社，2008.

［135］李海生．教育券政策研究［M］．北京：民族出版社，2017.

［136］中国人权研究会．共享发展——更好造福各国人民［M］．北京：五洲传播出版社，2018.

［137］张亚丽．效率视角下义务教育资源配置研究——基于贵州省毕节市的个案调查［M］．成都：西南交通大学出版社，2018.

［138］徐祖荣．社会转型期城市医疗救助理论和经验［M］．北京：中国经济出版社，2010.

［139］韩德培．人权的理论与实践［M］．武汉：武汉大学出版社，1995.

［140］齐延平．论发展权的属性．中国人权研究会．共享发展——更好造福各国人民［C］．北京：五洲传播出版社，2018.

［141］胡芳肖．社会救助理论与实务［M］．西安：西安交通大学出版社，2015.

［142］李积霞．行政法与行政诉讼法案例研析［M］．北京：中国政法大学出版社，2013.

［143］姜明安．行政法学［M］．北京：法律出版社，1998.

［144］徐显明．人权研究（第8卷）［M］．济南：山东人民出版社，2009.

［145］胡建淼．中国行政法学论纲［M］．杭州：杭州大学出版社，1998.

［146］李文利．从稀缺走向充足——高等教育的需求与供给研究［M］．

北京：教育科学出版社，2008.

［147］陈元刚．社会保障学［M］．沈阳：东北财经大学出版社，2019.

［148］丛春霞，刘晓梅．社会保障概论［M］．大连：东北财经大学出版社，2011.

［149］潘锦棠．社会保障通论［M］．济南：山东人民出版社，2012.

［150］安仲文，高丹．社会保障学［M］．沈阳：东北财经大学出版社，2013.

【中文译著】

［1］［美］赖特·米尔斯,塔尔考特·帕森斯．社会学与社会组织［M］．何维凌，黄晓京，译．杭州：浙江人民出版社，1986.

［2］［美］理查德·A. 波斯纳．法律的经济分析［M］．蒋兆康，译．北京：中国大百科全书出版社，1997.

［3］［日］菊池馨实．社会保障法制的将来构想［M］．韩君玲，译．北京：商务印书馆，2018.

［4］［美］夸梅·安东尼·阿皮亚．想透彻——当代哲学导论［M］．姜昊骞，译．北京：新华出版社，2017.

［5］［美］Abraham H. Maslom. 马斯洛人本哲学［M］．成明，译．北京：九州出版社，2003.

［6］［英］T. H. 马歇尔，安东尼·吉登斯，等．公民身份与社会阶级［G］．郭中华，刘训练，译．南京：江苏人民出版社，2008.

［7］［日］大须贺明．生存权论［M］．林浩，译．北京：法律出版社，2001.

［8］［英］安东尼·吉登斯．第三条道路——社会民主主义的复兴［M］．郑戈，译．北京：北京大学出版社，2000.

［9］［奥］凯尔森．法与国家的一般理论［M］．北京：商务印书馆，2017.

［10］［德］汉斯·J. 沃尔夫，奥托·巴霍夫，罗尔夫·施托贝尔．行政法［M］．高家伟，译．北京：商务印书馆，2002.

［11］［美］保罗·布莱斯特，等．宪法决策的过程：案例与材料［M］．陆符嘉，等，译．北京：中国政法大学出版社，2002.

［12］［法］孟德斯鸠．论法的精神［M］．张雁深，译．北京：商务印书馆，1962.

［13］［美］欧内斯特·盖尔霍恩，等．行政法和行政程序概要［M］．黄列，译．北京：中国社会科学出版社，1996.

［14］［德］鲁道夫·冯·耶林．为权利而斗争［M］．郑永流，译．北京：商务印书馆，2018.

［15］［美］罗伯特·达尔．论民主［M］．李柏光，等，译．北京：商务印书馆，1999.

［16］［德］弗里德赫尔穆·胡芬．行政诉讼法（第5版）［M］．莫光华，译．北京：法律出版社，2003.

［17］［印］阿马蒂亚·森．以自由看待发展［M］．任赜，于真，译．中国人民大学出版社，2002.

［18］［德］黑格尔．美学（第1卷）［M］．朱光潜，译．北京：商务印书馆，1981.

［19］［英］德里克·希特．何谓公民身份［M］．长春：吉林出版集团有限责任公司，2007.

［20］［德］卡尔·拉伦茨．法学方法论［M］．陈爱娥，译．北京：商务印书馆，2004.

［21］［古希腊］亚里士多德．政治学［M］．北京：商务印书馆，1981.

［22］［德］马克斯·韦伯．经济与社会（上）［M］．林荣远，译．北京：商务印书馆，1998.

［23］［美］迈尔文·艾隆·艾森伯格．普通法的本质［M］．张含光，张曙光，张小平，等，译．北京：法律出版社，2004.

［24］［法］莱昂·狄骥．公法的变迁·法律与国家［M］．郑戈，冷静，译．沈阳：辽海出版社，春风文艺出版社，1999.

［25］［美］德沃金．法律帝国［M］．李常青，译．北京：中国大百科全书出版社，1996.

[26] [美] 本杰明·卡多佐. 司法过程的性质 [M]. 苏力，译. 北京：商务印书馆，2009.

[27] [美] 卡尔·N. 卢埃林. 普通法传统 [M]. 陈绪纲，史大晓，全宗锦，等，译. 北京：中国政法大学出版社，2002.

[28] [美] 波斯纳. 法律的经济分析 [M]. 蒋兆康，译. 北京：中国大百科全书出版社，1997.

[29] [英] 洛克. 政府论 [M]. 吴恩裕，译. 北京：商务印书馆，2005.

[30] [古希腊] 亚里士多德. 尼各马可伦理学 [M]. 廖申白，译. 北京：商务印书馆，2003.

[31] [古希腊] 亚里士多德. 政治学 [M]. 吴寿彭，译. 北京：商务印书馆，1965.

[32] [美] 约翰·罗尔斯. 正义论 [M]. 何怀宏，等，译. 北京：中国社会科学出版社，1988.

[33] [美] 尼古拉斯·麦考罗，斯蒂文·G. 曼德姆. 经济学与法律——从波斯纳到后现代主义 [M]. 吴晓露，潘晓松，朱慧，译. 北京：法律出版社，2005.

[34] [美] E. 博登海默. 法理学——法哲学及其方法 [M]. 北京：华夏出版社，1987.

[35] [英] 亚当·斯密. 道德情操论 [M]. 蒋自强，等，译. 北京：商务印书馆，1997.

[36] [美] 穆蒂莫·史德勒. 六大观念 [M]. 郗庆华，译. 上海：生活·读书·新知三联书店，1991.

[37] [美] 布鲁克·诺埃尔·穆尔，肯尼思·布鲁德. 思想的力量 [M]. 李宏昀，倪佳，译. 北京：北京联合出版公司，2017.

[38] [法] 卢梭. 社会契约论 [M]. 何兆武，译. 北京：商务印书馆，2003.

[39] [法] 卢梭. 论政治经济学 [M]. 王运成，译. 北京：商务印书馆，1962.

[40] [英] 约翰·穆勒．功利主义 [M]．徐大建，译．上海：上海人民出版社，2008.

[41] [英] 克里斯托弗·贝里．大卫·休谟——启蒙与怀疑 [M]．武汉：华中科技大学出版社，2019.

[42] [美] 查尔斯·H. 扎斯特罗．社会工作与社会福利导论 [M]．孙唐水，等，译．北京：中国人民大学出版社，2005.

[43] [英] 米尔恩．人的权利与人的多样性——人权哲学 [M]．夏勇，张志铭，译．北京：中国大百科全书出版社，1995.

[44] [美] 庞德．通过法律的社会控制 [M]．沈宗灵，译．北京：商务印书馆，1984.

[45] [英] 约翰·穆勒．政治经济学原理及其在社会哲学上的若干应用（下卷）[M]．胡企林，朱泱，译．北京：商务印书馆，1991.

[46] [法] 雅克·盖斯旦，吉勒·古博．法国民法总论 [M]．谢汉琪，等，译．北京：法律出版社，2004.

【中文论文】

[1] 王艳萍．阿马蒂亚·森的“能力方法”在发展经济学中的应用 [J]．经济理论与经济管理，2006（04）：27-32.

[2] 任洁琼，陈阳．教育救助（上）[J]．社会福利，2002（12）：58-62.

[3] 邓久根．高校特困生教育救助的经济学分析 [J]．价格月刊，2007（01）：81-84.

[4] 邹海贵．社会正义视域中的高校贫困生教育救助探析 [J]．高教探索，2009（04）：26-31.

[5] 傅松涛，傅林婉．教育权利的社会保障 [J]．河北大学学报（哲学社会科学版），2013（04）：11-21.

[6] 葛云松．法人与行政主体理论的再讨论——以公法人概念为重点 [J]．中国法学，2007（03）：78.

[7] 郑尚元，袁少杰．老龄化之因应与长期照护保险法制之展望 [J].

深圳大学学报（人文社会科学版），2017（03）：127-134.

［8］陈宜中．国家应维护社会权吗？评当代反社会权论者的几项看法［C］．人文及社会科学集刊，2003（02）：317-318.

［9］徐显明．生存权论［J］．中国社会科学，1992（05）：39-56.

［10］吕朝贤．“新贫”的意义、政策及其限制［J］．小区发展季刊，2007（12）：21-22.

［11］朱一丹．社会救助制度的中外比较研究［D］．长春：东北师范大学，2015：129.

［12］马岭．生存权的广义与狭义［J］．金陵法律评论，2007（02）：72-85.

［13］陈成文．教育救助与实现新时代“弱有所扶”［J］．社会科学家，2019（01）：120-127.

［14］张瑶．社会排斥与贫困：一种分析路径［J］．科学经济社会，2019（04）：23.

［15］克莱尔·肖特．消除贫困与社会整合：英国的立场［J］．国际社会科学杂志（中文版），2000（04）：49-55.

［16］曹扶生，武前波．国外城市反贫困理论研究综述［J］．城市问题，2008（10）：75-80.

［17］熊勇．维护人的尊严——社会救助立法的终极理念［J］．长春理工大学学报（社会科学版），2013（04）：30.

［18］李震山．人性尊严之宪法意义［J］．中国比较法学会学报，1992（11）：16-17.

［19］洪大用．完善社会救助，构建和谐社会——2005 年社会救助实践与研究的新进展［J］．东岳论丛，2006（03）：22-26.

［20］陆永平．城市弱势群体的政策救助和道德救助［J］．南通大学学报（社会科学版），2005（03）：112-115.

［21］吴成钢，金明华．弱势群体的伦理生态问题及其对策［J］．深圳大学学报（人文社会科学版），2006（04）：29-32.

［22］吴振宇．公私协力保障生存权——以社会救助制度为例［J］．法

治研究，2011（09）：37-43.

［23］李累．宪法上“人的尊严”［J］，中山大学学报（社会科学版），2002（06）：129.

［24］刘振杰．走向发展型社会救助的新福利时代［J］．行政管理改革，2014（01）：55-59.

［25］郭晓君．人的全面发展理论初探［J］．中国人民大学学报，1997（02）：28-33.

［26］喻文光．德国社会救助法律制度及其启示——兼论我国行政法学研究领域的拓展［J］．行政法学研究，2013（01）：117.

［27］韩君玲．论我国社会救助法的基本原则——基于社会主义核心价值观融入的视角［J］．行政管理改革，2021（1）：26-34.

［28］李长勇．管仲的社会救助思想及其现代意义［J］．齐鲁学刊，2017（04）：23-28.

［29］刘艺．给付行政的法律特质——以《社会救助法》（草案）为示例［J］．河北法学，2010（11）：83-92.

［30］杨成铭．受教育权的国家义务研究［J］．政法论坛：中国政法大学学报，2005（02）：62.

［31］齐延平．人权研究［M］．济南：山东人民出版社，2016：91.

［32］史小艳．受教育权的国家义务研究［J］．公法评论，2016（01）：306-307.

［33］蒋悟真，游川．论国家作为社会救助主体的法律责任［J］．江海学刊，2016（05）：127-132.

［34］许瑞麟．我国社会救助法制之研究——以德国联邦社会救助法为借镜［D］．台中：中兴大学，1999：15-19.

［35］黄鼎馨．给付抑或不给付？——从宪法受益权、社会权保障功能论社会救助给付行政之目的及正当程序［D］．台北：东吴大学，1996：47-48.

［36］张翔．基本权利的受益权功能与国家的给付义务——从基本权利分析框架的革新开始［J］．中国法学，2006（01）：21-36.

[37] 毕鹤霞．高校贫困生认定理论变迁述评［J］．现代教育管理，2012（06）：92-96.

[38] 耿华昌，夏民．高校贫困生资助中若干法律问题探析［J］．江苏高教，2017（10）：99-101.

[39] 张培华．论高校国家助学贷款学生的权利与义务［J］．齐齐哈尔大学学报（哲学社会科学版），2007（05）：65-66.

[40] 凌峰．基于权利与义务对等的高校学生资助模式刍议［J］．高教发展与评估，2010（05）：48-53.

[41] 刘青瑞，李晓璐．英国高校家庭经济困难学生援助服务体系研究［J］．东北大学学报（社会科学版），2012（03）：268-271.

[42] 张正武．国外资助贫困大学生的经验及其启示——基于英、日、美三国资助模式的比较研究［J］．人民论坛（中旬刊），2010（07）：192.

[43] 徐国兴．中美日大学生资助政策新动向的比较研究［J］．复旦教育论坛，2008（02）：71-74.

[44] 花鸥，吴旭东，尹祥．美日英三国高校学生资助制度的比较研究［J］．当代职业教育，2012（11）：93-96.

[45] 牛磊磊．美国联邦学生资助的类型、特点及启示［J］．教育教学论坛，2013（46）：151-152.

[46] 陈泽群．“低保养懒人!”：由指控低保户而显露出的福利体制问题［J］．社会保障研究（北京），2007（01）：128-136.

[47] 朱勋克．我国社会救助正当程序之实践及修正［J］．社会保障研究，2011（06）：72-83.

[48] 蒋悟真，陈陌阡．社会救助措施的立法现状及其走向［J］．社会保障研究，2014（03）：74-78.

[49] 韩君玲．我国最低生活保障标准的法制现状与完善［J］．法学杂志，2008（01）：93-96.

[50] 雷晓康，王茜．中国最低生活保障制度现状与回顾［J］．社会保障研究，2019（02）：45-55.

[51] 林鸿潮，侯佳儒．公共突发事件的国家救助：标准确定与制度改

革［J］. 系统工程理论与实践，2015（10）：2621-2629.

［52］范西庆，顾昕，高梦. 中国城乡社会救助项目绩效评价研究——基于筹资水平的横向公平性分析［J］. 财经研究，2007（10）：16-27.

［53］仇叶，贺雪峰. 泛福利化：农村低保制度的政策目标偏移及其解释［J］. 政治学研究，2017（03）：63-74.

［54］林鸿潮. 我国非常规突发事件国家救助标准制度之完善——以美国"9.11事件"的救助经验为借鉴［J］. 法商研究，2015（02）：24-34.

［55］李天博. 社会救助标准的法律问题研究［D］. 北京：北京理工大学，2017：24-25.

［56］黄锴. 论给付行政的程序控制——以行政救助中的"经济状况调查"为分析对象［J］. 时代法学，2016（04）：39-47.

［57］江必新，邵长茂. 共享权、给付行政程序与行政法的变革［J］. 行政法学研究，2009（04）：3-12+103.

［58］汪霏. 发展型救助视角下贫困大学生教育救助问题研究［D］. 安徽：安徽大学，2017：21.

［59］杨小君. 试论行政机关的告知义务［J］. 国家行政学院学报，2003（01）：71-74.

［60］杨东升. 行政给付程序论［J］. 上海政法学院学报（法治论丛），2014（01）：74-79.

［61］王丽琼. 美国联邦学生补助免费申请表（FAFSA）对我国高校贫困生认定的启示［J］. 长沙铁道学院学报（社会科学版），2011（02）：235-236.

［62］杨思斌. 社会救助的程序法治——价值、原则与制度构建［J］. 山东社会科学，2012（02）：37-41.

［63］黄荣萍. 论辅导员在学生资助工作中的作用和可为空间［J］. 改革与开放，2013（08）：58.

［64］徐丽红. 社会权利视域下的中国现行高校帮困资助政策研究［D］. 上海：华东师范大学，2014：130.

［65］赵旭东. 乡村成为问题与成为问题的中国乡村研究：围绕"晏阳

初模式”的知识社会学反思［J］．中国社会科学，2008（03）：117.

［66］孙晓锦．城市最低生活保障退出机制研究［J］．南京人口管理干部学院学报，2013（01）：10.

［67］何倩．低保退出机制中个体价值的尊重与保障［J］．社会保障研究，2014（04）：75-79.

［68］靳文辉．“新财产权”理论视角下的社会救助权及法律保障机制［J］．西南民族大学学报（人文社会科学版），2014（08）：102-107.

［69］隋世峰．我国高校学生资助立法研究［D］．合肥：安徽大学，2016：31.

［70］蔡润芹．中国最具影响力的综合搜索引擎比较研究［J］．电脑知识与技术，2018（17）：211-213.

［71］聂兴．南昌市高校贫困生精准资助问题研究［D］．江西财经大学，2020：15-19.

［72］王斐，冯国营，刘敏．大学生权利及其保护研究——基于新修订《普通高等学校学生管理规定》的思考［J］．青少年学刊，2018（01）：43-48.

［73］范伟，杨司阳．教育法治视野下高校学生权利救济：内涵、原则与机制建构［J］．现代教育管理，2017（06）：70-74.

［74］孙炜．基于育人视角的高校学生管理法律风险识别与防范研究——兼论新修订的《普通高等学校学生管理规定》［J］．湖南科技学院学报，2018（11）：112-114.

［75］李道平．关于“相对贫困化”问题的探讨——对西方国家工人阶级状况的分析之三［J］．求是学刊，1980（01）：27-32.

［76］段德元．相对贫困化和绝对贫困化的区分是一种曲解［J］．兰州学刊，1982（01）：103-105.

［77］［印］阿玛蒂亚·森．评估不平等和贫困的概念性挑战［J］．经济学季刊，2003（02）：257-258.

［78］汤颖，邬志辉．后扶贫时代教育扶贫应处理好的几对关系［J］．教育与经济，2021（01）：11-18.

［79］付卫东．学生相对贫困与新时代教育扶贫策略——基于中西部6个省18个扶贫重点开发县的调查［J］．河北师范大学学报（教育科学版），2021（02）：64-71.

［80］刘春怡．转型期我国城市贫困人口的社会救助问题研究——以长春市为例［D］．长春：吉林大学，2011.

［81］李震山．从生命权与自决权之关系论生前预嘱与安宁照顾之法律问题［J］．国立中正大学法学期刊，1999（02）：346.

［82］［英］克莱尔·肖特．消除贫困与社会整合：英国的立场［J］．国际社会科学杂志，2000（04）：49-55.

［83］胡丹丹，韩东屏．论阿马蒂亚·森对罗尔斯正义理论的解构与重塑［J］．湖北社会科学，2015（07）：103-105.

［84］刘莘．康德、罗尔斯与全球正义［J］．哲学研究，2008（11）：88-96+129.

［85］程鹏．西方公平正义理念的发展脉络与时代意蕴［J］．国外社会科学前沿，2021（03）：68-80.

［86］李常青，冯小琴．少数人权利及其保护的平等性［J］．现代法学，2001（05）：14-21.

［87］胡玉鸿．法律如何面对弱者［J］．政法论丛，2021（01）：23-34.

［88］熊勇先．论社会弱者健康权的实现［J］．中南大学学报（社会科学版），2010（03）：52-56.

［89］陈成文．论社会弱者的社会学意义［J］．电子科技大学学报（社科版），2000（02）：63-67.

［90］朱力．脆弱群体与社会支持［J］．江苏社会科学，1995（06）：130-134.

［91］尹乃春．走向发展型救助：社会救助的制度转型与目标选择［J］．广西社会科学，2012（01）：131-134.

［92］胡宏伟，杜晓静．新时代中国社会救助精准治理——现状、挑战与改进［J］．北京航空航天大学学报（社会科学版），2019（02）：60-69.

[93] 林闽钢. 新时期我国社会救助立法的主要问题研究 [J]. 中国行政管理，2018 (06)：44-48.

[94] 陈文美，李春根. 我国社会救助支出责任划分：理论依据、现实问题与优化路径 [J]. 社会保障研究，2021 (03)：78-86.

[95] 胡玉鸿. 人的尊严与弱者权利保护 [J]. 江海学刊，2014 (02)：124-131.

[96] 郑荣伟，高美娟. 助学贷款之法律问题研究 [J]. 湖北职业技术学院学报，2019，22 (04)：82-86.

[97] 许若群. 学生助学贷款的法律分析 [J]. 江苏高教，2004 (04)：35.

[98] 柳砚涛，刘宏渭. 行政给付的性质界说 [J]. 东岳论丛，2006 (01)：189-192.

[99] 柳砚涛. 行政给付制度研究 [D]. 苏州：苏州大学，2005：18.

[100] 喻少如. 论社会救助制度中的行政给付程序 [J]. 法学评论，2011 (04)：21-28.

[101] 曹洪滔. 基于社会正义角度下的高校贫困生教育救助探析 [J]. 经济与社会发展，2016 (04)：120-124.

[102] 林闽钢. 中国社会救助高质量发展研究 [J]. 苏州大学学报（哲学社会科学版），2021 (04)：25-31.

[103] 罗豪才，袁曙宏，李文栋. 现代行政法的理论基础——论行政机关与相对一方的权利义务平衡 [J]. 中国法学，1993 (01)：52-59.

[104] 吴朝文，代劲，孙延楠. 大数据环境下高校贫困生精准资助模式初探 [J]. 黑龙江高教研究，2016 (12)：41-44.

[105] 宋凤轩，康世宇. "十三五"时期社会保障建设的成就、问题与展望 [J]. 河北大学学报（哲学社会科学版），2021 (04)：138-146.

【外文著作与论文】

[1] EACEA. National student fees and support systems for higher education in Europe - facts and figures (2017-2018) [R]. Luxembourg: European Union

Publications Office, 2017.

[2] Roman L G, Eyre L. Dangerous territories: Struggles for difference and equality in education [M]. Routledge, 2013.

[3] Johnstone D B. Sharing the Costs of Higher Education. Student Financial Assistance in the United Kingdom, the Federal Republic of Germany, France, Sweden, and the United States [M]. College Board Publications, 1986.

[4] Ronald Dworkin. Law's Empire [M]. Boston: Belknap Press , 1988.

[5] The finance of higher education: Theory, research, policy, and practice [M]. Algora Publishing, 2001.

[6] Oliver Wendell Holmes. The Common Law [M]. Harvard University Press, 1963.

[7] H. L. A. Hart. The Concept of Law [M]. Oxford County: Oxford University Press, 1997.

[8] TheodoreF. T. Plucknett. A Concise History Of The Common Law [M]. Liberty Fund Inc. , 2003.

[9] Ronald Dworkin. A Matter of Principle [M]. Harvard University Press, 1985.

[10] Goodin R E, Cohen M. Reasons for welfare: The political theory of the welfare state [M]. Princeton University Press, 1988.

[11] Kim D. The effect of financial aid on students' college choice: Differences by racial groups [J]. Research in Higher Education, 2004 (01): 43-70.

[12] Coria E, Hoffman J L. Financial aid tipping points: an analysis of aid and academic achievement at a California community college [J]. Community College Journal of Research and Practice, 2016 (02): 160-170.

[13] Chen Rong, Stephen L. DesJardins. Exploring the effects of financial aid on the gap in student dropout risks by income level [J]. Research in higher education, 2008 (01): 1-18.

[14] Kim J, DesJardins S L, McCall B P. Exploring the effects of student

expectations about financial aid on postsecondary choice: A focus on income and racial/ethnic differences [J]. Research in Higher Education, 2009 (08): 741.

[15] Redd K E. Lots of Money, Limited Options: College Choice and Student Financial Aid. [J]. Journal of Student Financial Aid, 2004 (34): 29-39.

[16] Stater, Mark. Financial Aid, Student Background, and the Choice of First-year College Major [J]. Eastern Economic Journal, 2011 (03): 321-343.

[17] Jaquette O, Hillman N W. Paying for default: Change over time in the share of federal financial aid sent to institutions with high student loan default rates [J]. Journal of Student Financial Aid, 2015 (01): 2.

[18] Long, Michael. Government Financial Assistance for Australian University Students [J]. Journal ofHigher Education Policy and Management, 2002 (02): 127-143.

[19] Gustafsson B. Assessing non-use of social assistance [J]. European Journal of Social Work, 2002 (02): 149-158.

[20] Brown M C, Lane J E, Rogers K R. Walking a policy tightrope: Balancing educational opportunity and criminal justice in federal student financial aid [J]. Journal of Negro Education, 2002: 233-242.

[21] Fuller M B. A history of financial aid to students [J]. Journal of Student Financial Aid, 2014 (01): 4.

[22] Austin D A. The indentured generation: bankruptcy and student loan debt [J]. Santa Clara Law Review, 2013 (53): 329.

[23] Browning S D. The Misguided Application of the Sherman Act to Colleges and Universities in the Context of Sharing Financial Aid Information [J]. Boston College Law Review, 1991 (33): 763.

[24] Eaton J S. The higher education opportunity act of 2008: What does it mean and what does it do [J]. Inside Accreditation with the President of CHEA, 2008 (01) .

[25] Lindgrensavage, Cerin. Regulatory Oversight of Student Financial Aid through Accreditation of Institutions of Higher Education [J]. Journal of Law & Education, 2016 (03): 327-362.

[26] Joyner, Nancy Douglas. Reverse Discrimination in Student Financial Aid for Higher Education: The Flanagan Case in Perspective [J]. Journal of Law & Education, 1977 (03): 327-348.

[27] Wiesenfelder, Leslie H. Institutional Liability for Federal Student Financial Aid - The Department of Education's Appeal Procedures Violate Due Process and Are Unduly Burdensome and Complicated [J]. Federal Bar News & Journal, 1990 (10): 612-620.

[28] [日] 山口道昭 . "多様性行政" における政治志向と行政志向—生活保護世帯における子どもの就学を中心に [J]. 年報行政研究, 2017 (52): 89-112.

[29] [日] 田中秀明 . 高等教育費の公的負担と学生支援——福祉国家の視点から考える [J]. 高等教育研究, 2018 (21): 147-170.

[30] [日] 小林雅之 . 高等教育費負担の国際比較と日本の課題 [J]. 日本労働研究雑誌, 2018 (05): 4-15.

[31] [日] 久保田貢 . 日本教育政策研究動向 [J]. 日本教育政策学会年報, 2016 (23): 182-189.

[32] [日] 角岡賢一 . 国際人権規約・高等教育無償化条項を巡る諸国の動向 [J]. 竜谷紀要, 2010 (01): 55-75.

[33] Rawls J. Justice as fairness: political not metaphysical [J]. Collected Papers, 1999: 388-414.

【网络资源】

[1] 教育部官网 . 教育部关于取消一批证明事项的通知 [EB/OL]. (2019-04-02) [2019-09-25]. http://www.moe.gov.cn/srcsite/A02/s7049/201904/t20190423_379235.html.

[2] 民政部官网 . 全国人大代表郑功成: 尽快制定《社会救助法》把宪

法规定的公民权益制度化［EB/OL］．（2018-03-15）［2020-09-22］．http：//mzzt. mca. gov. cn/article/2018lh/dbwyhmz/rddb/201803/20180300895554. shtml.

［3］腾讯网．民政部：正积极推进社会救助法起草工作［EB/OL］．（2019-12-25）［2020-09-22］．https：//baijiahao. baidu. com/s? id=1653978760826111076&wfr=spider&for=pc.

［4］中国政府网．中共中央办公厅 国务院办公厅印发《关于改革完善社会救助制度的意见》［EB/OL］．（2020-08-25）［2020-08-26］．http：//www. gov. cn/zhengce/2020-08/25/content_ 5537371. htm.

［5］人民网．2019年中国学生资助发展报告［EB/OL］．（2020-05-20）［2020-08-18］．http：//edu. people. com. cn/n1/2020/0521/c1006-31716978. html.

［6］人民网．教育部：学生资助的主要问题是虚报冒领［EB/OL］．（2015-12-09）［2021-02-17］．http：//politics. people. com. cn/n/2015/1209/c70731-27906725. html.

［7］教育部官网．《国家学生资助政策问答（2016）》［EB/OL］．（2016-08-11）［2021-05-23］．http：//www. moe. gov. cn/jyb_ zwfw/zwfw_ fwxx/zhfu_ zz/201608/t20160811_ 274671. html.

［8］京都大学官网．关于新的高等教育学习支持系统［EB/OL］．（2020-07-23）［2020-09-26］．https：//www. kyoto-u. ac. jp/ja/education-campus/tuition/support.

［9］曹林．“不能使用手机”不应成贫困生获资助的前提［EB/OL］．（2005-08-29）［2021-05-25］．http：//www. moe. gov. cn/srcsite/A05/s7505/201701/t20170122_ 295524. html.

［10］搜狐网．研究生福利：全国著名高校助学金一览表；比比谁家最“土豪”［EB/OL］．（2020-08-05）［2021-05-05］．https：//www. sohu. com/a/411476221_ 120012603.

［11］学信网．民办高校享受国家奖助学金政策须符合相关规定［EB/OL］．（2007-07-03）［2021-05-28］．https：//www. chsi. com. cn/gjzxdk/news/200707/20070703/966168. html.

［12］日本文部科学省官网．高等教育的修学支援新制度［EB/OL］.（2020-01-01）［2020-10-5］．https：//www. mext. go. jp/a_ menu/koutou/hutankeigen/index. htm.

［13］搜狐网．重磅消息！国家助学贷款政策大调整！还款期限从 3 年延长至 5 年！［EB/OL］．（2020-07-27）［2020-10-6］．https：//m. sohu. com/a/410058743_ 221645/.

［14］日本文部科学省官网．「学びの継続」のための『学生支援緊急給付金』~学びの継続給付金~［EB/OL］．（2020-05-20）［2020-10-6］．https：//www. mext. go. jp/a_ menu/koutou/hutankeigen/mext_ 00686. html.

［15］日本文部科学省官网．高等教育的修学支援新制度［EB/OL］．（2021-05-18）［2021-5-29］．https：//www. mext. go. jp/kyufu/index. htm.

［16］高杨．大学生因买电脑不算贫困生 七成网友认为标准一刀切欠妥［EB/OL］．（2016-09-22）［2021-05-02］．http：//china. cnr. cn/xwwgf/20160922/t20160922_ 523154880. shtml.

［17］曲阜师范大学官网．关于组织开展贫困生认定工作的通知［EB/OL］．（2016-10-14）［2020-10-7］．https：//gl. qfnu. edu. cn/info/1039/1976. htm.

［18］百姓呼声网．洛阳理工学院附中助学金申请不规范［EB/OL］．（2011-03-17）［2021-05-30］．https：//people. lyd. com. cn/wenti/20110317232057559/？info_ id=20110317232057559.

［19］日本文部科学省官网．家庭、教育和福利合作“三角”项目［EB/OL］．（2018-09-28）［2021-02-07］．https：//www. mext. go. jp/a_ menu/shotou/tokubetu/material/1404500. htm.

［20］网易网．助学金落到实处了吗？为何与导员关系好才能得到助学金［EB/OL］．（2018-11-29）［2021-04-28］．https：//www. 163. com/dy/article/E1QMMK9A05363WBN. html.

［21］搜狐网．贫困生的信息就能随便公开吗？我们为什么要持续曝光政府部门及高校“隐私泄露”［EB/OL］．（2017-11-20）［2021-04-28］．https：//www. sohu. com/a/205502715_ 617374.

[22] 刘振 . 1700 名学生不符助学金资助标准 被取消资格 [EB/OL]. (2011-05-18) [2021-02-25]. http：//www. shx. chinanews. com/news/2011/0518/2945. html.

[23] 央视网 . 河南一学校副科长冒领 63 万元助学金 怕败露拒升迁 [EB/OL]. (2014-11-20) [2021-02-25]. http：//news. cntv. cn/2014/11/20/ARTI1416420597881996. shtml.

[24] 沧州市人民政府官网 . 健全贫困生补助资金管理机制杜绝“弄虚作假 骗取贫困生补助”问题 [EB/OL]. (2018-07-11) [2021-02-11]. http：//www. cangzhou. gov. cn/zwbz/czsx/543164. shtml.

[25] 知乎网 . 如何看待大学助学金发放不公平问题? [EB/OL]. (2016-09-30) [2021-02-13]. https：//www. zhihu. com/question/51166117.

[26] 重庆晨报网 . 辅导员贪污学生奖学金班费数万? 疑似恐吓录音曝光 [EB/OL] . (2018-10-30) [2021-02-11]. https：//www. cqcb. com/headline/2018-10-30/1194703_ pc. html.

[27] 搜狐网 . 为何大学助学金屡遭拖延克扣 [EB/OL] . (2016-10-25) [2020-10-25]. https：//www. sohu. com/a/117097029_ 374087.

[28] 沈静芳，孙婷婷 . 国家奖助学金竟成敛财工具，高校辅导员获刑 [EB/OL]. (2020-06-30) [2020-10-25]. https：//www. sohu. com/a/117097029_ 374087.

[29] 中国政府网 . 中共中央办公厅、国务院办公厅印发《关于加强社会主义法治文化建设的意见》 [EB/OL]. (2021-04-05) [2021-06-05]. http：//www. gov. cn/zhengce/2021-04/05/content_ 5597861. htm.

[30] 王丛虎 . 高校与学生之间行政法律纠纷及其解决思路 [EB/OL]. (2003-02-24) [2021-06-05]. https：//www. chinacourt. org/article/detail/2003/02/id/39758. shtml.

[31] 王钟的 . 助学金发放不能成黑箱 [EB/OL]. (2014-02-14) [2021-05-28]. https：//www. chinacourt. org/article/detail/2014/02/id/1213952. shtml.

[32] 北京市教育委员会官网 . 学生申诉办事指南 [EB/OL]. (2020-08-06) [2021-02-14]. http：//jw. beijing. gov. cn/bsfw/xzfyjss/xsss/.

［33］北京市教育委员会官网．行政复议办事指南［EB/OL］．（2020-08-06）［2021-02-14］．http：//jw. beijing. gov. cn/bsfw/xzfyjss/xzfy/index. html.

［34］廊坊市人民政府官网．《廊坊市贫困大学生助学办法（2019年修订）》［EB/OL］．（2019-07-01）［2021-02-15］．http：//www. lf. gov. cn/Item/89358. aspx.

［35］南岸网．区民政局多举措救助帮扶贫困大学生［EB/OL］．（2019-09-06）［2021-02-15］．http：//m. cqna. com. cn/na_ topic21/2019-09/06/content_ 4571427. htm.

［36］谭琳．你咋看？助学金被取消，只因妈妈给他买了双耐克球鞋［EB/OL］．（2016-11-08）［2021-02-15］．https：//mp. weixin. qq. com/s/OMRBdLD8uv-vgYxQqpAhjA.

［37］陈大炜．贫困生因挂科无法享受助学金？官方回复［EB/OL］．（2019-02-19）［2021-02-15］．https：//www. sohu. com/a/295694055_ 258456.

［38］周周．中国贫富差距有多大？国家统计局告诉你答案［EB/OL］．（2020-09-28）［2021-06-10］．https：//xw. qq. com/amphtml/20200928A02AVM00.

［39］中国经济网．白皮书：全面建成小康社会消除绝对贫困实现基本生活水准权［EB/OL］．（2021-08-16）［2021-08-12］．https：//baijiahao. baidu. com/s？id=1707882937959761774&wfr=spider&for=pc.

［40］教育部．国务院办公厅关于印发教育部主要职责内设机构和人员编制规定的通知［EB/OL］．（2021-08-18）［2008-07-10］．http：//www. moe. gov. cn/jyb_ zzjg/moe_ 188/202006/t20200604_ 462577. html.

［41］搜狐网．大数据又立一功，让贫困生更有尊严［EB/OL］．（2021-08-19）［2017-07-17］．https：//www. sohu. com/a/157756694_ 161245.

［42］中国政府网．习近平主持召开中央财经委员会第十次会议［EB/OL］．（2021-08-20）［2021-08-17］．http：//www. gov. cn/xinwen/2021-08/17/content_ 5631780. htm.

附录一

高校助学金发放情况调查问卷

亲爱的同学：

您好！为更好地了解高校家庭经济困难学生教育救助情况，促进教育救助公平公正，本调研组现开展高校助学金发放情况调研，希望您能抽出几分钟时间配合我们调查。本问卷为匿名形式，我们将对相关信息进行保密，请放心作答，祝您生活学习愉快！

1. 您所在的学校（全称）[填空题]

____

2. 您的性别是 [单选题]

○男○女

3. 您的学习阶段是 [单选题]

○大一

○大二

○大三

○大四

○大五

○硕士研究生在读

○博士研究生在读

4. 您是否获得过助学金？[单选题]

○从来没有

○每学期都获得校内助学金

○每学期都获得国家助学金

○不定期获得校内助学金

○不定期获得国家助学金

○其他

5. 请问您大学期间的生活费主要来源是？[多选题]

□家庭全额供给

□社会爱心人士捐助

□助学贷款获得

□申请学校助学金获得

□外出打工获得报酬

□学校勤工助学岗位获得报酬

□努力学习申请奖学金获得

□其他________________

6. 请问您所在学校助学金名额如何进行分配？[单选题]

○按照班级人数比例分配

○按照班级内贫困生比例分配

○自愿申请，没有进行名额分配

○其他________________

7. 您所了解的您所在学校确定助学金的方式有？[单选题]

○贫困生申请，学院审核，班级投票，学院决定

○贫困生申请，班委决定，班主任、学校审核

○老师选取，班级公开投票决定

○班委决定班级名额的分配

○班委、同学反映客观情况，老师、学校领导审核

○其他________________

8. 据您了解班级民主评议小组对于家庭经济困难学生是如何界定的？[多选题]

□学生家庭所在地开具的证明

□学生平时的生活和消费习惯

□学生申请书中对家庭情况的描述

□家庭收入的证明材料

□班委及辅导员与学生谈话了解的情况

□不清楚

□其他________________

9. 您认为您所在班级在助学金评定过程中出现了哪些问题？[多选题]

□评选委员对学生情况不够了解

□评选委员对助学金政策根本不了解

□辅导员或者其他老师权力很大，能够影响结果

□评选制度不公平

□贫困生界定标准过于模糊

□投票存在个人偏私情况

□有人拉票

□弄虚作假

□班委全权处理，同学不知情

□会受人际关系好坏、朋友情面等因素的影响

□其他________________

10. 您认为您所在学校的助学金分配制度是否合理？[单选题]

○合理

○不合理

○不清楚

11. 您觉得在您所在的学校中哪些学生最容易获得国家助学金？［多选题］

□学习成绩优秀

□家庭经济困难

□工作能力强

□和老师关系好

□和同学关系好

□其他________________

12. 您认为，制定助学金分配的标准应从哪些方面考虑？［多选题］

□学习成绩情况

□家庭经济情况

□家庭特殊情况（如单亲家庭、父母离异、家人重病等）

□申请人是否经常去高消费场所消费

□申请人是否拥有高档产品

□申请人是否有违纪行为

□申请人思想道德情况

□其他________________

13. 您是如何理解国家和学校设置助学金的目的的？［多选题］

□帮助家庭经济困难学生顺利完成学业

□作为鼓励学生努力学习的一种方法

□培养人才，实现教育平等

□不清楚

□其他________________

14. 您所了解的您所在学校助学项目有哪些？［多选题］

□助学金

□励志奖学金

□国家助学贷款

□勤工助学

□学费减免

□临时困难补助

□其他________________

15. 您认为贫困生申报时应该提供哪些信息？[多选题]

□家庭所在地开具的贫困证明

□家庭收入证明

□若家庭有特殊困难，需提供证明（如有家属患重病，需提供医院证明）

□助学金使用情况

□日常支付宝、微信、淘宝等消费情况

□信息处提供的一卡通消费流水

□其他________________

16. 您认为申请助学金时提供的信息会不会侵害学生的隐私权？[单选题]

○会

○不会

○有可能

17. 您对家庭经济困难学生的印象？[多选题]

□入不敷出以致家庭不和睦

□经济拮据，影响到学业

□感到自卑、孤独，觉得生活不公

□其他________________

18. 您在校期间平均每月生活费是多少？[单选题]

○500 元以下

○500—1000 元

○1000—1500 元

○1500—2000 元

○2000 元以上

19. 您认为贫困生在校期间每月生活费是多少？[单选题]

○500 元以下

○600 元以下

○700 元以下

○800 元以下

○900 元以下

○1000 元以下

○其他________________

20. 您身边获得奖、助学金的同学将其使用于哪些方面？[多选题]

□补贴家用

□回馈社会

□购买名牌、奢侈品

□用于学习

□请同学吃饭

□娱乐消遣

□其他________________

21. 您认为从一卡通消费情况来评判学生是否贫困是不是合理，原因是什么？[单选题]

○合理，贫困生在食堂经常使用饭卡消费

○不合理，不清楚是否用饭卡消费

○不合理，基本上都是用手机消费

22. 您对现阶段的助学金工作有什么看法？[多选题]

□评选不够公开透明

□学生信用危机，存在弄虚作假的现象

□贫困学生认定标准模糊

□助学资金供给不足

□资助体系不完善

□勤工俭学岗位少

□助学贷款偿还信用危机

□需要加强对贫困认定的监督

□评选小组不了解贫困生具体情况，评选太过主观，不够严谨

□有利害关系的老师、同学参与评选有失公平

□其他________________

23. 您对您所在学校助学资源的看法？[单选题]

○较多，且使有经济困难的学生受益

○较多，但得到帮助的不一定都是需要帮助的学生

○缺乏，但能帮助大部分需要帮助的学生

○缺乏，仅能帮助少部分需要帮助的学生

○缺乏，而且得到帮助的不一定都是需要帮助的学生

○其他________________

24. 您对当前学校助学金工作是否满意？[单选题]

○非常满意

○比较满意

○一般满意

○不太满意

○很不满意

附录二

高校学生教育救助情况访谈提纲

1. 您的学校、年级？

2. 您家有几口人，您家一年收入大概有多少，总支出大约有多少？

3. 您家目前的主要收入来源是什么，教育花销及具体状况如何？

4. 您是如何理解对家庭经济困难学生实施教育救助的，您认为教育救助能发挥什么作用？

5. 政府或学校是否对您有救助帮扶，具体情况如何？

6. 您认为政府或者学校应该怎样帮助家庭经济困难学生？

7. 您了解过学校的教育救助政策吗？都有哪些救助项目？

8. 您所在学校是如何认定贫困生的，需经过什么程序？有没有过公示？

9. 您认为学校在认定贫困生以及在帮助贫困生时有什么问题？

10. 您认为应该怎样解决这些问题？

附录三

教育救助相关规范性文件

文件类别	发文时间	文件名称	发文机关
综合性政策文件	2001 年	教育部　财政部　国务院扶贫开发领导小组办公室关于落实和完善中小学贫困学生助学金制度的通知	教育部、财政部、国务院扶贫开发领导小组办公室
	2007 年	国务院关于建立健全普通本科高校高等职业学校和中等职业学校家庭经济困难学生资助政策体系的意见	国务院
	2018 年	教育部等六部门关于做好家庭经济困难学生认定工作的指导意见	教育部、财政部、民政部、人力资源社会保障部、国务院扶贫办、中国残联
	2021 年修订	学生资助资金管理办法	财政部、教育部、人力资源社会保障部、退役军人部、中央军委国防动员部
学前教育阶段教育救助政策文件	2010 年	国务院关于当前发展学前教育的若干意见	国务院
	2011 年	财政部　教育部关于建立学前教育资助制度的意见	财政部、教育部
	2019 年	中共中央　国务院关于学前教育深化改革规范发展的若干意见	中共中央、国务院
义务教育阶段教育救助政策文件	2005 年	免费教科书政府采购工作暂行办法	教育部、财政部
	2011 年	国务院办公厅关于实施农村义务教育学生营养改善计划的意见	国务院办公厅
	2015 年	国务院关于进一步完善城乡义务教育经费保障机制的通知	国务院
	2017 年	教育部　财政部全面实施城乡义务教育教科书免费提供和做好部分免费教科书循环使用工作的意见	教育部、财政部

续表

文件类别		发文时间	文件名称	发文机关
义务教育阶段教育救助政策文件		2021年修订	城乡义务教育补助经费管理办法	财政部、教育部
		2019	教育部办公厅关于进一步规范义务教育阶段家庭经济困难学生生活补助工作的通知	教育部办公厅
高中阶段（含中等职业教育）教育救助政策文件	高中教育	2010年	财政部　教育部关于建立普通高中家庭经济困难学生国家资助制度的意见	财政部、教育部
		2016年	关于免除普通高中建档立卡家庭经济困难学生学杂费的意见	财政部、教育部
		2016年	普通高中建档立卡家庭经济困难学生免除学杂费政策对象的认定及学杂费减免工作暂行办法	教育部办公厅、民政部办公厅、国务院扶贫办行政人事司、中国残疾人联合会办公厅
		2017年	中国人民银行　财政部　教育部关于全面推行普通高中学生资助卡 加强普通高中国家助学金发放监管工作的通知	中国人民银行、财政部、教育部
	中等职业教育	2006年	财政部　教育部关于完善中等职业教育贫困家庭学生资助体系的若干意见（已失效）	财政部、教育部
		2006年	中等职业教育国家助学金管理暂行办法	财政部、教育部
		2009年	关于中等职业学校农村家庭经济困难学生和涉农专业学生免学费工作的意见	财政部、国家发展改革委、教育部、人力资源社会保障部
		2012年	关于扩大中等职业教育免学费政策范围进一步完善国家助学金制度的意见	财政部、国家发展改革委、教育部、人力资源社会保障部
		2019年	关于调整职业院校奖助学金政策的通知	财政部、教育部
高等教育阶段教育救助政策文件		1999年	关于进一步加强高校资助经济困难学生工作的通知	教育部、财政部
		2002年	中国人民银行、教育部、财政部关于切实推进国家助学贷款工作有关问题的通知	中国人民银行、教育部、财政部

续表

文件类别	发文时间	文件名称	发文机关
高等教育阶段教育救助政策文件	2003 年	关于切实做好资助高校经济困难学生工作的紧急通知	教育部
	2007 年	普通本科高校、高等职业学校国家励志奖学金管理暂行办法（已失效）	财政部、教育部
	2007 年	普通本科高校、高等职业学校国家助学金管理暂行办法（已失效）	财政部、教育部
	2007 年	教育部　财政部关于要求县级教育行政部门成立学生资助管理中心的紧急通知	教育部、财政部
	2007 年	教育部　财政部关于认真做好高等学校家庭经济困难学生认定工作的指导意见（已失效）	教育部、财政部
	2011 年	财政部　教育部　民政部　总参谋部　总政治部关于实施退役士兵教育资助政策的意见（已失效）	财政部、教育部、民政部、总参谋部、总政治部
	2012 年	普通高校家庭经济困难新生入学资助项目暂行管理办法	中国教育发展基金会、全国学生资助管理中心
	2013 年	研究生国家助学金管理暂行办法（已失效）	财政部、教育部
	2015 年	教育部　财政部　中国人民银行　银监会关于完善国家助学贷款政策的若干意见	教育部、财政部、中国人民银行、银监会
	2017 年	财政部　教育部关于进一步提高博士生国家助学金资助标准的通知	财政部、教育部
	2017 年	财政部　教育部　人民银行　银监会关于进一步落实高等教育学生资助政策的通知	财政部、教育部、中国人民银行、银监会
	2018 年	高等学校勤工助学管理办法	教育部、财政部
	2019 年	关于调整职业院校奖助学金政策的通知	财政部、教育部
	2020 年	财政部　教育部　中国人民银行　银保监会关于调整完善国家助学贷款有关政策的通知	教育部、财政部、中国人民银行、银保监会

图书在版编目（CIP）数据

教育救助法制研究／张超著．—北京：中国法制出版社，2023.1
ISBN 978-7-5216-3211-8

Ⅰ.①教… Ⅱ.①张… Ⅲ.①教育法-研究-中国 Ⅳ.①D922.164

中国版本图书馆 CIP 数据核字（2022）第 249366 号

策划编辑：赵宏
责任编辑：王悦（wangyuefzs@163.com）　　封面设计：周黎明

教育救助法制研究
JIAOYU JIUZHU FAZHI YANJIU

著者／张超
经销／新华书店
印刷／北京虎彩文化传播有限公司
开本／710 毫米×1000 毫米　16 开　　印张／18.75　字数／256 千
版次／2023 年 1 月第 1 版　　2023 年 1 月第 1 次印刷

中国法制出版社出版
书号 ISBN 978-7-5216-3211-8　　定价：59.00 元

北京市西城区西便门西里甲 16 号西便门办公区
邮政编码：100053　　传真：010-63141600
网址：http：//www.zgfzs.com　　**编辑部电话：010-63141831**
市场营销部电话：010-63141612　　**印务部电话：010-63141606**

（如有印装质量问题，请与本社印务部联系。）